U0021257

改變世界的100本書

100 Books that changed the world

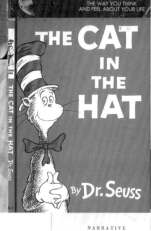

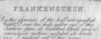

本書獻給

史考特・克里斯汀生

（1947-2017）

目錄　　　　　　　Contents

ABOVE ▲ 1450年代原版《古騰堡聖經》──第一本以活字印刷術印行的書。這張章節首頁上的彩色手繪插圖是於書印好後才另外加上的（見48頁）。

前言

你最喜歡的書是哪一本呢？為什麼它為你帶來了啟發？它讓你哈哈大笑還是淚流不止？亦或是驚嘆不已？它改變了你的世界嗎？現在想像一下，你要選出一百本書，而且不只是從你自己的書架上，或是家裡附近的圖書館裡做選擇，而是要從有文字以來的整個歷史中挑選。

你會怎麼選呢？又會從哪裡著手？我們這本書裡的一百本書，是從有四千八百年歷史的占卜用書《易經》選起——一本利用特殊方法求出卦象以預測未來的書。排在最後的則是娜歐蜜・克萊恩（Naomi Klein）的《天翻地覆》（*This Changes Everything*），它來自二十一世紀，也與預測未來有關——這本書預言，要是人類不攜手彌補我們所犯的過錯，地球將會走向終結。在這兩本書之間，我們的書單內容來自各個時代，包含了各種風格與主題，而這些書全都改變了當時讀者的世界，也改變了我們現在的世界。

最古老的複印文字是在泥塊猶濕時，將字體蓋印上去，再經烘烤後使文字永久固定。隨著手寫方法出現，把文字複製到紙草、牛羊皮與紙張上變得容易許多。即便如此，想製作一本有精美插畫的手抄本《聖經》，還是需要一整班的修士、花上數年時間才辦得到。印刷術的發明確實翻轉了世界。1450年代，第一本以活字印刷術印成的書籍誕生——《古騰堡聖經》。雖然古騰堡花了三年，只印出大約一百八十本聖經，不過顯然還是比一群修士快得多了。

科學與魔力

書籍能夠大量生產，不只降低了成本，也讓知識得以快速傳播、思想得以交流。在古騰堡發明印刷術之後，我們這份改變世界的書單上出現了第一批科學書籍。哥白尼以《天體運行論》（*On the Revolutions of the Heavenly Spheres*，1543年）一書引領世界走入現代。我們也納入羅伯特・虎克（Robert Hooke）記錄微生物影像的《微物圖誌》（*Micrographia*，1665年）、艾薩克・牛頓（Isaac Newton）的數學專論《自然哲學之數學原理》（*Philosophiae Naturalis Principia Mathematica*，1687年）、卡爾・林奈（Carl Linnaeus）討論物種分類的《植物種誌》（*Species Plantarum*，1753年）。

ABOVE ▲ 哥白尼的《天體運行論》於1543年出版，書中宣稱宇宙的中心是太陽而非地球，推翻了一千四百年來的信念（見52頁）。

ABOVE ▲ 歌川國貞於十九世紀的木刻版畫。此畫作出自於常被推崇為世界第一部小說的《源氏物語》。作者為紫式部（約作於1021年）（見42頁）。

這些作者們透過各種書籍交流想法而有所收穫，再結合他們個人的優秀資質、獨到見解，之後又啟發了其他讀者；《格雷氏解剖學》（Henry Gray's Anatomy, Descriptive and Surgical，1858年）、查爾斯・達爾文（Charles Darwin）的《物種起源》（On the Origin of Species，1859年），還有亞伯特・愛因斯坦（Albert Einstein）的《相對論入門》（Relativity，1917年）。這些書都如同牛頓所說，「站在巨人的肩膀上」——受益於先賢，並帶著新知識邁進未來。

在網路被發明的五百年前，印刷術同樣具有縮短世界距離的影響力。今天的你，可以即時與地球另一端的朋友或同事分享訊息、問對方問題。不過，不是所有的文字訊息都會改變世界，像傳送表情符號可能就不行了。

書籍也是一樣。不過，我們還是納入了目前已知的最古老文學作品《吉爾伽美什史詩》（The Epic of Gilgamesh，約西元前2100年）。這則關於人類與神祇的蘇美人神話故事，在今天可能會被歸類為魔幻寫實主義的作品。而在年代距今較近的作品裡，同樣結合了魔幻與現實的還有九世紀的《一千零一夜》（The Arabian Nights），以及加布列・賈西亞・馬奎斯（Gabriel García Márquez）在1967年出版的小說《百年孤寂》（One Hundred Years of Solitude）。文學作品所煥發的魔力，橫跨千年不墜。

內心與外在世界

虛構故事的書佔了我們這份書單很大一部分。回顧過去，我們之所以會推崇幾世紀前的一些文學作品，是因為我們可以透過這些書看到當時生活的樣貌。舉例來說，傑佛里・喬叟（Geoffrey Chaucer）的《坎特伯里故事集》（The Canterbury Tales，1390年代）或珍・奧斯汀的《傲慢與偏見》（Pride and Prejudice，1813年），就讓我們得以一窺當時社會情態。不過對這些書最初的讀者，也就是與書籍處在同一個時期的人們來說，這些古代文學作品還捕捉到了更多東西：人類的處境。

頂尖的文學作品讓我們看到最好與最壞的自己。人人都有缺陷，要看出他人的缺陷又比看出自己的容易，且如同強納生・綏夫特（Jonathan Swift）在《格理弗遊記》（Gulliver's Travels，1726年）裡所說：如果我們把這些缺陷轉移到一個完全想像出來的世界裡，更是顯而易見。不過，看看故事裡的主角，其實我們也都擁有美德；不論唐吉訶德是如何遭到誤導，我們都在他身上看到非凡的高貴精神；而哈利波特則是擁有我們都希望自己具備的道德力量。

好的文學作品幫助我們了解人類行為，改變我們的內心世界。有時又更進一步改變了我們周遭的世界。查爾斯・狄更斯（Charles Dickens）對維多利亞時代窮人的觀察，在改善勞工階級處境方面功不可沒。索忍尼辛（Alexander Solzhenitsyn）的《伊凡・傑尼索維奇的一天》（One Day in the Life of Ivan Denisovitch，1962年）首度批露了史達林統治下，勞改營裡那些不為人知的暴行，最終也促成蘇聯瓦解。

書本身可以是精緻、美麗的物品，但我們在本書裡最關切的是書的內在美、文字的力量，以及這些書是如何只以幾個精心挑選過的字母就使人驚艷，並進而孕育出新思維。文字的力量能夠以很多方式發揮。文字可以激起行動、促發情感、說服人心、規範行為、增進知識；文字還可以是誤導的、抒情的、悅耳動聽讀、隱晦難解的、揭示真相的。不論優秀作家希望帶給讀者什麼，文字都能做得到。而宗教文字或許是其中最強而有力的一種，最是危險，卻也最能鼓舞人心。《妥拉》、《古蘭經》和《聖經》都上了我們的書單；同時，書籍也讓人看到過度宗教狂熱的醜陋。安妮・法蘭克的《安妮日記》（Diary of a Young Girl，1947年）和亞特・史匹格曼（Art Spiegelman）的《鼠族》（Maus，1991年）是兩本風格截然不同的書，但都記錄了納粹對猶太人的迫害，

BELOW ▼威廉‧亨利‧福斯‧塔波特（William Henry Fox Talbot）的《自然之筆》（*The Pencil of Nature*，1844-46年）當中一幅全頁插圖。此書是第一本以照片為圖例、在大眾市場發行的書籍（見98頁）。

也同樣扣人心弦。而薩爾曼‧魯西迪（Salman Rushdie）在1988年出版的小說《魔鬼詩篇》（*The Satanic Verses*）冒犯了虔誠的穆斯林，因此長年在被暗殺的威脅下生活。

重要思想與推手

文學與知識類書籍都能改變世界，和他們有一樣地位的還有哲學類書籍。哲學書是另一種嘗試解讀人性的方式。每個時代似乎都有其獨特方式來詮釋人類如何行事，或是該如何行事。隨著時代改變，在書籍的幫助下，我們也隨之改變。《孫子兵法》（*The Art of War*，約西元前512年）被馬基維利的《君主論》（*The Prince*，1532年）所取代；亞當‧史密斯

（Adam Smith）的《國富論》（*The Wealth of Nations*，1776年）受到約翰‧梅納德‧凱因斯（John Maynard Keynes）的《就業、利息與貨幣通論》（*The General Theory of Employment, Interest and Money*，1936年）挑戰；卡爾‧馬克思（Karl Marx）的《資本論》（*Das Kapital*，1867年）又在托瑪‧皮凱提（Thomas Piketty）的《二十一世紀資本論》（*Capital in the Twenty-First Century*，2013年）裡被重新審視。

一直以來，不論是想改變男人對女人的態度，或是改變女人對自己的態度，書籍都特別能發揮作用。湯瑪斯‧潘恩（Thomas Paine）在1791年發表了政治論文《人權論》（*The Rights of Man*），瑪麗‧沃史東卡夫特（Mary Wollstonecraft）在隔年出版了《女權辯護》（*A Vindication of the Rights of Woman*），成為早期女性主義的里程碑。我們也選了西蒙‧波娃的《第二性》（*The Second Sex*，1949年）與貝蒂‧傅瑞丹（Betty Friedan）的《女性迷思》（*The Feminine Mystique*，1963年）。

要改變世界，書未必要有很宏大的思想。有些書只是想幫助大家在職場或自家過好日常生活。所以我們也納入了家政聖經《比頓夫人家務管理書》（*Mrs. Beeton's Book of Household Management*，1861年），這本書改變了十九世紀中產階級婦女的生活。伊麗莎白‧大衛（Elizabeth David）的《地中海風味料理》（*A Book of Mediterranean Food*，1950年）也在二十世紀造成類似影響。1936年，戴爾‧卡內基（Dale Carnegie）在《如何贏取友誼與影響他人》（*How to Win Friends and Influence People*）一書中提出的職場建議，在出版八十年後仍值得借鏡。《愛經》（*Kama Sutra*，西元前400年-西元200年）與《金賽報告》（*Kinsey Reports*，1948年、1953年）相隔兩千年，主題同樣在講性行為，兩本書卻是以極為不同的方式來探討。

改變你的世界

在我們這一百本書中，或許有五十本書是每個人都會同意納入的，至於另外五十本，大家可能就會有些意見了。我們應該讓榮格入選卻剔除佛洛伊德嗎？狄更斯的作品該選《塊肉餘生記》（*David Copperfield*）還是《遠大前程》（*Great Expectations*）為代表？要放羅勃・梅納德・波西格（Robert M. Pirsig）的《禪與摩托車維修的藝術》（*Zen and the Art of Motorcycle Maintenance*），還是馬克・齊默曼（Mark Zimmerman）的《摩托車維修必備指南》（*Essential Guide to Motorcycle Maintenance*）？為什麼《戴帽子的貓》（*The Cat in the Hat*）比《火腿加綠蛋》（*Green Eggs and Ham*）更有資格？為什麼是毛澤東而非列寧？

世界上的書何其多。在美國，每年的出版量大約是每一千人就有一本書，也就是每年有超過三十萬本新書發行。這個數字在英國還更高：每三百五十人有一本書。中國的出版量更高了，大約每三百人出頭就有一本書——這表示僅僅在中國，每年就有四十四萬本新印行的書或首次出版的新書。若以全球來計算，每年大約有兩百二十五萬本新書上市。我們希望，《改變世界的100本書》這本書以謙遜但有價值之姿，成為世界圖書館的一員。如果這本書讓你反思自己的選擇，或讓你對我們的選擇有所疑問，又或許介紹你認識了一本書，而它最終改變了你的世界，那麼，我們就成功了。

ABOVE ▲ D・H・勞倫斯未刪節的《查泰萊夫人的情人》（*Lady Chatterley's Lover*，1960年），在1960年為寫作自由踏出關鍵的一步，也催生了1960年代的性革命（見152頁）。

易經

I Ching

● 約西元前2800年

在歷史上，沒有一本書能像《易經》這本古老的中國占卜書，深植於它出身的文化當中，又有如此長遠的影響。

《易經》的起源可遠溯至西元前2800年，使它成為使用最悠久的文本。關於它的起源仍只有神話，不過一般認為，裡面的卦象大約始於西元前2800年，文字則是西元前1000年，而相關的哲理釋義出現在西元前500年。卦象的發明要歸功於伏羲氏。他從龜殼上的裂紋得到啟發而創造了八卦，成為《易經》的基礎。

曾有幾百年的時間，《易經》以《周易》之名傳世，直到西元前136年，漢武帝獨尊儒術，五經[1]之一的《易》也成為了士子必讀經書。《易經》是一本講卜卦，或說是講風水的書。把卜卦用的物品（最初用的是菁草莖）擲在地上形成圖樣，看符合哪種卦象，再依《易經》解讀其中意涵。

雖然《易經》沒有確定的作者，不過一般認為它的文字起源於西周（西元前1046-771年）。《易經》最初只是一種預測未來、詮釋徵兆好壞的方法，但後來出現的《十翼》對其中的義理加以解釋，賦予《易經》更深刻的意涵。

《十翼》的精華部分是〈繫辭傳〉（又稱大傳）。〈繫辭傳〉提升了《易經》精神層面的重要性，稱《易經》是「在天成象，在地成形，變化見矣」。〈繫辭傳〉聲明，一個人要是能體會《易經》的精神，就能了解天地更深刻的運行道理。傳統上公認《十翼》為孔子所作，這使得它更顯重要，也讓它的經典地位在漢朝與唐朝持續不墜。

儒家和道家這兩個中國主要的傳統思想流派，皆能從《易經》得到共通的解讀，因為儒道都根源於《易經》。

《易經》探討的是兩股相對力量間的動態關係：負面、黑暗與女性化的「陰」，以及正面、光明與男性化的「陽」。陰陽互動影響著天地萬物的命數，陰陽和諧則會帶來生機。《易經》的文字梳理著陰陽消長帶來的無窮交互作用，而這些變化都歸納在由六條線組成的六十四卦裡。

《易經》的哲理由三個基本概念組成：變化、思想與判斷，並且藉這三大概念預示某種行為的後果是吉是凶、是否會令人懊悔或蒙羞。《易經》特別強調謹慎、謙虛和耐心在日常生活裡的重要性，並提醒讀者，偉大成就常要歷經艱辛才能得到，人通常得努力刻苦，才能有所成績。

1911年，中國在辛亥革命推翻皇權後成為民主共和國，《易經》也不再被視為主流的政治哲學思想。然而，心理學家卡爾·榮格（Carl Jung）深受《易經》吸引，透過他的引介，德國傳教士與漢學家衛禮賢（Richard Wilhelm）在1923年將《易經》譯成德文，而這個譯本為西方世界帶來深遠影響。1960年代，非主流文化人士重拾《易經》，而這本書也繼續影響了二十世紀的許多作家，包括菲利普·狄克（Philip K. Dick）與赫曼·赫塞（Herman Hesse）。

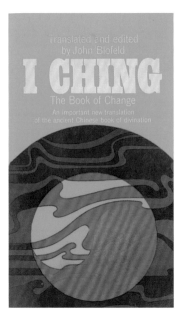

Translated and edited by John Blofeld

I CHING

The Book of Change

An important new translation of the ancient Chinese book of divination

---

1. 五經：《詩》、《書》、《禮》、《易》、《春秋》。

ABOVE ▲ 這個易經版本是十二世紀加有註解的《周易本義》。《易經》在當時再度被定義為卜卦書而非儒家經學。

LEFT ◄ 蒲樂道（John Blofeld）在1965年出版的《易經》英譯本。當時，西方正興起向東方世界尋求精神意義與指引的非主流文化運動。

ABOVE ▲ 這片載有《吉爾伽美什史詩》的「第五號泥版」（Tablet V）來自西元前2000-1500年間，於2015年由伊拉克的蘇萊曼尼亞博物館（Sulaymaniyah Museum）所發掘。

吉爾伽美什史詩
The Epic of Gilgamesh

● 約西元前2100年

這則以凡人與神祇為主角的故事已有四千年歷史,在十九世紀時,經考古學家之手於中東地區重現世人眼前。這是目前記錄上最古老的文學作品,其中的人物與主題是如此普世,就算拍成現代的史詩電影,也相當合適。

吉爾伽美什真有其人。他是一位蘇美人,存在於大約西元前2700年,為烏魯克(Uruk)城邦的國王。烏魯克的廢墟位於現今伊拉克境內,在那裡出現了最早的文字樣本,時間可追溯到西元前3300年。吉爾伽美什在死後數百年間,仍以神話人物與神祇般的地位,銘刻在人民心中。

目前已知與吉爾伽美什相關且最為古老的故事,是由不知名作者刻印於泥板上,時間可追溯至西元前2100年左右。後來,這些故事逐漸匯集成我們今日所知的《吉爾伽美什史詩》(The Epic of Gilgamesh),而這部集錦史詩最早的殘篇可溯及西元前2000年。考古學家在1853年發現了十二塊泥板,記載著近乎完整的《吉爾伽美什史詩》,年代則在西元前1200年左右(大約是吉爾伽美什死後一千五百年)。現代的譯本大多是根據這幾塊泥板的內容而來。

《吉爾伽美什史詩》分成兩個部分。上半部有點像是一齣兄弟情義電影:吉爾伽美什王專制暴虐,眾神為此感到擔憂,於是創造出一名正直有德的男人「恩奇杜」(Enkidu)來制服他,結果兩人在大戰一場後結為至交。他們在後續的冒險旅途中冒犯了眾神,於是神祇決定賜死恩奇杜作為懲罰。

吉爾伽美什為此悲慟不已,便開始思考自己的生死問題。史詩的下半部有如一部經典公路電影,吉爾伽美什出發去尋找大洪水後的唯一倖存者——烏特納比西丁(Utnapishtim)的永生奧祕。一路上歷盡艱險,後來吉爾伽美什不得不接受事實:死亡是每個人生命的一部分,不過人性與人類的成就將永垂不朽。他回到烏魯克時已脫胎換骨,成為成熟又有智慧的統治者,讓他的人民(還有我們)在他死後多年仍繼續紀念他。

《吉爾伽美什史詩》的宗旨——友誼、生死、發掘自我的旅程,都是歷久彌新,從古至今各時代的文學作品裡也都能看到的主題。吉爾伽美什的故事對另外兩個古老的文字作品有著直接的影響:《聖經》與古希臘詩人荷馬(Homer)的著作。

荷馬的《伊利亞德》(Iliad)與《奧德賽》(Odyssey),都是講述英雄之旅以及旅途讓主角有所收穫的故事。《聖經》的《舊約》有數處情節幾乎是直接從《吉爾伽美什史詩》抄來的,尤其是在描述伊甸園與大洪水的片段,只不過是把烏特納比西丁換成挪亞而已。

《吉爾伽美什史詩》是迄今發現最古老的文字故事,又因為它在九百年間衍生出如此繁多的版本,更顯得珍貴。《吉爾伽美什史詩》裡有許多重複的句型,從此可見,這些文字源於更古老的口述故事傳統,甚至能追溯到吉爾伽美什本人那個年代。要是十九世紀的考古學家能夠發現這樣的史詩,不知還有多少古代文學作品等著我們去發掘呢?

妥拉
Torah

● 約西元前1280年

《妥拉》是猶太律法與其實踐的基礎，指引猶太人的日常生活至今已超過三千年歷史。猶太學者用一句話總結出《妥拉》所有的教誨：「愛人如愛己」。

《妥拉》（*Torah*）由五部經書組成，也就是基督教《舊約聖經》的前五經：《創世紀》（*Bereshit*）、《出埃及記》（*Shemot*）、《利未記》（*Vayikra*）、《民數記》（*Bamidbar*）、《申命記》（*Devarim*）。這些經書記述了人類從伊甸園的源起以及以色列部族早期的領袖，諸如亞伯拉罕、以撒和雅各。妥拉也描述了猶太人從埃及逃至西奈山的經歷，以及《妥拉》傳給世人的過程，其中包括十誡與其他指引，此外，也有違背這些誡命會遭受的懲罰。在《妥拉》的結尾，摩西過世，以色列人則進入上帝應許的迦南美地。

希伯來文的「妥拉（Torah）」一字雖然常譯成「律法（law）」，更準確的意思其實是「指引」或「教誨」。精確來說，猶太人所查考的《妥拉》是「上帝的妥拉」或「摩西的妥拉」。根據傳統說法，這部《妥拉》在創世前就已經存在，上帝把它賜給地上所有的民族，不過只有以色列人接受了它。西元前1312年，以色列人的領袖摩西從天國領受了《妥拉》的內容，並且在接下來三十到四十年間將其書寫下來。

現代學者的想法比較一般，他們認為這五部經書是由多位學者在數百年間分別寫就，在西元前700年左右整併成《妥拉》。正統派猶太人堅信，《妥拉》是出自上帝的絕對律法，而觀點較開放的猶太人則視它為一套參考方針而非規範，正如同有些基督徒已不再接受只按字面解釋的《聖經》真理。

另一方面，伊斯蘭教也接受《妥拉》的歷史存在。《古蘭經》曾數度提及《妥拉》內容，不過穆斯林認為，因歷代抄寫員漫不經心，這樣的人為疏失使得《妥拉》已經有所訛誤。現代的《妥拉》仍藉手抄方式轉錄到卷軸上。猶太教傳統要求，組成《妥拉》的三十萬四千八百零五個希伯來字必須寫得一字不差。抄錄《妥拉》非常辛苦，得具備深厚的信仰與書法技藝，並根據精確的規定與字體風格來進行抄寫作業。要把全本抄錄完畢，需耗時十八個月之久。

猶太教要求每名猶太人都要擁有一份手抄《妥拉》。至少有兩千年間，猶太人依照規定，每天各有必須聆聽或誦讀的一段經文，以一年為期不斷重複循環。《妥拉》不只深植於猶太信仰教義，也凸顯出這個信仰的古老淵源。猶太教和印度教與祆教（Zoroastrianism）一樣，是世上歷史最悠久的幾個信仰體系，而《妥拉》就是猶太教的中心經典。

RIGHT ▶ 如同所有的《妥拉》卷軸，這個來自十九世紀北非地區的版本也是以墨水書寫在羊皮紙上。要是抄錄有誤，經文就會失效。

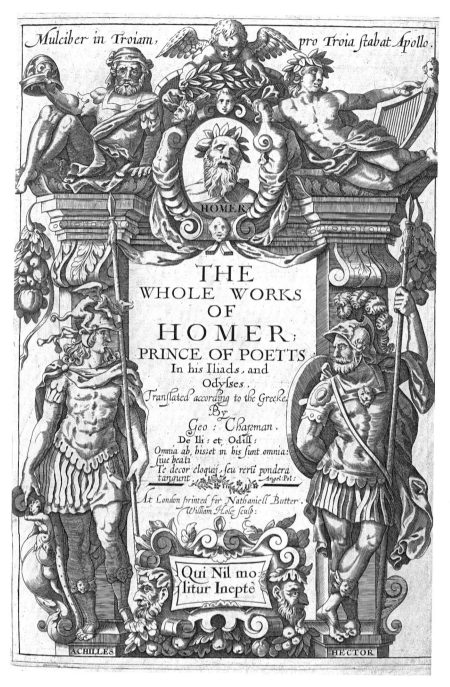

ABOVE ▲ 荷馬作品第一個英譯本的書名頁。由英格蘭劇作家暨詩人喬治・查普曼（George Chapman）翻譯，1616年於倫敦出版。

RIGHT ▶「Venetus A」是最古老的《伊利亞德》完整手抄本，時間可上溯至西元900年，目前保存在威尼斯的聖馬可國家圖書館（Biblioteca Nazionale Marciana）。

伊利亞德與奧德賽

The Iliad and The Odyssey

荷馬

● 約西元前750年

三千年前，有兩部偉大的史詩誕生了，作者是一名神祕的古希臘盲眼男子。這兩部作品對西方文學產生重大影響，內容講述的是英雄故事，其中一部描寫一群人物身陷殘酷的圍城戰役，另一部則是一位戰士漫長又歷盡艱險的返鄉之旅。

荷馬的生平罕為人知，沒有人能確定他究竟曾現身在何處，或他是否為虛構人物。有些說法稱他大約生於西元前八到九世紀，出生地是愛琴海的希歐斯島（island of Chios），而且他很可能曾在愛奧尼亞（Ionia）住過，一個位於現今土耳其境內的古老地區。在充滿學術推論的文學領域中，也有人認為失明的荷馬是一名宮廷歌手與說書人。

《伊利亞德》（The Iliad）與《奧德賽》（The Odyssey）這兩部偉大的敘事史詩，一般認為是在西元前750年左右出自荷馬筆下。這個時間是根據語言演化的統計模型推算出來的，不過有些歷史學家認為它們也可能更為古老。我們幾能確定的是，這兩部作品都是由口述傳統衍生而來，原本是為了講演使用，而非文字表達。

《伊利亞德》有時又稱為「伊利昂紀」（The Song of Ilion）。特洛伊城曾遭到十年圍城，《伊利亞德》描述的是圍城最後一年的幾週間發生的故事。這部史詩分成二十四冊，主軸是偉大的戰士阿基里斯如何與特洛伊王子赫克特交戰，以及阿基里斯與阿伽門農王之間的爭執。

《奧德賽》是特洛伊戰爭英雄奧德修斯（古羅馬人稱他為尤里西斯）的故事。特洛伊圍城落幕後，奧德修斯為了返回故鄉——位於希臘西海岸的小島伊薩卡，踏上一段長達十年的危險旅途。因為奧德修斯長久不歸，大家都以為他死了，他的妻子潘妮洛普與兒子泰勒瑪克斯，不得不與搶著跟潘妮洛普成親的眾多追求者周旋。

「繆思，請告訴我，那個足智多謀之人的故事。他拿下神聖的特洛伊要塞，隨後四處遠颺漂蕩；他見識過諸城，亦習得眾人思想。在海上，他的心多遭磨難。」

正如同先於他出現在《伊利亞德》裡的阿基里斯，奧德修斯也曾經有所選擇：他可以安逸度日，像眾神一樣享有永生；又或者回到故國與妻子身邊，像其他凡人一樣終有一死。他選擇了後者，奮力走完自己的旅程，而途中經常得面對人類生死與生命意義的課題。

這兩部作品都是以荷馬式的希臘文寫成——一種混和了愛奧尼亞希臘文與其他希臘方言的文體。已知最古老的《伊利亞德》殘篇來自西元前285-250年，書寫在莎草紙上，而且被發現時是捲起來放在希臘裔埃及人的木乃伊石棺裡。目前這些莎草紙在紐約大都會藝術博物館展出。

《伊利亞德》和《奧德賽》是現存最古老的兩部西方文學作品。它們代表了故事最早期的紀錄形式，各世代的作家都從中得到靈感。從尤瑞匹底斯（Euripides）和柏拉圖，到詹姆斯・喬伊斯（James Joyce）的《尤利西斯》（Ulysses，1922年）和瑪格麗特・愛特伍（Margaret Atwood）的《潘妮洛普》（Penelopiad，2005年）——一本從潘妮洛普的視角重述《奧德賽》的小說，都可以看到荷馬的影響。

伊索寓言

Aesop's Fables

● 西元前620-560年

這是世界上最古老也最傑出的寓言集之一，以古希臘文的散文形式寫成。一直以來，大家都公認這部作品的作者是伊索——一名身體有缺陷的奴隸，以高超的說書能力聞名。這些獨特的故事最初是為成人表演之用，後來則成為幼兒的標準床邊故事。

寓言是簡短的故事，讓動物或無生命的物體擔綱主角，傳授人類在各個處境中所蘊含的真理與道德教訓。以撒‧辛格（Isaac Bashevis Singer）是當代傑出的猶太寓言作家，曾說寓言可謂「最初的虛構文體」，又指出古人相信神話與寓言是真實的，只是在事實細節上未必準確無誤，就好像孩子能夠理解這種教誨在明顯虛構的表面下可能隱含的深層真相。寓言的觀點也比較消極。

如同伊索在〈狼與獅子〉中所述：「有一隻狼，從羊欄裡偷了一隻羔羊。在狼把羊扛回巢穴的路上，一隻獅子攔住牠，把羊奪了過去。狼抗議道：『你這樣搶走屬於我的東西，太不公平了！』獅子聽了反脣相譏：『難道你得到這隻羊的方式就很公平？這是朋友送你的禮物嗎？』」

希臘的歷史學家希羅多德（Herodotus，約西元前484-425年）曾提及「寓言作家伊索」，並描述他是來自佛里幾亞（Phrygia，今土耳其境內）的奴隸，憑藉講演寓言的才能獲得自由，且有美貌的交際花洛多庇斯（Rhodopis）相伴左右。伊索的名氣之大，蘇格拉底、亞里斯多德、阿里斯多芬（Aristophanes）、柏拉圖、普林尼與許多古代作家都曾提及他。

許多歷史學家認為，在比西元前六世紀早上許多以前，伊索所說的某些寓言已藉由口述流傳，有些還記載在比西元前六世紀早八百到一千年之久的莎草紙上。至於伊索所說的寓言，顯然在他死後三世紀才開始有人收集與書寫下來。在

包括中世紀與文藝復興在內的後續時代裡，又有其他寓言被假託為伊索所作，不過那些寓言其實出自不同的時代與文化，跟這位曾是奴隸的作者毫不相干。隨著時移事往，這些寓言也得到潤飾與改編，但仍保有原初的單純風貌，傳遞著強而有力的訊息。

之後，古希臘文與拉丁文手抄本繼續復述著伊索寓言，而這些故事也是最早被拿來翻譯與印行的主題，並以各種版本流傳歐洲各地，讓伊索身為寓言作家的名望越發深植人心。想入選這種文類，後續的故事必須符合一些標準：直白無文而簡短，故事裡的動植物表現要符合其天性。敘事脈絡與結語的道德教訓也很重要。此外，它們必須傳遞歷久彌新、普世皆然的真理。

伊索寓言已透過無數形式與語言推出各種版本，也寫成劇本登上了舞台與大螢幕、譜成詩詞和樂曲、改編成卡通、以舞蹈表演等等。

有數世紀的時間，這些寓言的受眾都以成人為主，不過在1693年，英格蘭哲學家約翰‧洛克（John Locke）提倡將伊索寓言改編以「取悅並娛樂兒童」，還要加上能吸引小讀者的插圖。從此以後，伊索寓言就成為兒童文學的要角，裡面的故事名稱（「披著羊皮的狼」、「下金蛋的鵝」、「放羊的孩子」）也成為了我們的口語用詞。

LEFT ◀ 在〈烏鴉與狐狸〉篇中，那隻虛榮的鳥兒遭到狐狸哄騙，落下嘴裡那塊乳酪。這幅木刻版畫插圖來自英格蘭出版家威廉‧卡克斯頓（William Caxton）於1484年印行的《伊索寓言》。

ABOVE ▲ 伊索的木刻版畫肖像。出自卡克斯頓在1484年
印行的首部英文版《伊索寓言》。

法 兵 子 孫

SUN TZŬ

ON THE

ART OF WAR

THE OLDEST MILITARY TREATISE IN THE WORLD

TRANSLATED FROM THE CHINESE WITH INTRODUCTION
AND CRITICAL NOTES

BY

LIONEL GILES, M. A.

Assistant in the Department of Oriental Printed Books & MSS.
in the British Museum.

LONDON
LUZAC & Cº.
1910

ABOVE ▲ 第一個獲得好評的《孫子兵法》英譯本是翟林奈在1910年翻譯的版本,至今仍在印行。

孫子兵法
The Art of War

孫子

● 約西元前512年

這部古老的中國理論專書充滿戰略與戰術的睿智建議，雖然它成書於兩千五百年前，對於各世代的軍事將領、企業領袖與想在各行各業勝出的人來說，仍是必讀經典。書中的經略有許多大小勝戰可資佐證。

相傳孫子（又名孫武）生於中國歷史上的春秋時代（約西元前722-470年間），正逢中國古文明的黃金時期。他的生平鮮為人知，也不清楚他才智的淵源，一般只知道他是一位將領與思想家，《孫子兵法》主要是出自他筆下。

在孫子的年代（春秋戰國時期），數十個封建諸侯國各自發展出相左的理念與思想，彼此為爭勝而愈來愈頻繁地交戰，戰事也因此越發受到重視。西元前350年左右，在孫子死後，他的後代——齊國的孫臏，讓從前那位睿智思想家的論述重獲世人肯定。古代中國在重整與統一後，開始成為史上最穩定和平的帝國之一，而據說《孫子兵法》有重要貢獻。

作為中國傳統的《武經七書》之一，《孫子兵法》在亞洲的聲譽之盛，連不識字的農民都知曉它的大名，歷代軍人也把它的內容牢記在心。長久以來，這本書作為戰爭經典作品的地位始終不墜。

孫子認為戰爭是必要之惡，必須能免則免。至於該如何打勝仗，與敵軍交戰時又有哪些事應該避免，他提供了充滿智慧的建議。他寫道：「兵者，國之大事，死生之地，存亡之道，不可不察也。」就他看來，「不戰而屈人之兵，善之善者也」。

《孫子兵法》全文分成十三章，每章向將領提點戰事的一個關鍵要素。孫子提出五個策劃戰爭時要考慮的常態基本要素：道德原則、季節、地域、將領、手段與紀律（道、天、地、將、法），以及七個用來衡量軍事行動結果是否成功的要素。

雖然一般認為孫子是主要作者，但仍有許多歷史學家聲稱，這部著作可能因為後續演變出的新戰術而被後人修改過，例如：加入騎兵一節。《孫子兵法》已知最早的竹簡抄本是「銀雀山漢簡」，於1972年在山東出土，成書年代可追溯至西元前206年至西元220年的西漢年間，裡面的內容與當代流傳的版本幾乎一模一樣。至於第一個歐洲語言版本於1772年在法國出版，最知名的英文版則由英國學者翟林奈（Lionel Giles）翻譯，於1910年首次出版。

即便不談戰爭，這本書裡的許多教誨也切合實用。「知彼知己，百戰不殆；不知彼而知己，一勝一負；不知彼不知己，每戰必殆。」

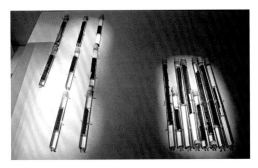

ABOVE ▲ 這些竹簡是已知最古老的《孫子兵法》。以「銀雀山漢簡」為人所知，成書年代在西元前206年至西元220年間。

論語

The Analects of Confucius

● 西元前475-221年

一位中國古代哲人的智慧語錄，為日常的五倫（君臣、父子、兄弟、夫婦、朋友）提供實踐的道德原則，他的指導也被眾人遵循了數千年之久。

孔子（約西元前551-479年）是一位思想家與政治家。他出身士族階級，《論語》是其多年來所說的睿智語錄，指引人如何根據道德原則處世。

書名裡的「語」指的是文獻的摘要或片段，也可說是教誨集錦。就孔子而言，「語」也代表關於倫理道德原則的探討或對話。《論語》的內容是儒家的教誨與思想，當中也收錄了這位哲人與門生間的對話片段。

《論語》由孔子的門生收集與撰寫，成書於戰國時代（約西元前475-221年間），是最能代表儒家思想的作品之一。這些作品至今仍對中華文化與東亞地區有深遠影響。許多學者認為，《論語》後來在漢朝期間（西元前206-西元220年）編修定型，才成為中華文化的一部核心文獻。有將近兩千年的時間，《論語》都是中國教育的基礎教材，直到二十世紀初期仍是政府選拔官員的考試內容。

雖然在1960年代的文化大革命期間，《論語》曾備受貶抑，但至今仍持續影響著數百萬中國人的道德與思想，推崇禮節、正義、公平、孝道等重要美德。

儒家的核心概念之一是「仁」，代表了一套綜合的道德價值，其中包括了善良、仁慈、悲憫、利他與德行。《論語》教導人如何透過言行思想來培養與實踐「仁」。中庸、謙沖自抑與自律都獲推崇為不可或缺的美德，而這些美德從這句相當於《聖經》最高指導原則的話就能看得出來：「己所不欲，勿施於人。」

《論語》以「君子」稱呼行事合乎倫理又能幹的人，「道」則代表教誨、能力，或是某些行動所需的關鍵技藝。「忠」代表忠誠，「信」是誠信，「敬」是尊重與關懷，「孝」是善待長輩，「勇」則是勇氣或魄力。

另外，在日常生活各方面以及與他人相處之道，《論語》也提供了指引，包括要了解自己，且「無友不如己者」。

儒家的教誨有個特點，就是強調教育、學習與知識。「知之為知之，不知為不知」——這就是知識的真諦。

《論語》位列儒家經典的「四書」。在過去兩千年間，它也是受到最多考究的作品之一。它結合了智慧、哲學與社會道德規範，至今仍持續影響著中國的文化與價值觀。

ABOVE ▲ 想像的孔子肖像，出自1687年於巴黎出版的《中國哲人孔夫子》（*Confucius Sinarum Philosophus*）一書。

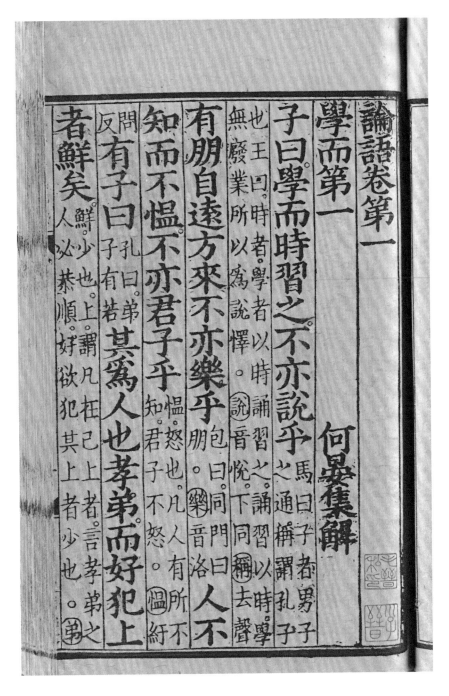

論語卷第一

何晏集解

學而第一

子曰學而時習之不亦說乎 馬曰子者者男子之通稱謂孔子也王曰時者學者以時誦習之誦習以時學無廢業所以爲說懌。○說音悅。下同

有朋自遠方來不亦樂乎 包曰同門曰朋。○樂音洛

人不知而不慍不亦君子乎 慍怒也凡人有所不知君子不怒。○慍紆問反

有子曰 孔子弟子有若 其爲人也孝弟而好犯上者鮮矣 鮮少也上謂凡在己上者言孝弟之人必恭順好欲犯其上者少也。○鮮

ABOVE ▲ 來自元朝（1279-1368年）的《論語》，附有學者注疏。

27

ABOVE ▲ 來自十七世紀晚期的《愛經》插畫，畫風屬於拉傑普特派（Rajput）繪畫。

RIGHT ▶ 1964年理查・波頓爵士知名英譯本《愛經》。此英譯本於1883年首次私下出版。

愛經
Kama Sutra

筏蹉衍那
● 西元前400年-西元200年

這本露骨又極具文學價值的性行為指導手冊在兩千年前以古梵文寫成,藏在北印度的一個山洞裡,於1883年首次印刷出版,直到1962年才在美國發行。雖然這本書長久以來都被貼上奇異性交姿勢的標籤,不過今日的讀者也逐漸發現,就生活之道而言,它的內容與風格也相當合乎現代的指引。

即使是沒讀過《愛經》(*Kama Sutra*,又譯為慾經)的人,也知道這本書來自印度,是佐以插畫的奇異性交指南。不過《愛經》的原始手抄本沒有任何圖片,文字內容其實也遠不只是性關係的專門建議。

十九世紀時,《愛經》在北印度的一個山洞裡被人發現。它以一種失傳的古梵文寫成,後來由英格蘭的東方學者與語言學家理查·波頓爵士(Sir Richard Burton)譯成英文,於1883年私下發行。這本書的書名結合了表示「欲樂」(kama)與貫穿事物的「契經」(sutra)兩個字。在佛教與印度教這類東方宗教裡,契經也代表格言或格言集。

《愛經》作者筏蹉衍那(Vatsyayana)的生平不詳。他自稱是獨身的修士,根據多位前輩作者的著作積累,編纂成一套性知識大全,而這是他個人對神祇冥想沉思的一種方式。大部分的學者認為這部作品來自西元前400年—西元200年間,是流傳至今歷史最悠久的古印度時期文字。

《愛經》共有七部、三十六章、一千兩百五十節經文,內容檢視人生在世的四個基本目的(purushartha):法(dharma,美德與正義)、利(artha,財富與權力)、欲(kama,愉悅)、解脫(moksha,自由),並且為如何活出美好、歡樂的人生提供詳盡建議。

雖然這些指引根據的觀點來自一名有才德的凡人男性,卻也述及女性,書中所提供的訣竅幾乎涵蓋生活所有層面,從年少時期到求愛、戀愛到性生活與婚姻都有。《愛經》指點男性與女性穿什麼、吃什麼、與誰交誼、行為舉止要如何才能獲得吸引他人的力量,又建議兩性都應詳加了解追求愉悅之道的一切形式。

關於餐宴後的暖場餘興節目,他特別推薦一連串「對各地方來說十分特異但又廣為人知的遊戲,例如採芒果、吃烘烤過的穀類、嚼蓮藕、採集嫩葉、噴水、比手畫腳、木棉樹遊戲、拿野生茉莉花來打鬧著玩」。

至於性交,筏蹉衍納花了很大篇幅講述下列行為的各種技巧:擁抱、親吻、搔刮、咬、拍打、呻吟、口交與交合姿勢。比方說,「真正交合時的擁抱姿勢」有四種,包括了「纏藤式」、「上樹式」、「芝麻米粒式」和「水乳式」。還有一種姿勢要「像一對鉗子般」地使用雙腿。

《愛經》所講述的,肯定是為了快感而非為生育所發生的性關係,並且允許女性也可以達到性高潮。有鑑於這本書寫於如此久遠以前,又出自一個厭女心態根深蒂固的文化,《愛經》對兩性關係的思想之進步,可說是非比尋常。

THE KAMA SUTRA
of Vatsyayana

The complete text of this classic Hindu
treatise on love and social conduct
Foreword by Santha Rama Rau
Introduction by John W. Spellman

理想國

The Republic

柏拉圖

● 約西元前380年

這部哲學與政治思想名著對社會發出的探問，至今仍引人深思。柏拉圖對國家的司法不公有慘痛的親身經歷，也因此激發他以想像的對話，探討共和城邦的司法本質。

柏拉圖（Plato，約西元前428-348年）在雅典出生，後來在當地成為蘇格拉底的學生。蘇格拉底是西方哲學之父之一，在批評雅典政府後，以莫須有的罪名遭私審法庭判處死刑。柏拉圖親眼見證了師傅臨死前的景況，對政府加諸人民的惡法反感至極，因此離開雅典去尋找更公平的社會，並且在返鄉後寫了《理想國》（The Republic）一書。

柏拉圖的寫作大體上採用蘇格拉底式的對話形式，也就是想像出一場蘇格拉底會進行的詰問對話。蘇格拉底是《理想國》的中心角色，在書中他對同伴提問，並且點出對方回答裡的瑕疵。這個過程一再重複，直到在理想情況下，最終大家對何謂毫無瑕疵的真相達成共識。《理想國》想探討的問題是「什麼是正義？」

《理想國》裡有一則柏拉圖最不朽的預言——〈洞穴裡的火堆〉。想像一下，有一群囚犯終身都關在一個洞穴裡、被上了手銬腳鐐，只能面向洞穴底部的牆面過活。他們看著因營火投射在牆上的影子，想像這些影子是什麼東西造成的。而影子就是這些囚犯唯一的真實。

不過，假設其中有一人獲釋離開洞穴，他便能看到火堆與造成影子的實物了。跟從前看慣了的影子相比，起初他無法接受這些物體的真實，而離開洞穴以後，在令人眩目的明亮日光下，他發現了更鮮明的真實，最後也看到了太陽，也就是良善的終極象徵。返回洞穴以後，他再也無法在那種黑暗裡視物，不過他的心智確實得到了啟發。現在他成為一位哲學家，有義務與眾人分享光明。

柏拉圖將影子與物體區分開來，呼應著有形物體和社會結構與它們想表徵的理想形式或思想有何差異。哲學家的任務就是找出這些理型（ideals）。

書中的蘇格拉底式對話自然而然地從正義轉向共善（common good）的本質，又探討到國家與公民的權利與責任。蘇格拉底和友人找不到實例來代表一個完全正義的社會，所以他們從零開始建構一個假想的城邦國。他們推測，理想的領袖應該是一位哲學家君王。

比起《理想國》的結論，書中討論思想的過程與價值更為重要。從歷史與哲學觀點來看，《理想國》都是史上最具影響力的作品，沒有任何著作能出其右，而且至今仍廣為人所閱讀。它對西方思想產生的影響，二十世紀的哲學家懷德海（A. N. Whitehead）曾經如此總結：「若要為歐洲哲學傳統做一個最得體的概述，可以說，它們都只是柏拉圖思想的一系列註腳。」

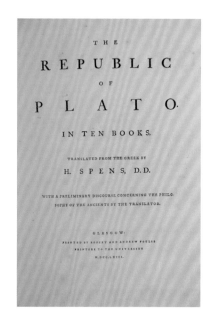

THE
REPUBLIC
OF
PLATO.

IN TEN BOOKS.

TRANSLATED FROM THE GREEK BY
H. SPENS, D.D.

WITH A PRELIMINARY DISCOURSE CONCERNING THE PHILO-
SOPHY OF THE ANCIENTS BY THE TRANSLATOR.

GLASGOW:
PRINTED BY ROBERT AND ANDREW FOULIS
PRINTERS TO THE UNIVERSITY
M.DCC.LXIII.

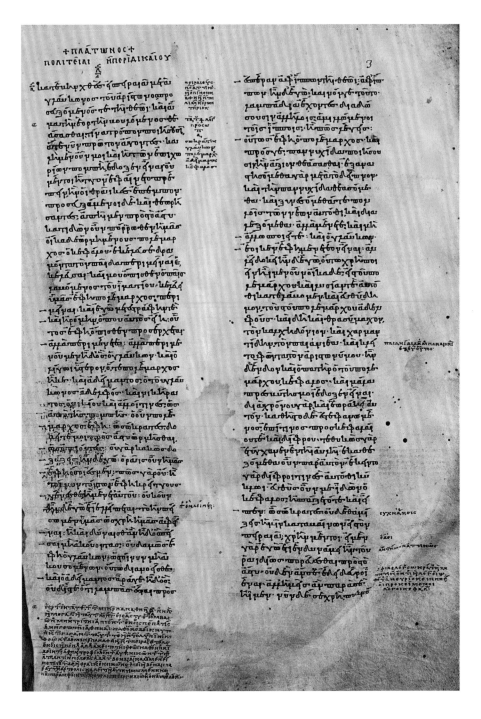

ABOVE ▲ 最古老的《理想國》完整版的書名頁。這是一個西元九世紀的手抄本，收藏於
巴黎的法國國家圖書館。有些年代更久遠的《理想國》莎草紙殘篇可追溯至西元三世紀。

LEFT ◄ 《理想國》第一個英譯本，於1763年在格拉斯哥出版。

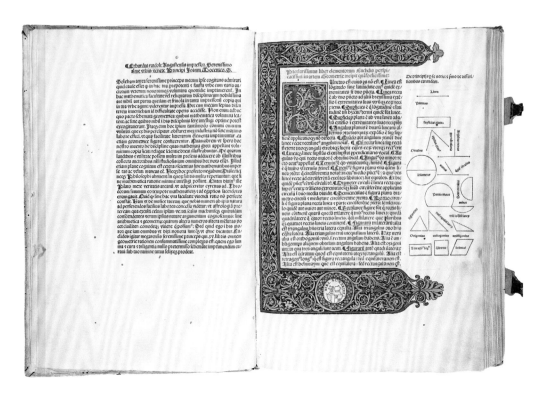

ABOVE AND BELOW ▲ ▼ 1482年在威尼斯出版的第一個印刷本，以及現存最古老的莎草紙片段（西元前75-125年）。

幾何原本

Elements of Geometry

歐幾里得

● 約西元前300年

歐幾里得的生平不詳,然而有兩千年的時間,他所編纂的傑作都是最成功的教科書,也是數學和邏輯學的奠基之作。從林肯到愛因斯坦,眾多熱情仰慕者都曾全本拜讀。

歐幾里得(Euclid,意思是「知名、榮耀」)是偉大的古希臘數學家,生前住在埃及近尼羅河口的亞力山卓城(Alexandria)。根據推測,他應該生於西元前330年的泰爾(Tyre,現今黎巴嫩境內),據傳他曾上過柏拉圖在雅典開設的學校,接受柏拉圖的學生指導。而大部分的歷史學家認為,歐幾里得曾在亞力山卓擔任過私人教師。

不論歐幾里得的生活據點在何處,從他的巨著《幾何原本》(*Elements of Geometry*),看得出來他熟讀其他數學家的作品,例如泰利斯(Thales)、畢達哥拉斯(Pythagoras)、歐多克索斯(Eudoxus)、希波克拉底(Hippocrates)、奧托里庫斯(Autolycus)、泰鄂提得斯(Theaetetus)等等。歐幾里得的成就之所以偉大,不是因為他有什麼新發現,而是因為《幾何原本》將既有的數學知識編纂成前後連貫的單一體系,成為後世所有演繹與數學推理的典範。雖然今日所見的歐幾里得著作或許已經後人修正過,但他在幾何學界的地位仍舉世無雙。

《幾何原本》曾在數百年間以手抄本的形式傳世,而在印刷術發明後,它的第一個印刷本很快於1482年出現在威尼斯,內容根據的是義大利數學家諾瓦拉的坎帕努斯(Campanus of Novara)於1260年所作的拉丁文譯本。《幾何原本》至今仍是印行版本數量僅次於《聖經》的書。

《幾何原本》有十三部,共四百六十五個命題,探討幾何、平面與立體,以及數字理論;歐幾里得把這些命題編輯得有如一套簡明的百科全書,羅列出幾何定義、定理(或「公理」)、假

說與其他基要數學知識,而且都經由他自己縝密的數學推導驗證過。

第一到六部處理的是平面(二度空間)幾何。前兩部處理三角形、平行線、平行四邊形、矩形與方形的基本性質,第三、四部處理圓形,第五部檢視比例與數量級,第六部探討如何將第五部的結論應用在平面幾何學裡。第七到九部涵蓋了數字理論,第十部探討無理數,而第十一到十三部是立體(三度空間)幾何。

雖然埃及人與巴比倫人已經會用幾何學解決特定問題,不過歐幾里得又更深入研究,提出能用來引導數學演算的理論與通則。《幾何原本》特別之處在於,它將各種命題非常清晰地陳述並加以證明。

這套教材在數世紀間協助學生研習數學與邏輯學、理解各個層面的觀念。林肯曾經描述自己如何在燈下研讀《幾何原本》:「不知道什麼叫論證的人,永遠無法成為律師;我辭去春田市的工作,回到父親家,並且待在那兒研讀歐幾里得的六部作品,直到我能提出一點見解為止。」

愛因斯坦也曾憶及兒時最令他難忘的兩份禮物,一個是磁力指南針,另一個就是一本歐幾里得的《幾何原本》。

LEFT ◀ 《幾何原本》第一個英譯本,於1560年在倫敦出版。

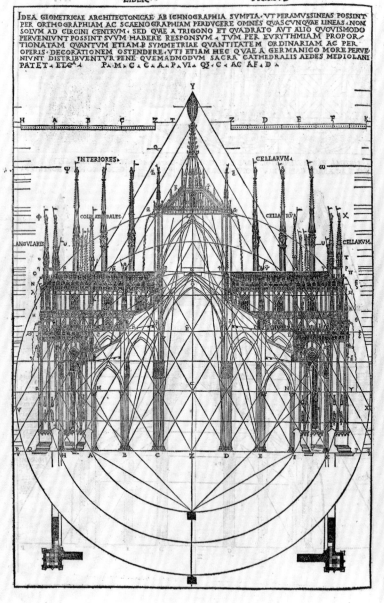

IDEA GEOMETRICAE ARCHITECTONICAE AB ICHNOGRAPHIA SVMPTA, VT PERAMVSSINEAS POSSINT
PER ORTHOGRAPHIAM AC SCAENOGRAPHIAM PERDVCERE OMNES QVASCVNQVAE LINEAS, NON
SOLVM AD CIRCINI CENTRVM, SED QVAE A TRIGONO ET QVADRATO AVT ALIO QVOVISMODO
PERVENIVNT POSSINT SVVM HABERE RESPONSVM, TVM PER EVRYTHMIAM PROPOR-
TIONATAM QVANTVM ETIAM P SYMMETRIAE QVANTITATEM ORDINARIAM AC PER-
OPERIS DECORATIONEM OSTENDERE, VT ETIAM HEC QVAE A GERMANICO MORE PERVE-
NIVNT DISTRIBVENTVR PENE QVEMADMODVM SACRA CATHEDRALIS AEDES MEDIOLANI
PATET, ETC▲   P▲ M▲ C▲ C▲ A▲ P▲ VI▲ Q5▲ C ▲ AC AF▲ D ▲

ABOVE ▲ 從這個1521年版的內頁能看到，米蘭大教堂應用了維特魯
威的建築原則。

34

建築十書
De Architectura

《建築十書》成書於西元前一世紀，是一套十冊的專著，內容是一位傑出的建築師對羅馬帝國歷代偉大建築的個人評述，同時也是一套鉅細靡遺的實用手冊與古代工程史記。

《建築十書》是現存唯一一套古典時代的重要建築著述，也因此獨一無二。除了書中的文字，我們對作者馬可仕・維特魯威・波里歐（Marcus Vitruvius Pollio，約西元前80-15年）所知很少。維特魯威在羅馬帝國鼎盛時期學習建築。當凱撒大軍於西元前50年左右橫掃歐洲時，維特魯威效力於軍隊的工程部隊。在古羅馬時代，建築師要兼顧多重領域；而想要建造軍事營區、橋梁、道路與水道，擁有工程和測量專才也至關重要。維特魯威還設計過弩砲與彈射器等攻城武器，用來將燃燒的金屬弩箭投向敵軍。

維特魯威有時會被概括地稱為史上第一位建築師，不過與其說他很有原創思想，不如說他是個紀錄者，大量編列了當時的羅馬建築工事資料。他唯一建造過的大型建築是義大利法諾的一座巴西利卡式會堂，於西元前19年完工，如今已不復存。何謂理想的建築物？維特魯威最出名的信條是：「堅固、實用、美觀」（firmitas, utilitas, venustas）。他鉅細靡遺地將羅馬建築工事記錄於不同主題的十冊書裡，合稱《建築十書》，豐富的內容除了涵蓋材料、地點、安全性、音場、供水系統與中央暖氣，也有觸及一些政治意味。維特魯威一再強調，有些才情頂尖者的作品默默無聞，資質較為平庸者卻廣為人知。對他的個人代表作來說，這樣的說法大半屬實，因為後來有超過一千年的時間，《建築十書》都為世人所遺忘。即便如此，古羅馬政治家弗朗提努斯（Frontinus）在他於西元100年所寫的《水道論》（De Aquaeductu）裡講到管線標準化時，就曾經提及維特魯威。

古希臘羅馬的建築原則與技術在《建築十書》中得到最全面的敘述。雖然它寫於羅馬人發明交叉拱頂、圓頂和使用混凝土之前，不過它在其他方面仍然舉世無雙。它在1414年重獲世人發掘，成為文藝復興時期傑出思想家與藝術家的靈感來源。先是在1486年印行了純文字版，又在1511年推出插圖版。李奧納多・達文西以維特魯威對人體比例的定義為基礎，創造出他自己的維特魯威人：與一個圓和一個方形恰好內接的一具人體。而對十六世紀的義大利北方建築大師帕拉底歐（Palladio）來說，維特魯威是他的「師傅與指引」。

BELOW ▼ 維特魯威對於人體比例的研究，後來得到達文西的改良。

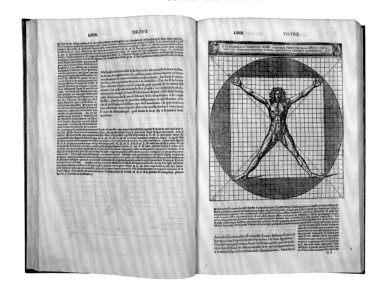

博物志
Naturalis Historia

老普林尼

● 西元79年

這是全世界第一套科學百科全書，對作者老普林尼來說，是一件了不起的成就，因為他在寫書的同時也擔任羅馬帝國的全職高級公務員。這部三十七卷的巨著涵蓋了羅馬人對自然世界的一切知識。

「老」普林尼（Pliny the Elder，約西元23-79年）會得到這個稱號，是為了與他的外甥小普林尼（Pliny the Younger）做區別。小普林尼也是知名作家，我們是透過他才得知他舅父的許多生平細節。小普林尼在給羅馬的歷史學家塔西佗（Tacitus）的一封信裡寫道：「有些人的行事值得記載，有些人的文筆值得閱讀，這些人實在蒙上天寵幸；至於那些能做事又有文才的人，更是有幸。吾家舅父即為後者其一。」

老普林尼的一生過得非常豐富。他從二十三歲起加入羅馬軍隊，在德國的戰役裡擔任騎兵軍官，歷時十二年，並且在服役期間寫出第一本書，探討騎馬擲標槍的技藝。回到羅馬後，他一邊擔任律師，一邊撰寫了一部傳記、幾齣戲劇、一套二十冊的德國戰爭史，以及一本探討演說術的書。他獲羅馬皇帝維斯帕先（Vespasian）的青睞，銜命擔任好幾個羅馬行省的省長，從非洲到比利時都有。等他再度回到羅馬，又成為一支艦隊的將領，同時把另一位作者寫的羅馬城歷史加以擴充完備，並且在西元77年開始編纂他的最後一部作品——《博物志》（Naturalis Historia）。

在老普林尼非凡的創作產出中，只有這套三十七卷的《博物志》流傳至今，其他全佚失了。我們會知道他還有別的著作，是因為後代作家在作品裡提及或引用過這些文字。比方說，塔西佗就非常器重老普林尼寫的德國史，小普林尼也在書信裡

數度提及舅舅的作品。《博物志》如此仰之彌高，也讓老普林尼其他作品的不復存更令人惋惜。

老普林尼在他對自然界的考察中，述及天文、地理、動物、植物、醫療、地質、藝術，以及更多其他領域。需要澄清的是，他下筆時並未區分何者是真確的事實，或僅僅是公認如此，或是他個人的推測。然而《博物志》對當時羅馬世界認定為真實之事所做的全面彙整，仍無人能出其右。此外，還有兩個創新的作法讓《博物志》更為與眾不同——內容索引與資料來源列表。老普林尼鉅細靡遺地列出這些內容，我們也可由此得知，《博物志》的參考書目出自大約四千位不同作者。

《博物志》是所有百科全書的參考原型。在後續數世紀間，許多老普林尼引用的原始資料也和他其他的個人著作一樣佚失損毀了，只有《博物志》流傳下來。認為這是一切知識泉源的後代作家們，均對其加以引用和抄襲。例如：他對異國野生動物的觀察便成為許多中世紀動物預言集的基礎。到了十五世紀末，才有一些作家開始質疑《博物志》的正確性。從許多方面來看，老普林尼或許終究不敵科學進展，不過他根據羅馬同胞的理解而記載下來的這個世界，仍是一個時代無價的剪影。

LEFT ◄ 1601年於倫敦發行的首部英文版。

ABOVE ▲ 於1476年在威尼斯出版的早期印刷版本，特別為銀行家菲力波・斯特羅齊（Filippo Strozzi）飾以繁複又鮮豔的插圖。

37

古蘭經
The Quran

● 西元609-632年

穆斯林敬奉《古蘭經》為真主的話語，神聖的經文成為他們每日敬拜儀式的中心。這些押韻的中世紀文字，傳授伊斯蘭教的基本信條，並提供嚴格的規約來指引信徒的信仰與行為。

伊斯蘭教的傳統認為，先知穆罕默德獨自前往麥加附近的希拉山（Mount Hira），在山洞裡冥想禱告，此時真主首次透過大天使吉卜利勒向穆罕默德傳達天啟。接下來二十三年間，穆罕默德繼續接受上天的啟示，並且將神聖的經句復述出來，四處向人傳授，直到他在西元632年過世。穆罕默德的一些同伴也背下這些經文，後來又有人把這些天賜的內容以阿拉伯文抄錄下來。最後這些經文以《古蘭經》一書發行，不只傳播信仰，也提升了阿拉伯半島諸國的識字程度，讓他們更為壯大，最終使得伊斯蘭教成為世界上的一股強權。

穆斯林將《古蘭經》視為天啟的極致，還啟發了《妥拉》與《聖經》。伊斯蘭教教導世人：神讓他的旨意透過神聖的使者（也就是先知）彰顯，例如穆撒（即摩西）、爾撒（即耶穌）與穆罕默德。然而伊斯蘭教也指示，早先使者所傳的訊息有瑕疵，先知穆罕默德是唯一將神諭完整無誤地傳遞之人。雖然這部經書反映的是阿拉伯半島早期伊斯蘭社群的景況，經文仍被視為絕對無誤，且超越信徒心中的時空。所有穆斯林都遵照先知穆罕默德的命令，完全順服真主的意志。

《古蘭經》由一百一十四個蘇拉（surah，章）組成，每個蘇拉都有一個大標題，並且會在標題後註明這些經文是真主在穆罕默德經歷希吉拉（hijrah，他帶領信眾從麥加遷徙到麥地那的旅程）之前或之後所賜。不論是婚姻、離婚、繼承、喪葬與政治集會，《古蘭經》的經文都有詳盡指引，當中的訓示又比敘事更受重視。然而與《聖經》故事不同的是，《古蘭經》似乎沒有提及任何世界的開端、過程與終結。

先知穆罕默德死後，信眾延續了他的使命，伊斯蘭信仰傳播得非常快，不過各宗派間也產生了神學矛盾。曾有人想把《古蘭經》從原本的阿拉伯文譯成方言和其他語言，結果引發了一些教派分裂。對於經文詮釋上的差異，信徒間也有許多劇烈爭執。根深蒂固的教派對立至今仍然存在。

目前最古老的《古蘭經》殘本是「伯明罕古蘭經」（Birmingham Quran），經放射碳定年法檢驗，可追溯至西元645年以前。《古蘭經》第一部拉丁文譯本出現在1100年代的十字軍東征期間，第一個印刷版則於1537-1538年間在威尼斯問世。到了1900年代，《古蘭經》已經譯成阿拉伯文以外幾個最通行的語言，不過穆斯林學者把這些外文譯本歸類為「注疏與詮釋」，與原始經文區別開來。今日在全球各地都有大量的穆斯林族群。

伊斯蘭教指示信徒依循特定方式誦讀古蘭經文。他們在朗讀時必須朝麥加方向坐下，並依照合宜的節奏進行。雖然伊斯蘭教認為男女在靈性上平等，對兩性仍有許多不同的要求。

ABOVE ▲ 十六世紀的《古蘭經》微型手抄本內頁。

LEFT ◄ 伯明罕古蘭經。屬英格蘭伯明罕大學所有，經放射碳定年法測定，時代在西元568-645年間，使它成為已知最古老的《古蘭經》殘篇。它的成書時間接近先知穆罕默德的時代，一般認為他活於西元570-632年之間。

ABOVE ▲ 〈漁夫與精靈〉（The Fisherman and the Genie），出自1907年版，由法裔英國插畫家艾德蒙·杜拉克（Edmund Dulac）繪製。

一千零一夜
Arabian Nights

● 西元800-900年

《一千零一夜》是史上第一部床邊故事集。現代作家視為家常便飯的一些說故事訣竅，當初是在這本書裡首度出現。雖然《一千零一夜》源於東方國家，但它對西方文學的影響更大。

《一千零一夜》（*Arabian Nights*, 又譯「天方夜譚」）的內容在一千年間有所演變，其中最古老的故事來自第八或第九世紀的波斯與印度，真正出自阿拉伯文化的故事則收錄於十世紀，後來又於十三世紀納入埃及與敘利亞的傳統故事。

不過貫穿本書歷史的共同特徵是源於古梵文的文學技巧，也就是「框架小說」（frame story）——透過故事人物之口再講別的故事。在《一千零一夜》裡，蘇丹山魯亞爾（Shahryar）每晚都會處決一個新妻子，以防止她出軌。他的最後一任妻子雪赫拉莎德（Scheherazade）想出一個主意：每晚跟他說一個新的故事，並且把結局保留到隔晚再揭曉，好讓山魯亞爾別殺了她。接下來的情節由她所說的故事接力延續，直到她說了一千零一個故事之後，山魯亞爾決定不殺她了。

《一千零一夜》肯定了說故事的威力，讓讀者從乏味的現實中解脫，同時傳遞道德訊息，而且最重要的是帶來娛樂。在《一千零一夜》裡，我們能看到犯罪小說、鬧劇、情色小說、哥德恐怖小說的雛形，還有一些史上最早出現的鬼故事。

雖然內容來源多樣，仍有幾個主題統御著整本書。許多故事講述窮人如何成為巨富，又因貪婪而失去財產。還有許多是幻想或魔法的故事，如：〈阿拉丁〉（Aladdin）。另外有一些像是〈阿里巴巴〉（Ali Baba），主角的好運貫穿全局，同時他自己也懂得利用這些好運。

我們以為是典型《一千零一夜》故事的〈阿里巴巴〉與〈阿拉丁〉，其實是到了很晚期才加入。這本書的第一個歐洲語言譯本於1704年在法國出版，由安托萬·加朗（Antoine Galland）執筆，而他追隨眾多前人的腳步，添加了兩則他的個人創作，也就是〈阿拉丁〉與〈阿里巴巴〉。

根據加朗法譯本而生的英譯本在1706年問世，也是首次使用《一千零一夜》這個書名。不過最權威的英譯本在1885年出自英格蘭探險家理查·波頓爵士之手，也就是出版《愛經》第一個英譯本的譯者。《一千零一夜》原著裡本來有些情色元素，加朗與其他作者為求體面便刪減掉了，不過波頓欣然地加回了他的英譯本裡，還另寫註解解釋東方的性行為。

今天我們能讀到《一千零一夜》這麼多的版本，可以證明它的吸引力歷久不衰，只是現在讀來已不如過去那麼驚世駭俗了。1985年，埃及政府以違反色情作品法規為由，禁止了《一千零一夜》的未刪節版本。不過就如同作家薩爾曼·魯西迪的觀察：「有時候，偉大的禁書會掙脫審查者言詞的束縛，逼得世人不得不對其直視——《尤利西斯》、《蘿莉塔》、《一千零一夜》，都是如此。」

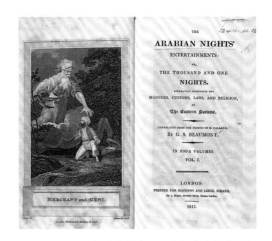

ABOVE ▲ 1811年的英譯本，內容根據安托萬·加朗所譯的第一個歐洲語言版而來。加朗的法譯本在1704-1717年間分十二冊出版。

41

源氏物語
The Tale of Genji

紫式部

● 約西元1021年

《源氏物語》是古代日本文學的傑作，也有人推崇它是世界第一部小說。它在一千年前問世，至今仍被每個日本學童閱讀。二十世紀出現的各種譯本，讓全球讀者都得以欣賞這部卓越的作品。

紫氏部這本小說的主角是年輕英俊的源氏，也是天皇之子，卻被迫過著平民生活。《源氏物語》就是在敘述他的人生，當中雜以政治陰謀與愛情糾葛。這本書最重要的主題是「哀」，一個在內文重複出現超過一千次的詞。源氏在宮廷裡的際遇起伏是小說前兩部的主題，第三部則敘述他的兒子在他死後遭受的磨難。這本書原本由至少五十四帖組成，花了超過十年時間才完成。

如同許多偉大的文學作品，《源氏物語》的卓越之處不只在於豐富的詩歌與故事，也因為它開啟了一扇窗，讓人一窺它成書的年代。紫氏部（約西元973-1031年間）生於日本平安時代，一個社會相對穩定的時期。她出身的藤原氏族十分顯赫，掌握了政治大權。當時的天皇宮廷裡的人過著養尊處優、涵養高尚又與世隔絕的生活，而紫氏部在宮裡擔任女官。

當時的貴族女性因為婦德的限制，比他人更被孤立。她們不可以在公共場合拋頭露面，就算婚後也要與父親同住，丈夫偶爾才能來看她。女性的才智公認遜於男性，因此不能學習漢文，也就是當時的官方與商用語言。反之，女性閱讀以日文假名寫成的故事是受到鼓勵的。假名是日本文字最古老的形式，在平安時代首次出現。愛情故事備受日本女性喜愛，而紫氏部可能是因為寫愛情小說聞名，所以獲宮廷選為公主的侍官。

紫氏部後來開始為其他女官寫故事，因為她們都與社會和生活娛樂徹底隔絕。而她的讀者又把這些文字加以抄錄，供其他朋友閱讀，因此這部小說很快就廣為流傳。《源氏物語》的原始手稿已經佚失，不過有大約三百個早期手抄本流傳下來，每一本的細節都有令人驚嘆的差異。至今仍不時有人會從塵封的檔案文獻中，挖掘出幾部不為人知的《源氏物語》。

從這部史詩般的小說看得出來，紫式部受到經典中國古詩詞與同代日本作家的白話小說影響。她最偉大的創新之處在於她不同於前輩作家，小說內容不帶超自然或魔幻元素，僅僅描寫凡俗的主題，呈現出一個當代的世界——她的讀者完全能了解的世界。

《源氏物語》第一個完整的英譯本於1933年出版，而波赫士（Jorge Luis Borges）在讀後指出，紫氏部的文筆「有種近乎神奇的自然，而這部小說引人入勝的不是異國情調……而是人的強烈情感。」這部小說源於十一世紀的日本，不過它對人類心理的洞察，即便在二十一世紀也毫不過時。

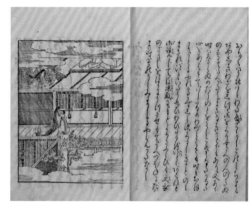

ABOVE ▲ 《源氏物語》第一個印刷版的內頁。於1654年在京都出版，佐以山本春正（1610-82年）的木刻版畫插圖。

ABOVE ▲ 知名日本藝術家歌川國貞（1823-80年）的木刻版畫，描繪《源氏物語》第四十一帖〈幻〉的其中一景。

神曲
The Divine Comedy

但丁

● 西元1308-21年

中世紀最偉大的文學創作是一部篇幅驚人的寓言詩，描述一趟穿越地獄、煉獄與天堂的想像之旅。因為它宏偉的格局，細膩的描寫與超凡的啟示，評論家曾說這部作品等同於一座語言的哥德大教堂。

但丁‧阿利格耶里（Dante Alighieri，1265-1321年）是生於佛羅倫斯的詩人，在1308年著手撰寫一篇史詩，描述一場歷經死後世界的想像旅程，原書名是《喜劇》（La Commedia）。他花了十二年寫作，於1320年完成。《神曲》深深影響了《十日談》（The Decameron）的作者喬凡尼‧薄伽丘（Giovanni Boccaccio，1313-75年）；他因為極為推崇《神曲》裡的詩句，所以為原書名添加「Divina」一字，也就是神聖的意思，成為我們今日所見《神曲》的義大利文書名（La Divina Commedia）。

這部史詩採用中世紀對死後世界的觀點，也就是天主教教會在十四世紀宣揚的景況，描述但丁在想像中行過地獄（Inferno）、煉獄（Purgatoria）與天堂（Paradiso）的一趟旅程，象徵靈魂從罪惡到淨化的過程。

但丁描寫的情景源於他對宗教文學、歷史、藝術與宇宙學的浩瀚知識。在全書的三大篇裡，他讓知名的神話、歷史與哲學人物現身，另外也有一些他個人的朋友與仇敵。

但丁以第一人稱敘事，而這對當時的文學作品來說很不尋常。他的口吻有如一位探險家，旅程從西元1300年耶穌受難日（復活節前的星期五）前一夜開始，結束於復活節後的星期三。當年的但丁應該是三十五歲，正處於人生預期壽命的中期。

在詩作的開端，但丁在樹林裡迷了路，遇上三頭兇惡的野獸——獅子、豹與狼，而他找不到逃生的路。

「來者，放棄一切希望！」地獄的大門上刻著這句話。

在那裡，悲嘆、哀號與淒厲的哭聲，在暗無星宿的夜空裡迴盪，起初我聞之亦不禁落淚；怪異的話聲，可怕的語言，痛苦的呼喊、憤怒的咆哮、響亮而粗啞的噪音；這許多聲音交織喧嘩，在永不見光的空中盤旋，有如砂石隨旋風飛騰。

但丁以托斯卡尼方言書寫，而非傳統的拉丁文，使得《神曲》廣為流傳，托斯卡尼語後來也成為義大利的通用語言。

雖然《神曲》在出版後的數世紀間被視為傑作，但它的名聲到啟蒙時代便沒落了。1826年，英國藝術家威廉‧布萊克（William Blake）受託為《神曲》繪製數幅插畫，讓這部作品再次被發揚光大，重獲十九世紀浪漫作家的推崇。亨利‧沃茲沃思‧朗法羅（Henry Wadsworth Longfellow）是《神曲》的第一位美國譯者，而他的詩人同胞T‧S‧艾略特（T. S. Eliot）堅信但丁是文學巨擘。艾略特曾寫道：「但丁和莎士比亞分據天下，除此之外，再無第三人。」

ABOVE ▲ 多梅尼科‧迪‧米凱利諾（Domenico di Michelino）於1456年所作的但丁肖像〈神曲光耀佛羅倫斯〉（La Commedia Illumina Firenze），現藏於聖母百花大教堂（Florence Cathedral）。這件壁畫就像《神曲》一樣分成三部分：地獄，煉獄與天堂。

ABOVE ▲ 一幅來約西元1470年的但丁〈地獄篇〉插圖，描繪魔鬼折磨罪人的情景。

Of dubbyl worstede was hys semy cope
That rounde was as a belle out of presse
Somwhat he lispyd for hys wantownesse
To make hys englysshe swete vpon hys tonge
And in hys harpynge whan he hadde j sunge
Hys eyen twynklyd in hys hed a ryght
As doon the sterris in the frosty nyght
Thys worthy frere was callyd hubberd

Marchaunt ther was wyth a forkyd berd
In motley on hygh on hys hors he sat
Vp on his hed a flaundres beuer hat
Hys bootis claspyd feyr and fetously
Hys resons he spack ful solempnely
Sowynge allway the encresse of hys wynnynge
He wolde the see were kept for ony thynge
Betwyx Myddelburgh and orewelle
Welle coude he in hys eschaunges selle

ABOVE ▲ 「騎士」的木刻版畫像，出自威廉·卡克斯頓於1483年出版的《坎特伯里故事集》。

坎特伯里故事集

The Canterbury Tales

傑佛里・喬叟

● 西元1390年代

《坎特伯里故事集》寫於英格蘭歷史上一段動盪的社會變遷時期，作者是一名宮廷官員。這個故事集突破文類界線，有詩也有散文，講述一群出身各異的人物所做的一趟宗教朝聖之旅。這部作品不只改變了英語文學的形式，也為十四世紀晚期的英格蘭社會留下鮮明的寫照。

傑佛里・喬叟（Geoffrey Chaucer，約1343-1400年）在1386年以前非常活躍，有過許多不同的職位與職業，曾受命擔任海關官員、太平紳士（治安法官）、議會會員，並且自1389年起擔任國王的產業管理員。他在人生後期的時光裡，開始動筆寫《坎特伯里故事集》（*The Canterbury Tales*），一部重要的詩集，裡面的詩作均彼此呼應。喬叟敏銳的觀察力、尖刻的幽默、貼切的寫實、深刻的心理洞察、傑出的技巧與優美的文筆，讓這部作品煥發出無與倫比的文學力量。

這部作品的特色之一就是使用本土的中古英文（Middle English）寫成，而非法文或拉丁文，有別於當時其他的作品與喬叟個人在此之前的創作嘗試。不過，喬叟還是借鏡了法文、義大利文與其他古典傳統文學，並且藉寫作過程讓中古英文更為精煉優美。

《坎特伯里故事集》有二十四個故事，總計超過一萬七千行的詩句與散文，描述一支包含喬叟本人在內、由三十一名旅人組成的朝聖隊伍。他們從倫敦沙瑟克（Southwark）的塔巴爾客棧出發，前往坎特伯里大教堂朝拜聖湯瑪士・貝克特（Saint Thomas à Becket）的壇位。喬叟使用劇中劇的文學手法來講這個故事。為了排遣時間，客棧老闆發起一場比賽，請每位朝聖者在去程與回程中各講兩則故事，講得最好的人可以在朝聖歸來後享用一頓免費晚餐。

所以這些詩反映出他們各自的語調與故事，讓人看到英格蘭在地社會的眾生百態。主要人物包括了廚師、騎士、木匠、修女與修士，角色刻劃涵蓋了相當不同的個人素質、社會階級與職業，混合了幽默、粗俗、虔敬、博學、機智與其他特質。喬叟的文字點出不同的階級與人物如何互動，說話方式又有何差異。這本書的〈總引〉（General Prologue，此為譯自中古英文的現代英文寫法，此處再譯成中文）解釋道：

> 要是有人拿聽自旁人之口的故事來講，
> 如果他能記得，
> 必得盡量重複他聽到的每一字，
> 不論對方如何用詞粗魯或不當，
> 否則，他說的就不算真正的故事，
> 是自行捏造的情節、全新編派的字句。

《坎特伯里故事集》是一幅完整又犀利的英格蘭社會風情畫，從中能看到對教會立場改變的評論，也反映出喬叟對多種文學體裁、手法與語言風格有傑出的掌握能力。他使用文雅的中古英文創作出優美的詩歌，提升了英文在文學界的地位。

喬叟原本預計寫一百則故事，不過在未完成前他就過世了。雖然他的親筆手稿已全部佚失，不過從中世紀晚期到文藝復興早期，已知有至少八十三種手抄本流傳下來。其中最古老的是收藏在國立威爾斯圖書館（National Library of Wales）的亨維特抄本（Hengwrt Chaucer），據信成書於西元1400年，大約是喬叟過世的時候。最常作為各版本參考基準的是1400年代早期的艾厄士米爾抄本，名稱來自它之前的擁有人艾厄士米爾伯爵（Earl of Ellesmere），現存於美國加州聖馬利諾的杭廷頓圖書館（Huntington Library）。

首個《坎特伯里故事集》印刷本出版於1478年，已知保存下來的有十本。

《坎特伯里故事集》無疑是文學史上最有企圖心的作品之一，至今仍不斷得到研究與品賞。藉著它變化多端的文字風格，中世紀的英格蘭生活在讀者眼前鮮活重現。

古騰堡聖經

Gutenberg Bible

● 西元1450年代

古騰堡的《聖經》是世界上第一本以活字印刷術印行的書籍。活字印刷的優點藉由這本書的出版完全彰顯，在接下來數世紀間促成了文化、經濟與智識的巨變。

不論是作為歷史記載或宗教指南，《聖經》無疑都具有無遠弗屆的影響力，而約翰尼斯‧古騰堡（Johannes Gutenberg，約1400-1468年）印行的《聖經》掀起了一場技術革命，對社會所造成的影響又比技術變革本身更為強烈。

在古騰堡讓印刷術改頭換面之前，想要印刷，得先煞費苦心地為每一頁刻製木版。木刻版印刷很適用於圖像，但是對稍有長度的文字而言，實在太過曠日廢時，刻錯一個字就得前功盡棄，全版從頭再刻一遍。所以像《聖經》這類長篇作品是改以手工複寫在羊皮紙上，每一個抄本都要耗時數年，而且只能由修道院裡少數幾名識字的修士來做。神職人員因此掌握了傳播知識與讀寫能力的大權。

古騰堡生於德國梅因茲一個有優良金匠傳統的家族。他最早於1430年代開始試驗活字印刷，把每個字母一一鑄造成可重複使用的字模。古騰堡先試印過一些單頁文字，接下來又嘗試了幾本薄書，才有足夠的信心挑戰《聖經》。這是一項艱鉅無比的任務。全書的一千兩百八十六頁以每次兩頁一組的方式印刷，每組頁面都是由手工撿字製版與印刷，印好後再把字模拆散、重組成後續兩頁。古騰堡估計是花了三年時間，印出大約一百八十本《聖經》——一位修士在這樣的時間裡只能抄成一本。

古騰堡可能是以細砂製成的模具鑄造出每個字模，這種精巧的技術至今仍用於鑄造細緻的鑄鐵作品。他所使用的字體需要兩百七十個不同的字符，包括大寫與小寫字母、標點符號和縮寫記號。古騰堡發現，傳統的水性墨水無法附著於金屬字塊以印到紙上，所以他發明了一種新的油性墨水，讓印在頁面上的文字透出一種前所未有的色彩深度。

這種新印刷術（或說「書籍增產術」）甫問世，立刻造成強烈的衝擊。各種書籍從此可以大量複印，所需的成本與人工只是一部手抄本的零頭。有更多人得以接觸到印刷文字，識字率因而提高了。書裡的思想與知識也能以從未有過的速度交換、討論與發展。《古騰堡聖經》的印行，直接促成了文藝復興與現代科學的誕生。它對社會的巨大影響堪比網路的發明。

值得注意的是，至今仍有四十九本《古騰堡聖經》留存。最近一本透過拍賣售出的《古騰堡聖經》是在1978年，成交價為兩百二十萬美元。如今要是有哪本《古騰堡聖經》流入市面，要價可能高達三千五百萬美元。

abiffet puet furregit dauid de loco qui
vergebat ad auftcū: et cadens pronus
ī terrā adrauit tercio. Et ofculātes fe
altcreutcū fleuetunt pariter. dauid aūt
āpli⁹. Dixit ergo ionathas ad dauid.
Hade in pace. Quecūq; iurauimus
ambo in nomine domini · dicentes :
dominⁱ fit inter me et te· et inter femen
tuum z femen meum· ufq; in fempiter-
num. Et furregit dauid et abijt: fed et
ionathas ingreffus ē ciuitate.

Uenit aūt dauid in nobe· ad achi-
melech facerdotē. Et obftupuit
achimelech· eo quod veniffet dauid· et
dixit ei. Quare tu folus : et nullus eft
tecum. Et ait dauid ad achimelech fa-
cerdotem. Rex precepit michi fermonē·
et dixit. Nemo fciat rem propter quā
miffus es a me· z cuiufmodi precepta
tibi dederī. Nā et pueris meis condixi· ī
illū et illū locū. Nūc ergo fi qd habes
ad manū· uel quinq; panes da michi·
aut quicqd inueneris. Et refidens facer-
dos ad dauid· ait illi. Nō habeo lai-
cos panes ad manū : fed tantū panē
fanctū. Si mūdi funt pueri· maxime
a mulieribz· māducet. Et refidit dauid
facerdoti· et dixit ei. Et quide fi de mulie-
ribz agitur· cotinuū⁹ nos ab heri et
nudiuftercⁱ quādo egrediebant· et fue-
rūt vafa puetoz facta. Porro via hec
polluta eft· fed et ipa hodie fanctifica-
bitur in vafis. Dedit ergo ei facerdos
fanctificatū panem. Neqz enī erat ibi
panis· nifi tantū panes propofionis·
qui fublati fuerāt a facie dūi: ut pone-
rentur panes calidi. Erat aūt ibi vir
quidā de feruis faul· in die illa intus
in tabernaculo domini: z nomen eius
doech ydumeus: potentiffim⁹ paftoz
faul. Hic pafcebat mulas faul. Dixit
aūt dauid ad achimelech. Si habes

hic ad manū haftam aut gladiū da
michi· quia gladiū meū z arma mea
non tuli mecum. Sermo enim regis
urgebat. Et dixit facerdos. Ecce hic
gladiⁱ goliath philiftei· quē percuffifti
in valle therebinti· eft inuolu⁹ pallio
poft ephot. Si iftum vis tollere· tolle.
Neqz enī hic eft alius abfq; eo. Et ait
dauid. Nō eft huic alter fimilis. Da
michi eū. Surrexit itaq; dauid· z fugit
ī die illa a facie faul· z venit ad achis
regem geth. Dixeruntq; fui achis· cum
vidiffent dauid. Nūquid non ifte eft
dauid rex terre? Nōne huic cātabant
per choros dicentes· percuffit faul mille·
et dauid decem milia? Pofuit autem
dauid fermones iftos in corde fuo· et
extimuit valde a facie achis regis geth.
Et mutauit os fuū corā achis· et col-
labebat inter manus eoz· et impinge-
bat in oftia porte· defluebantq; faliue
eius in barbā. Et ait achis ad feruos
fuos. Vidiftis hominem infanum·
quare adduxiftis eū ad me? An defint
nobis furiofi· qia introduxiftis iftum
ut fureret me prefente? Dimittite illum
hinc· ne ingrediat domū meā.

Abijt ergo dauid inde· et fugit in
fpeluncā odollam. Quod cum
audiffent fres ei⁹ et omnis dom⁹ pris
eius· defcenderūt ad eū illuc. Et conue-
nerunt ad eū omnes qui erāt in anguftia
cōftituti· et oppfi ere alieno et amaro
aīo· et fact⁹ eft eoz princeps. Fueruntq;
cū eo tſi quadringēti viri. Et profect⁹
eft dauid inde in mafphat· qui eft moab.
Et dixit ad regē moab. Maneat oro
pater me⁹ z mater mea vobifcū· donec
fciam qd faciat michi de⁹. Et reliquit
eos ante faciem regis moab. Manfe-
runtq; apud eū cunctis diebz quibus
dauid fuit ī prefidio. Dixitq; gad propha

ABOVE AND LEFT ▲ ◀1450年代印行的原版《古騰堡聖經》其中
兩例。版型是每頁四十二行。每起一個新段落，首個字母便由手
工以紅色或藍色墨水上色。《古騰堡聖經》已知流傳至今的只有
四十九本。

IL PRINCIPE DI NICCOLO MA/
CHIAVELLI AL MAGNIFICO
LORENZO DI PIERO
DE' MEDICI.

LA VITA DI CASTRVCCIO CA/
stracani da Lucca a Zanobi Buondelmonti, & à
Luigi Alamanni, composta per il medesimo.

IL MODO CHE TENNE IL DVCA
Valentino per ammazare Vitellozo, Oliuerotto da
Fermo, il S. Pagolo, & il Duca di Grauina
discritta per il medesimo.

I RITRATTI DELLE COSE DEL/
la Francia, & della Alamagna per il medesi/
mo, nuouamente aggiunti.

NIL CANDIDIVS

M. D. XXXII.

ABOVE ▲ 1532年出版的《君主論》義大利文原版。

君主論
The Prince

馬基維利

● 西元1532年

馬基維利這本政治專論探討如何獲得與把持權力，內容是基於他個人對君王、諸侯與教宗權謀之術的觀察。書中有違道德的建議引起了爭議，不過在五百年後仍廣獲心懷抱負的政治人物閱讀。

在馬基維利（Machiavelli，1469-1527年）所生的時代，義大利並非今日所見的統一國家，而是有形形色色的王國，各自以拿坡里、羅馬、威尼斯、米蘭與佛羅倫斯為中心。這種分裂的政治版圖是許多鄰近國家經常侵略的目標。義大利各政權互相鬥爭，內鬥也是家常便飯，例如：在馬基維利的時代，他的家鄉佛羅倫斯便長期上演麥第奇（Medici）與波吉亞（Borgia）家族間的權力爭奪。

1500年，馬基維利赴法國出外交任務，當時法國是由路易十二統治的統一國家，那裡相對和平穩定的情勢令馬基維利印象深刻。法國經常干涉義大利事務，路易十二就在與教宗的一次約定裡，扶植切薩雷·波吉亞（Cesare Borgia）為佛羅倫斯東側省分羅馬涅（Romagna）的統治者。波吉亞以殘酷暴虐聞名，對謀權工於心計，而馬基維利認為，想要讓義大利成為他理想中如法國般穩定、統一的國家，這些性格不可或缺。

馬基維利開始動筆闡述自己的思維，一份《君主論》（義文：Il Principe；英文：The Prince）的早期手寫草稿在1513年流傳開來。雖

然在他之前的許多作者主張，高階官位應該由道德高尚者執掌，不過馬基維利聲稱，要是行事過於遵循道義，其實可能會妨礙人掌握與運用權力的能力。

他以義大利史實為例，說明強勢無情的統治之必要；統治者只有在爭取人民好感時才需要做出德行高尚的模樣。在國家與政權不斷交戰的世界裡，他認為有效的戰事結合巧妙的外交手腕，是國家地位穩固的基礎。與其說戰爭是無可避免之惡，不如說是政府的必要工具。

簡而言之，為達目的（權力），可以不擇手段。這是源於真實世界的政治論述，一本為君主所寫的實用手冊，在出版後的數世紀間發展成一套哲學與政治理論。《君主論》在馬基維利死後五年終於正式出版，結果遭批評為違反道德倫理。英文版直到1640年才印行，不過在十六世紀末期應該已有數個手抄譯本流傳。不論是在英國內戰或美國革命期間，還是紐約與芝加哥的黑幫，馬基維利對人性的理解獲得許多領袖青睞：美國義裔黑幫老大約翰·高蒂（John Gotti）曾說《君主論》是「黑幫聖經」。從亨利八世到史達林，《君主論》對世界級的領導人也有深刻的影響。

現在我們用「馬基維利主義者」來指稱耍弄政治權謀與冷酷狡猾的人。不過馬基維利的思想其實更為複雜，他也援引了公民自尊與愛國情操的概念，而他這麼做是希望能引導君主們建立一個強大、穩定又統一的義大利國。最終，義大利在1871年完成統一。

NICHOLAS MACHIAVEL'S
PRINCE.
ALSO,
The life of *Castruccio Castracani*
of *Lucca*.
AND
The meanes Duke *Valentine* us'd
to put to death *Vitellozzo Vitelli, Oli-
veretto of Fermo, Paul,* and the
Duke of *Gravina*.
Translated out of *Italian* into *English*;
By E. D.
With some Animadversions noting
and taxing his errours.
LONDON,
Printed by R. Bishop, for Wil: Hils, and
are to be sold by Daniel Pakeman
at the figne of the Rainebow
neere the Inner Temple
gate. 1640.

LEFT ◀ 1640年出版的第一個《君主論》英譯本。

天體運行論

On the Revolutions of the Heavenly Spheres

尼可拉斯‧哥白尼

● 西元1543年

說這本書顛覆了這個世界在宇宙裡的位置，毫不為過。作者是一位文藝復興時期的天文學家與數學家，一直等到自己能安然臨終才出版這本書。普遍認為，他的地動說是西方科學革命的濫觴。從馬克思、愛因斯坦到佛洛依德，這本書蘊含的意義讓現代思想家相信，人類不再迷信至高的上帝始終掌管著這個宇宙。

早在1514年，波蘭裔的幾何學家尼可拉斯‧哥白尼（Nicolaus Copernicus，1473-1543年）就開始悄悄發展自己的宇宙理論，到了1530年代已經累積了份量可觀的著述。不過他對於是否要出版相當猶豫，他心知教會可能會控告他。他的太陽系地動模型認為太陽才是宇宙的中心，而非地球，而這違背了托勒密（Ptolemy）已主宰西方文化十四個世紀的地心論模型。關於哥白尼褻瀆信仰的理論，開始有風聲傳出，而馬丁‧路德（Martin Luther）在1539年提及地動說時表示：「眾人聽信一個自命不凡的占星家拼命想證明是地球在繞行，而非天體或蒼穹、太陽與月亮……這一芥愚夫意圖反轉整個天文科學。不過《聖經》告訴我們，約書亞命令靜止不動的是太陽，而非地球。」

只有少數人真正閱讀並理解了哥白尼的手稿，其中一位是他的助理喬治‧卓欽‧瑞提克斯（Georg Joachim Rheticus）。這位年輕的數學家說服師傅將這份手稿寄給主教提德曼‧吉賽（Tiedemann Giese），也就是哥白尼的好友，並透過這位主教之手於德國紐倫堡出版。最終的定稿包含給教宗保祿三世（Pope Paul III）獻詞與前言，而哥白尼在裡面承認他的理論可能有違神學。不過他也小心翼翼地表示，他的理論應該以數學為出發點來理解與接受，而且他的書非常專業，缺乏深厚幾何學素養的神職人員很難了解。

《天體運行論》（拉丁原題：*De Revolutionibus Orbium Coelestium*；英文：*On the Revolutions of the Heavenly Spheres*）以拉丁文寫成，在哥白尼死後不久，才於1543年問世。書名頁上附加了這段註記，試圖以數學式的措辭減輕這個理論的衝擊：

致勤勉的讀者：在這本甫寫成並出版的作品中，您會讀到固定星體與星球之動態。這些動態依據古代與近期的觀察重構而來，又因新穎與絕妙之假設更為生色。本書有一目了然的圖表供您參閱，不論是何時出現的極端案例，您都能參閱該圖表計算其動態。因此，請購買、閱讀並享受本書。未受幾何學訓練者，望勿窺本書內容。

這部作品分成六冊，與托勒密的《天文學大成》（*Almagest*）相同，也就是那部已主宰西方思想數世紀的巨著。《天體運行論》第一冊的前十一章講述哥白尼地動說的基本綱要，並且解釋他的宇宙論。

起初，哥白尼這部作品得到的反應很溫和。因為他以非常專業的措辭書寫，大部分讀者其實看不懂，初版印行的四百套也沒賣完。然而隨著時間過去，它那極具爭議的結論開始發酵，激起擁護傳統教義的科學家群起攻之。雖然《天體運行論》沒有正式成為禁書，在1758年以前仍遭到天主教教會強力打壓，連宗教改革領袖路德也公開斥責。

雖然一直以來，這本書都獲推崇為科學革命的濫觴，但近來也有些科學史學者認為哥白尼的成就其實沒那麼偉大，因為在他之前，伊朗馬拉給（Maragheh）學院的的阿拉伯天文學家已經得出相同結論。

ABOVE AND LEFT ▲ ◀ 哥白尼的手稿（上圖）與1543年的《天體運行論》初版（左圖），可以看到他那引發爭議的太陽系地動模型，指出太陽才是宇宙的中心，而非地球。

藝苑名人傳

Lives of the Artists

瓦薩里

● 西元1550年

《藝苑名人傳》是第一本探討藝術史的書。時至今日仍有人在應用瓦薩里所提出的分析。關於義大利藝術黃金時期，這本書也是獨一無二的資料來源。

喬吉歐・瓦薩里（Giorgio Vasari，1511-74年）生於義大利的丘陵小鎮阿雷索，曾受過繪畫訓練。他在十六歲時搬到大城佛羅倫斯，並且得到米開朗基羅的照應。他建立起畫家的名聲，又因為贊助人是統治佛羅倫斯的麥第奇家族，更顯得他的身價不凡。不過在今天，瓦薩里較為人紀念的是他的建築作品。他所設計的建築包括佛羅倫斯司法機構的辦公室「Uffizi」，也就是現今烏菲茲美術館（Uffizi Gallery）所在地。烏菲茲的館藏主要是麥第奇家族的私人收藏，也是世界上數一數二的藝廊。瓦薩里為烏菲茲規劃的中庭，不論是從空間、焦點或透視來看，都是上乘傑作。

瓦薩里在前往羅馬與威尼斯旅遊時看見一些作品，出自與他同年代的偉大藝術家。他對這些藝術家的人生與他們帶來的影響產生興趣，於是開始收集古老的素描，研究古羅馬藝術與建築。關於古代藝術如何演變成現代的樣貌，他逐漸有了一些想法。

1550年，瓦薩里出版了《藝苑名人傳》（Lives of the Artists），完整的義大利文原名是「Le Vite de' Più Eccellenti Pittori, Scultori, ed Architettori」，意思是「頂尖畫家、雕塑家與建築家生平」。在此之前也曾有藝術家傳記出版，而瓦薩里偉大的創新之處在於，他為他所選的藝術家寫了一系列介紹，敘述這些人彰顯出的歷史趨勢。瓦薩里在出版這本書的同時，也成為世界上第一位藝術史學家。

瓦薩里把他所述的歷史分成三階段：古羅馬的古典時期是藝術成就的一個高峰，隨後藝術進入衰退的黑暗時期，後來多虧有契馬布耶（Cimabue）和喬托（Giotto），藝術自十四世紀以降重新復甦，並且在達文西與米開朗基羅這兩位天才手下達到極致。對瓦薩里來說，亦師亦友的米開朗基羅，是唯一仍在世便獲收錄進這本百科全書的藝術家。

1568年，增訂過的《藝苑名人傳》第二版問世，納入更多在世藝術家，其中還有些人來自威尼斯。這個版本被廣泛翻譯，至今仍是傳記類百科的典範。《藝苑名人傳》的第一個英譯本於1685年問世，不過那只是簡短的剽竊版，作者被威廉・艾格里昂比（William Aglionby）冒名頂替，書名是《三段對話論繪畫》（Painting Illustrated in Three Dialogues）。

然而艾格里昂比的確對內容有貢獻，他加入了一些德國與英國的藝術家。無可否認，瓦薩里很偏袒義大利藝術，特別是佛羅倫斯的藝術。威尼斯是與佛羅倫斯敵對的城邦，而在《藝苑名人傳》第一版裡，瓦薩里一個威尼斯藝術家也不提。另一方面，瓦薩里是第一個在文化語境裡使用「文藝復興」（義大利文：Rinascita；英文：Renaissance）一詞的人，也自創「哥德藝術」（Gothic Art）這個詞來描述歐洲北部的創作復甦。

雖然書中關於早先藝術家的生平，錯誤百出，被後來的藝術史學者做了大幅修正。不過瓦薩里對於文藝復興藝術家以及對當時創作技巧的描述，都是非常豐富的資料來源。他對文藝復興發展的分析，就那個時期而言仍是公認的史料，只是現代的學者也認為，文藝復興不僅發生在瓦薩里的羅馬和佛羅倫斯，歐洲各地其實都出現了這種風潮。

ABOVE ▲ 米開朗基羅肖像（右圖），他是《藝苑名人傳》提及的唯一一位在世藝術家。肖像以及書名頁（左圖）皆來自首版。瓦薩里這本書率先使用「文藝復興」來指稱十四世紀時從義大利興起的一股藝文復甦風潮。

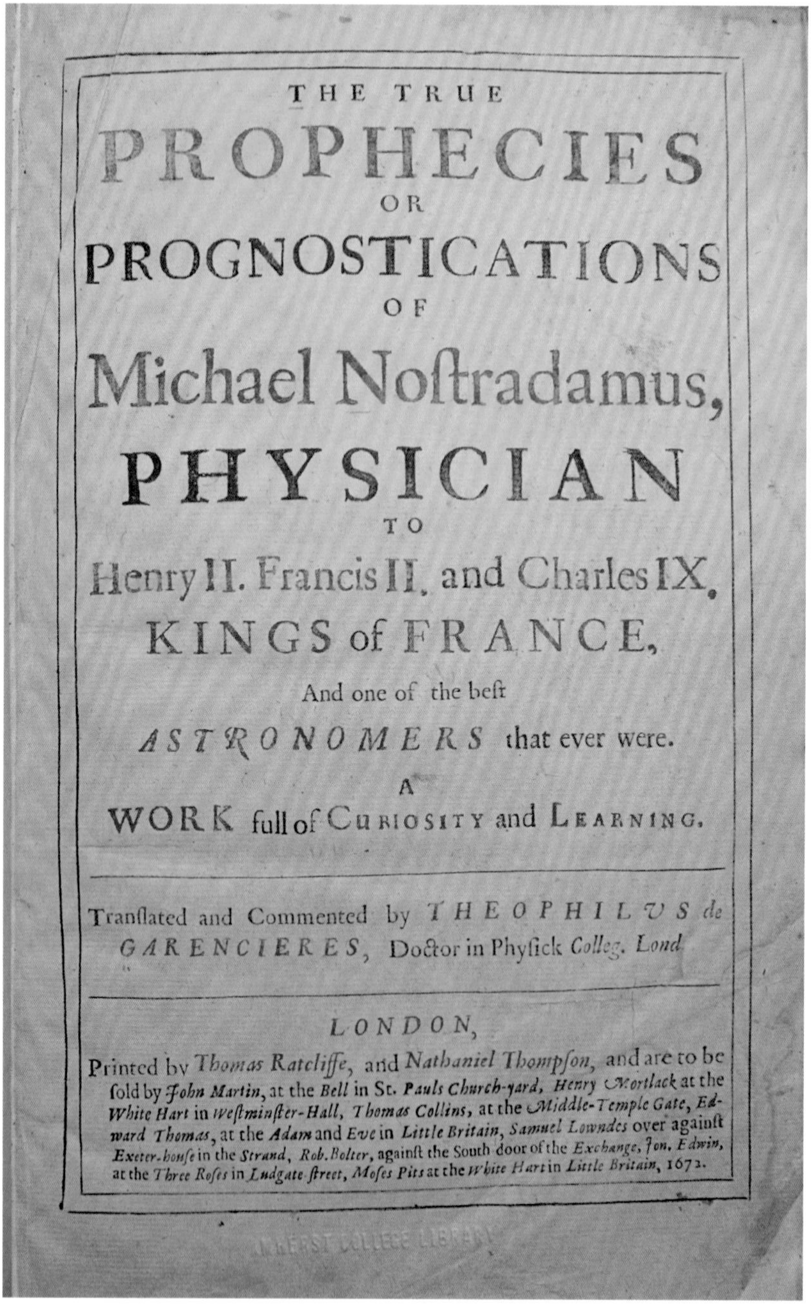

THE TRUE
PROPHECIES
OR
PROGNOSTICATIONS
OF
Michael Nostradamus,
PHYSICIAN
TO
Henry II. Francis II. and Charles IX.
KINGS of FRANCE,
And one of the best
ASTRONOMERS that ever were.
A
WORK full of CURIOSITY and LEARNING.

Tranſlated and Commented by *THEOPHILUS de*
GARENCIERES, Doctor in Phyſick *Colleg. Lond.*

LONDON,
Printed by *Thomas Ratcliffe*, and *Nathaniel Thompſon*, and are to be
ſold by *John Martin*, at the Bell in St. *Pauls Church-yard*, *Henry Mortlack* at the
White Hart in *Weſtminſter-Hall*, *Thomas Collins*, at the *Middle-Temple Gate*, *Edward Thomas*, at the *Adam* and *Eve* in *Little Britain*, *Samuel Lowndes* over againſt
Exeter-houſe in the *Strand*, *Rob. Bolter*, againſt the South door of the *Exchange*, *Jon. Edwin*,
at the *Three Roſes* in *Ludgate-ſtreet*, *Moſes Pits* at the *White Hart* in *Little Britain*, 1672.

AMHERST COLLEGE LIBRARY

ABOVE AND RIGHT ▲ ▶ 1672年於倫敦出版的第一個英譯本
（上圖），以及1557年出版的法文原著（右圖）。

百詩集

The Prophecies

諾斯特拉達姆斯

● 西元1557年

一名法國的神祕主義論者從數個異國知識領域擷取靈感，致力於解救民眾免受橫掃歐洲的瘟疫所苦。他的活動被審判異端的宗教裁判所判為非法，於是他躲藏起來，開始出版陰鬱的預言集，讓他以史上最偉大的預言家聞名於世。

米蓋爾・德・諾斯特拉達姆（Michel de Nostredame，1503-66年）又名諾斯特拉達姆斯，生於法國亞維儂的猶太家庭，父親是一個發達的商人。不過他們家只能暗中從事信仰活動，因為法王路易十二命令所有的猶太人接受基督信仰洗禮，否則就要被驅逐出境，而諾斯特拉達姆斯的父親決意留在法國。諾斯特拉達姆斯年輕時曾學習數學、文學、醫學、占星學、煉金術與卡巴拉（Kabbalah）——猶太傳統的《聖經》神祕主義詮釋法，這在法國是被禁止的學科。

當時鼠疫橫掃歐洲，諾斯特拉達姆斯使用結合多種神祕手法的療法投身治療病患。有一陣子他似乎獲得了一些成效，直到他自己的妻子和孩子死亡，壞了他的醫療名聲，他也成為宗教審判所的目標，不得不逃出法國。

他在浪跡歐洲期間，開始以四行詩（quatrain）的形式發表預言。後來他的傳記作者史提凡・傑松（Stéphane Gerson）將這些預言歸納為「占星學、預言、憂鬱詩作、魔術與

歷史」的綜合運用。他的預言似乎是以聖經故事為本，又參考了他在輾轉遷徙途中所讀的其他文學作品。

1550年，他從諾斯特拉達姆改名諾斯特拉達姆斯，出版了一本包含日曆與預言的曆書，結果大受歡迎，於是他開始每年出版。

1557年，諾斯特拉達姆斯寫了一本收錄三百五十三首四行詩的《百詩集》（法文：*Les Propheties*；英文：*The Prophecies*），內容預言了自然災害、戰爭、火災、瘟疫與其他重大災害，時間遠及很久以後的未來。為了保護自己免受教會當局可能的迫害，他混用各種語言，包括希臘文、義大利文、拉丁文和普羅旺斯語，又在語法上動了一些手腳，以及其他手法，刻意讓內容模糊難解。

《百詩集》出版時得到的評價不一。一位評論家控訴諾斯特拉達姆斯意圖「將他的預言以如此晦澀之手法層層掩飾，無人可指出其真意或確實理解」。不過其他人倒是接受了他的預言。當時的法國皇后凱瑟琳・麥第奇（Catherine de Médicis）是他最有影響力的崇拜者之一。

後世有些讀者認為，諾斯特拉達姆斯言中了倫敦1666年大火（Great Fire of London）、拿破崙與希特勒的崛起，以及美國911世貿中心恐攻事件。

雖然諾斯特拉達姆斯預測的正確性頗受懷疑，不過他的預言集受歡迎程度未曾消減。他的刻意晦澀不清，也讓這些預言套用在古今未來與世界各地的事件上，似乎都說得通。

唐吉訶德

Don Quixote

賽萬提斯

● 西元1605年

即便是從未讀過《唐吉訶德》的人，也對那位富有同情心的主角略有所知——一個消瘦的男人騎著一匹瘦馬，手持長矛向風車衝刺，他的胖隨從則在一旁騎著一頭矮胖的驢子。不過，這本小說遠不只是受騙的傻子與他的隨從所遭遇的一連串慘事而已。

《唐吉訶德》（Don Quixote）這部小說，讓人愈讀愈能看到其中的智慧與人文情懷。它的初衷是為了消遣當時廣受歡迎的一種文學作品——懷舊又充滿高尚情操的騎士小說，主角都是身穿閃亮盔甲的騎士，會與怪獸搏鬥、拯救弱小的女子。本書主角唐吉訶德為這些故事狂熱不已，相信自己也是騎士的一員，於是出發到世間主持正義。他的「駿馬」是一匹做農事的老馬羅西南多（Rosinante）；對他忠心耿耿的「隨從」其實是名叫桑丘·潘薩（Sancho Panza）的農工，而他的「高貴女士杜辛妮亞（Dulcinea）」不過是個農家女。他把風車當成巨人攻擊，又把盯著他的羊群視為敵軍。

但這些人不只是鬧劇裡的老套角色。作者賽萬提斯（Cervantes，1547-1615年）創造出這些人物，讓他們隨著他加諸的人生教訓變得更通達情理、更富歷練。讀者與賽萬提斯似乎是看著這段成長的歷程在眼前展開，又在這齣戲的結局看到一群形形色色又充滿人性的演員。賽萬提斯下筆極為精練，只描述事件而不做評論，僅加以必要的潤飾與細節供讀者自行想像。以書中著名的風車情節為例，其實那個片段只有短短數行，在我們心中留下的印象卻如此豐富與鮮明。他的角色因此有了自己的生命，也難怪唐吉訶德這個人會進入我們的文化和語言裡。當我們說一個人很唐吉軻德（quixotic），意思是那人有違常態或不切實際、好空想。

《唐吉訶德》也批判了社會階級的劃分與教會當局的態度。雖然這本書有部分是對老派騎士故事的諧仿，但唐吉訶德與桑丘·潘薩所體現的那種平凡中的正派，才是最令讀者動容之處——那些過時的騎士理想，也正是受到這種價值觀的啟發而來。

這本書的第一集於1605年出版時立刻獲得成功，也宣布會推出續集。英譯本最早於1612年推出，而《唐吉訶德》在西班牙實在太受歡迎，另一位作家在賽萬提斯寫完續集前就搶先推出偽作。等到真正的續集終於在1615年問世，裡面加入了一些認識唐吉訶德的人物，而這些人物因為讀過第一集，還批評那個假續集說的是不實故事。這種自我指涉是非常現代的文學手法。賽萬提斯在第二集出版數月後便過世了。

這本書歷久不衰的吸引力，從至少有十四部改編電影能看得出來，外加十二部舞台劇、歌劇與芭蕾舞劇。光是在二十一世紀，就有四個新的英文譯本陸續推出——《唐吉訶德》不死，故事將繼續說下去。

EL INGENIOSO
HIDALGO DON QVI-
xote de la Mancha.

Compuesto por Miguel de Ceruantes
Saauedra.

DIRIGIDO AL DVQVE DE
Bejar, Marques de Gibraleon, Conde de Benalcaçar, y
Bañares, Vizconde dela Puebla de Alcozer, Señor
de las villas de Capilla, Curiel,
y Burguillos.

Impresso con licencia, en Valencia, en casa de
Pedro Patricio Mey, 1605.

A costa de Iusepe Ferrer mercader de libros,
delante la Diputacion.

ABOVE ▲1605年於瓦倫西亞發行的初版，同年另有兩個版本問
世，分別在馬德里與里斯本印行。

LEFT ◀1612年印行的第一個英譯本，由湯瑪斯・薛爾敦（Thomas
Shelton）翻譯。

欽定版聖經

King James Bible

● 西元1611年

《欽定版聖經》於四百年前首度問世，至今仍是基督信仰的極致表現；它是英語文學的頂尖成就，也是古往今來影響力最大的書籍之一，為君權統治發揮了政治效益。

1604年，大英帝國的新任國王詹姆士一世（James I，1566-1625年）召集了一個龐大又爭論不休的委員會，成員都是學者與神職人員。這些人齊聚一堂戮力工作，為的是完成一項極其複雜又棘手的神學任務，也就是生出一部官定版的《聖經》新譯本。這個譯本要翻譯原版中的希臘文、希伯來文、阿拉姆語和拉丁文原文，並加以細細編修，成為更好讀的版本，為新教裡天差地遠的各宗派提供一個共同標準。

國王的動機不無政治考量，因為他希望這項計畫能促使王國更團結，從而更為強大，也更容易被教會之外的世俗王權統治。

翻譯的過程非常複雜，歷時七年才完工，但結果之成功令人嘆為觀止。過去從沒有哪一本書像《欽定版聖經》（King James Bible，又稱詹姆士王聖經）一樣，由龐大的委員會如此精心編纂。1611年，《欽定版聖經》獲英國教會當局批准，最初是由國王的印刷商羅伯特·巴克（Robert Barker）印行，題名為《聖經——含舊約與新約：經吾王特別訓示，根據諸原文所做最新翻譯，與此前各譯本詳加比較並編修》（THE HOLY BIBLE, Containing the Old Testament, and the New: Newly translated out of the Originall Tongues: and with the former Translations diligently compared and revised by his Majesties speciall Commandment.）這本篇幅驚人的書厚約四十公分，活頁版售價十先令、裝訂版售價十二先令。

藉由新型印刷術的傳播，這本書在英國內外廣為流傳，不論是住家、教會或高級圖書館都能見到它。書中的文字加速了新教信仰的成長，而且不只是在大英帝國本土，全球各地的殖民地也不例外。在這個過程裡，《欽定版聖經》為聖經語言與英文的「宗教用語」建立起新的一致標準。

十九世紀的法國小說家維克多·雨果（Victor Hugo）曾寫道：「英格蘭有兩本書：聖經和莎士比亞。英格蘭造就了莎士比亞，聖經造就了英格蘭。」即便在那個年代，英國有威廉·莎士比亞（William Shakespeare，1564-1616年）、法蘭西斯·培根爵士（Sir Francis Bacon，1561-1626年）、約翰·但恩（John Donne，1572-1631年）與約翰·米爾頓（John Milton，1608-74年）等名家，但人人都認同《欽定版聖經》是文學傑作。

藉由添加新的字詞、句型與格律，這部官定的《聖經》協助轉變了英語，創造出一種新的英文白話風格，以及無數深植人心的段落、句子和文學手法，讓這個語言更為豐富。《創世紀》開頭寫景所用的重複手法就是一個例子：

In the beginning God created the heaven and the Earth. And the Earth was without form, and void; and darkness was upon the face of the deep. And the Spirit of God moved upon the face of the waters. And God said, Let there be light: and there was light. And God saw the light, that it was good: and God divided the light from the darkness. And God called the light Day, and the darkness he called Night.

起初，神創造天地。地是空虛混沌，淵面黑暗；神的靈運行在水面上。神說：要有光，就有了光。神看光是好的，就把光暗分開了。神稱光為晝，稱暗為夜。

這部聖經後來以《欽定版聖經》（King James Bible）之名為人所知，以紀念促成這項工事的國王。它所建立的語言標準，也成為了英語文學的最高成就之一。

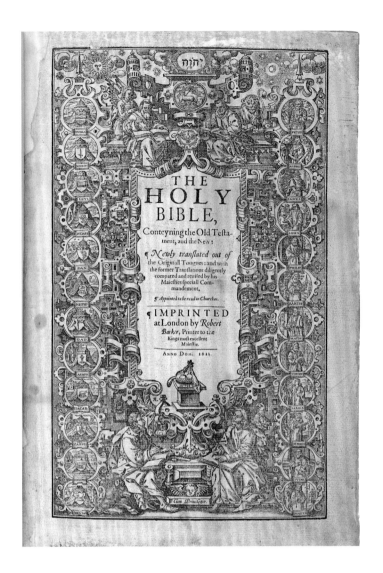

ABOVE AND LEFT▲ ◀《欽定版聖經》初版的書名頁（上圖）與前言（左圖）。這本書仍是英語世界最廣為發行的文字，動用了五十位學者、耗費七年時間完成。

MR. WILLIAM

SHAKESPEARES

COMEDIES,
HISTORIES, &
TRAGEDIES.

Published according to the True Originall Copies.

LONDON
Printed by Isaac Iaggard, and Ed. Blount. 1623.

ABOVE ▲ 馬丁・德羅蕭特經典的莎士比亞蝕刻版畫肖像，相似程度經過莎士比亞同代文人班・強森確認；肖像對頁有強森寫的一首短詩相佐。

RIGHT ▶ 本書由莎士比亞的友人與演員同儕約翰・赫明（John Heminges）、亨利・康德爾（Henry Condell）校訂；這兩人的名字與莎士比亞一起出現在「主要演員」的名單裡。

莎士比亞第一對開本

Shakespeare's First Folio

● 西元1623年

威廉·莎士比亞的喜劇、歷史劇與悲劇集在他死後七年出版，不只讓他最經典的作品免於遭到世人遺忘，也使他獲得英語世界最卓越劇作家的美譽。他崇高的地位歷時四百年依然不墜。

威廉·莎士比亞（William Shakespeare，1564-1616年）過世時，幾位劇場界的朋友一起出錢出力，編纂並印行了一部權威版的莎士比亞作品集。這部作品集以《第一對開本》（First Folio）之名為人所知，因為它用的紙張開數很大（以示作品有特殊地位），包含了三十六齣喜劇、歷史劇與悲劇，其中有十八部劇本從未發行過：《終成眷屬》、《安東尼與克莉歐佩特拉》、《皆大歡喜》、《錯誤的喜劇》、《科利奧蘭納斯》、《辛白林》、《亨利六世》、《亨利八世》、《凱撒大帝》、《約翰王》、《馬克白》、《一報還一報》、《馴悍記》、《暴風雨》、《雅典人泰門》、《第十二夜》、《維洛那二紳士》、《冬天的故事》。

約翰·赫明（John Heminges）和亨利·康德爾（Henry Condell）是莎士比亞在劇團的演員同事與友人，他們以手稿、排練劇本與其他紀錄為基礎，花了兩年功夫收集與編纂莎士比亞的劇本。收集這些資料是極其繁瑣的差事，最終的成果是一本每頁以雙欄書寫、頁數高達九百頁的書，總共有十四齣喜劇（包括《威尼斯商人》、《仲夏夜之夢》、《無事生非》等），十齣歷史劇（包括《理查二世》與《理查三世》等），以及多齣悲劇（《哈姆雷特》、《李爾王》、《羅密歐與茱麗葉》等等）。

雖然其中十八部劇本曾以較小的四開本印行過，不過新推出的校訂版根據了更可靠的資料來源，也編輯成最適合書籍閱讀的形式。這部作品集在書名頁印上莎士比亞的肖像，是由年輕藝術家馬丁·德羅蕭特（Martin Droeshout）做的蝕刻版畫；德羅蕭特從未見過這位劇作家，不過莎士比亞的友人驗證過肖像的

相似程度，且印刷過程中也極為小心注意。

這本書的原價是散裝版一英鎊（在當時是相當可觀的數目）、裝訂版兩到三英鎊。學者一般認為，在1623年有大約七百五十套《第一對開本》印行。

這個出版計畫自始便非比尋常，因為在此之前，英格蘭從未有劇本以對開本大小出版；當時的人認為劇本的重要性或聲望都配不上這種尺寸。然而，這本書最出眾的還是卓越的內容。「他不是屬於某個年代的人，而是橫跨一切時空的人！」莎士比亞的友人班·強生（Ben Jonson，1573-1637年）在前言裡這麼寫道。

莎士比亞除了在世時廣受觀眾歡迎，許多著作也成為後人鍾愛的文學、舞台與影視作品。當代偉大的英國舞台與電影演員勞倫斯·奧立維耶（Laurence Olivier）曾說：莎士比亞的作品是「最接近上帝之眼化身的事物」。

他筆下的某些故事展現出深刻的人性心理，也極度黑暗。《奧賽羅》探索情慾、嫉妒與種族歧視；《馬克白》檢視讓人自我毀滅的野心和狂妄的弒君行為；《羅密歐與茱麗葉》訴說註定無望的愛情造成的激情悲劇；《哈姆雷特》則直指報復之心能有多麼深沉。

莎劇的某些情節後來改編為歌劇、音樂劇與交響樂，而《第一對開本》的影響並不止於舞台、螢幕與音樂廳。西格蒙德·佛洛伊德（Sigmund Freud）坦承，他關於無意識和其他心理分析的想法，是得力於閱讀莎士比亞，以及這些作品教他了解到的人類情緒。

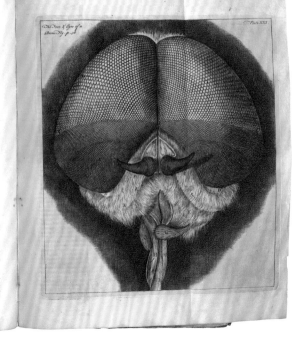

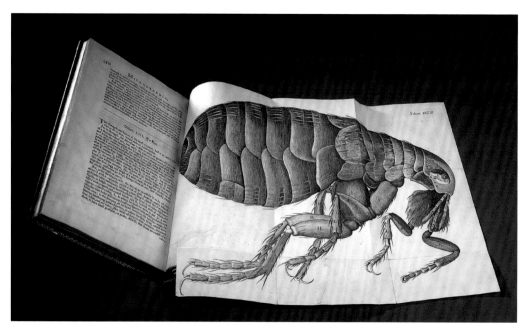

微物圖誌

Micrographia

羅伯特・虎克

● 西元1665年

1660年代，一名博學的英格蘭年輕人使用剛改良過的顯微鏡，探索之前肉眼不可見的世界。他寫出一本驚人的書分享他的發現，展現微小生物放大無數倍後的圖像，諸如蝨子、蚊子，和軟木切片裡精細的活組織。

山繆・皮普斯（Samuel Pepys）曾在日記裡寫道，他熬夜到凌晨兩點，細細品味羅伯特・虎克（Robert Hooke）的《微物圖誌：放大鏡對微小個體之生理描繪暨觀察與探問》（*Micrographia: or Some Physiological Descriptions of Minute Bodies Made by Magnifying Glasses. With Observations and Inquiries Thereupon*），並且說那是「我這輩子讀過最精妙的書」。另外還有很多人都有這種感受，例如荷蘭天文學家克里斯蒂安・惠更斯（Christiaan Huygens）在本書出版後，馬上恭喜英國皇家學會（Royal Society）得到這種品質絕佳的觀察結果。這部附有插圖的作品成為暢銷書與經典名著，為科學研究開闢了新疆域。

虎克（1635-1703年）在牛津念書並且與許多學界泰斗共事，例如：約翰・威爾金斯（John Wilkins）、湯瑪斯・威利斯（Thomas Willis）與羅伯特・波以耳（Robert Boyle）。當時他已經做了很多科學實驗與發明，涉獵領域極為廣泛。虎克經常設計並自製實驗器材，例如真空抽氣泵與望遠鏡。不過他能寫出《微物圖誌》，要歸功於一具精心打造、附照明功能的顯微鏡，讓他得以檢視各種肉眼看不見的微小生物與組織。接著他發揮繪圖長才，詳細又極度準確地畫下他透過鏡片看見的東西。

虎克的插圖揭露了一個微型世界，而這是大部分讀者從未想像過的。他寫道：「拜顯微鏡之賜，再無一物可小至逃得過吾人探查；嶄新世界是以躍然在目。」《微物圖誌》呈現的寄生生物、昆蟲與活細胞，令人驚嘆不已。

在這本書特大尺寸的頁面上，他畫出一隻長達45.7公分的巨型跳蚤，還有一隻攀在人類頭髮上、宛若怪獸的蝨子，有將近62公分寬。肉眼之前不得見的非凡景象，如今以「蝸牛的牙齒」或「野生燕麥的鬍子」這些精采面貌現身。《微物圖誌》是史上第一本優良休閒讀物。

虎克在描述軟木內部組織的一個條目裡寫道：

> 我能極清楚地看見裡頭充滿孔洞，與蜂巢十分相似，不過這些細孔並不規則……這些細孔，或說細胞（cell）……確實是我見過的第一種微型小孔，或許也是史上首見，因為在此之前，我未曾過遇過任何作者或個人提及這些事物。

這段話成為科學史上最著名的文字之一，一方面是因為虎克替植物內部那些箱子般的構造所創的「細胞」一詞，後來成為生物科學的基礎生命單位。

虎克還寫下他對化石的生物來源前所未有的觀察，也對遙遠的星球和其他科學發現有所描述。《微物圖誌》是英國皇家學會出版的第一部重要著作，也成為科學史上的扛鼎之作之一，激發了更多民眾對顯微鏡學、生物學、古生物學與天文學的興趣。

虎克有十七世紀最偉大實驗科學家的美譽。他也是倫敦市的測量員，同時是克里斯多佛・雷恩（Christopher Wren）爵士的主要助理，協助督導1666年倫敦大火後的重建工作，並且設計了數個地標建築物。虎克在世時不乏有人詆毀，不過在今天，他被公認是科學史上最偉大的人物之一。

LEFT ◀ 一隻長尾管蚜蠅的頭部（上圖）與一隻跳蚤的摺頁插圖（下圖），讓人一窺前所未見的顯微世界。

失樂園
Paradise Lost

約翰‧米爾頓
● 西元1667年

米爾頓這部史詩緊扣著他個人堅定的清教徒信仰，重述亞當與夏娃被逐出伊甸園的故事。這部詩作對善惡的精闢檢視普獲世人推崇，不論是有無信仰或信仰對象不同者皆然。

　　約翰‧米爾頓（John Milton，1608-74年）生於倫敦，父親是清教徒。他接受的教育相當廣博，涵蓋古典文明、藝術與科學。米爾頓能流利地說八種古代與現代語言，並且透過這些語言獲得了文字韻律與措辭的極佳語感。從小聽父親作曲，又提升了他的聽力。米爾頓出版的第一首詩〈墓誌銘：可敬的戲劇詩人W‧莎士比亞〉（Epitaph on the Admirable Dramatic Poet, W. Shakespeare）收錄於1632年出版的莎士比亞第二對開本。他採用莎士比亞喜愛的抑揚格五音步格律來寫這首史詩，也奠定了米爾頓今日的名聲。

　　米爾頓的人生與作品大多能以階級的觀點來分析。在《失樂園》（Paradise Lost）裡，他思索了在上位的天堂、中間的塵世與下層地獄之間的相對位置，而「優越」的男人與「卑下」的女人如何互動也是主題之一；不過比起他那個年代的普遍心態，米爾頓的厭女情節已經輕微很多。他的基督信仰讓他堅決不從英國國教、反對主教階級制介入；他認為就連牧師也不該存在，個人應該與上帝直接溝通。

　　在他的政治信念裡，他接受統治階級的管理，因為他們有較為優越的能力，可以勝任。不過他也對斯圖亞特王朝的國王查理一世與二世感到失望，因為他們沒有治國的賢能，所以他支持應英國內戰而生的共和主義者。在奧立佛‧克倫威爾（Oliver Cromwell）推翻查理一世、建立聯邦後，米爾頓的運勢隨之升高，不過克倫威爾在1658年死後，隨之而來的王權復辟又使得米爾頓失信於當局。

　　米爾頓對荷馬與維吉爾的希臘文與拉丁文史詩有深厚素養，並且從學生時代就立志寫出這類作品。他在尋找合適的英格蘭英雄作為主角時，首先考慮過傳奇的亞瑟王，後來他也想過寫敘事詩，以他個人的當代英雄克倫威爾為主角。

　　最終他選中了亞當與夏娃，在傳統的軍事英雄外另闢蹊徑。米爾頓採取非常家庭式的背景設定，探討兩名凡人間的關係，充滿著人性與寬容，而靈感源於他自己的三段婚姻。天堂和地獄的爭戰在他筆下，因為他虔誠的基督信仰與英國內戰的經歷而增色不少。米爾頓曾在王權復辟後短暫入獄，所以他認為真正的英雄主義是忠於自己的信仰，並忍受隨之而來的迫害所造成的磨難。《失樂園》的內容涵蓋了指引米爾頓人生的經驗與信念。

　　他花了至少十年寫這部作品，並且在這段期間失明，這部高達一萬行的《失樂園》是由一位祕書聽他口述抄寫完成的。這首詩雖然是寫來閱讀而非朗誦，但由於米爾頓高超的語言涵養，仍為它注入了古希臘羅馬史詩口述傳統的修辭美感。

　　即使米爾頓本人在王權復辟後失寵，《失樂園》在1667年出版後，敵友雙方陣營均認可為傑作。從《失樂園》對威廉‧布萊克與瑪麗‧雪萊（Mary Shelley）等後世作家的影響可見，它無疑是英語文學史上最偉大的詩作之一。

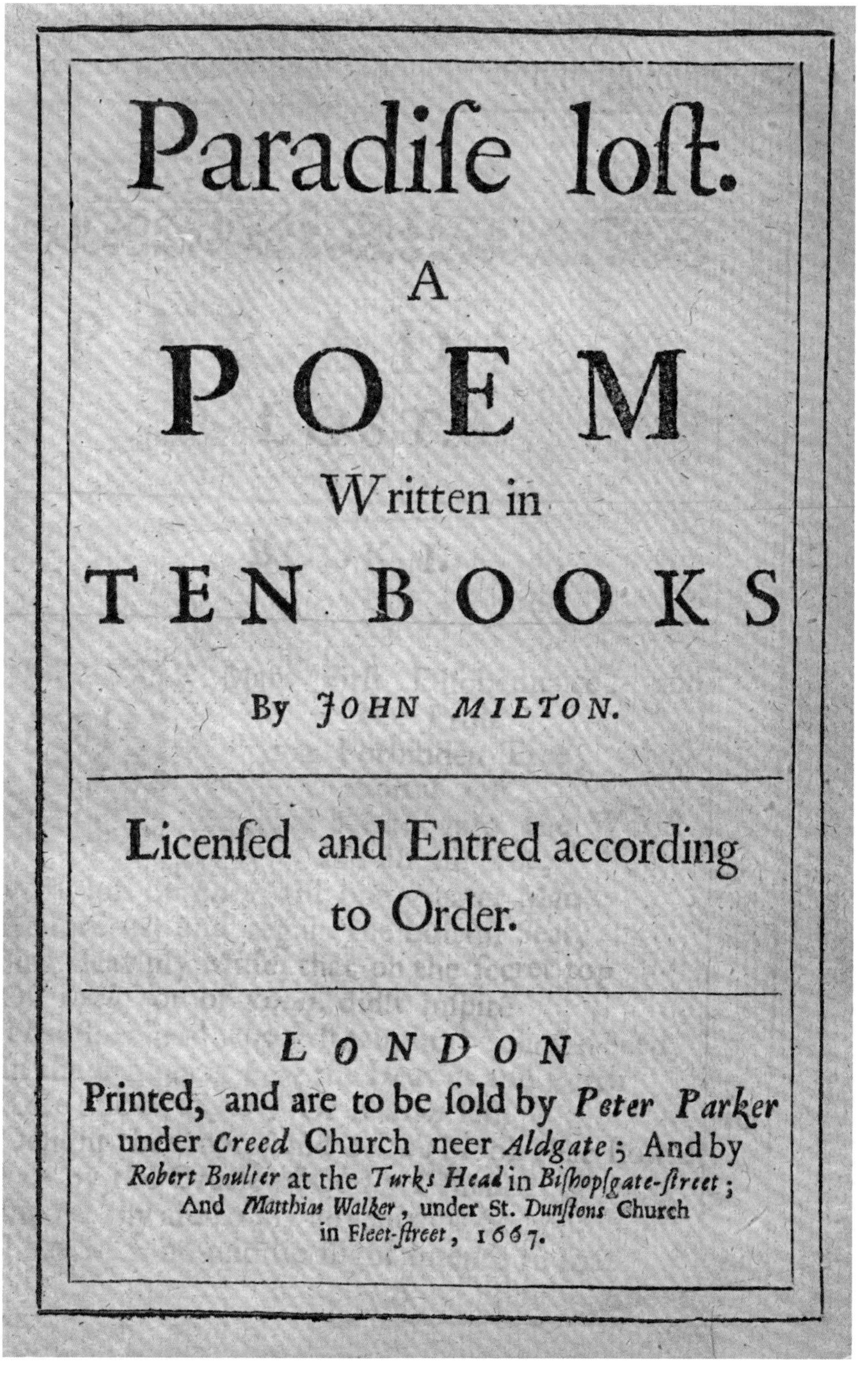

Paradise lost.

A
POEM
Written in
TEN BOOKS

By JOHN MILTON.

Licensed and Entred according
to Order.

LONDON

Printed, and are to be sold by *Peter Parker*
under *Creed* Church neer *Aldgate*; And by
Robert Boulter at the *Turks Head* in *Bishopsgate-street*;
And *Matthias Walker*, under St. *Dunstons* Church
in *Fleet-street*, 1667.

ABOVE AND LEFT ▲ ◄ 1667年《失樂園》初版的書名頁（上圖）以及1669
年版的卷頭插畫（左圖）。這幅肖像裡的米爾頓還年輕，不過這個版本問世
時，他應已年屆六十一歲，也已經失明十五年了。

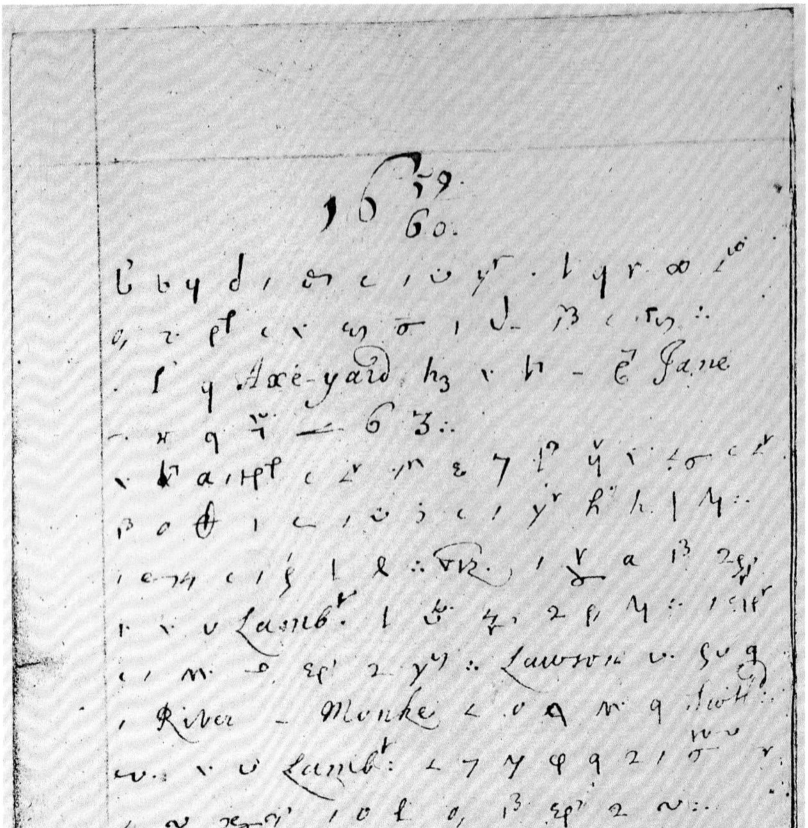

1659/60

... Axe-yard ... Jane ... 63 ... Lamb ... Lawson ... River — Monke ... Lamb ... Monke ... 22 ... Mr Downing ...

ABOVE ▲ 《皮普斯日記》的第一頁，日期是1659年跨1660年元旦。皮普斯以速記法寫日記，持續至1669年為止。

RIGHT ▶ 1825年，他的六本手寫日記首次在編纂後分兩冊公開印行。

68

山繆‧皮普斯日記

Samuel Pepys's Diary

山繆‧皮普斯

● 西元1660-69年

這部私人日記的主人翁是一名富裕的倫敦人。在英國史上一段動盪不安的時代，他詳實記錄下一連串重大公共事件與平凡的日常活動。因為他敏銳的觀察力與優美的文筆，這部日記成為文學和歷史名著，也讓個人日記成為一種創作文類。

山繆‧皮普斯（Samuel Pepys，1633-1703年）是英格蘭權貴階級人士，曾就讀劍橋大學。他從1660年1月1日到1669年5月31日間寫了九年日記，記錄下他親眼見證的重大事件，諸如查理二世加冕登基、倫敦大瘟疫、倫敦大火等等。此外日記中也提及他認識的名人，例如艾薩克‧牛頓爵士（Sir Isaac Newton）曾經就擲骰子賭博給過皮普斯一些技術建議。他的紀事也包含一些私密細節，例如他個人的性愛韻事、生理疾病、文化觀察與職業抱負，為英國復辟時代的倫敦日常生活提供了罕見的個人觀點。

皮普斯筆下的歷史之所以獨特，是因為他對周遭世界提供了鮮明的親眼見證，也對這個世界如何影響他個人有所反思。以倫敦大瘟疫為例，這是一場在1665-1666年間重創倫敦的鼠疫大流行，估計在僅僅十八個月內就導致了十萬人喪生，幾乎等於該市四分之一的人口。皮普斯在1665年10月16日的日記裡寫道：

> 我走去倫敦塔。可是，上帝啊，街道是如此冷清、憂鬱，那麼多生病的可憐人倒在路上、渾身潰瘍，我邊走又邊聽到了多少淒涼故事。人人都在說這個人死了、那個人病了，這兒死了這麼多人，那兒又死了那麼多人。他們還告訴我，西敏寺從沒有醫生現身，只有個藥劑師留下來，人都死光了——然而大家懷抱強烈的希望，這星期的死亡人數應該會大減：出於神的旨意。

1666年9月2日，他寫道自己被僕人喚醒。僕人稟告剛在比林斯蓋特（Billingsgate）瞥見強烈火光，而這後來演變成倫敦大火，在倫敦的中世紀市中心猛烈延燒了四天。

皮普斯在十年間為自己的日常生活留下鉅細靡遺的紀錄。他記下自己的財務與生意狀況，描述個人起居習慣與僕人問題，評論他與妻子不和的關係，同時他又在追求其他女性。他也詳述了他在書籍、音樂、戲劇與科學方面的個人品味。皮普斯求知若渴，且很容易為女人心動（他說自己是女人「莫名的奴隸」）。

他也寫到他品嘗過的食物、喝過什麼酒。他不時會坦承自己的嫉妒與不安，告白內心深藏的個人想法。

皮普斯一方面以速記法來寫日記，確保個人隱私無虞，一方面又把這些日記裝訂成六冊，保存並歸檔在個人圖書室裡，視為財產的一部分。他寫下一份密碼指南供人解讀之用，不過第一個想破解皮普斯日記的人——約翰‧史密斯牧師（Reverend John Smith）並未發現這份指南，卻還是盡其所能地把這部日記轉譯出來了。1825年，皮普斯日記以《山繆‧皮普斯紳士回憶錄與信函》（*Memoirs and Correspondence of Samuel Pepys, Esq.*）為題，首次出版，並且獲得史上最傑出見證敘事之一的美譽。目前原手稿與第一份轉譯稿可以在劍橋大學莫德林學院（Magdalene College）的皮普斯圖書館閱覽。

自然哲學之數學原理

艾薩克・牛頓

Philosophiae Naturalis Principia Mathematica

● 西元1687年

這是一名劍橋大學數學家所寫的三冊理論巨著，運用數學來解析自然和宇宙定律，或許可說是科學史上最偉大的貢獻。愛因斯坦曾說，這部作品「可能是人類有過最偉大的智識進步」。

艾薩克・牛頓（Isaac Newton，1642-1727年）說，他的萬有引力理論之所以在內心開始成形，是因為一回有顆蘋果自樹梢落在他頭上，帶來了靈感。後來牛頓的學術對手虎克宣稱，牛頓關於萬有引力的重大創新思想有部分是剽竊自他的想法。牛頓為此感到極為不悅，威脅不發表這些研究成果，並且在給虎克的私信裡寫道：「若說我能看得比別人更遠，都是站在巨人肩膀上的緣故」。然而，牛頓從未對虎克的怠慢之舉釋懷，還幾乎完全放棄了科學研究。

幸虧為了促進知識發展，牛頓仍然在1687年7月5日出版了這本書。最終它成為應用數學最重要的作品之一，為古典力學、現代物理學與天文學打下基礎，並且促成了科學革命裡的許多科學與技術進展及早期工業革命。

《自然哲學之數學原理》（拉丁文：Philosophiae Naturalis Principia Mathematica；英文：Mathematical Principles of Natural Philosophy）分成三冊，第一冊從八條定律與三個原理說起，而那三個原理後來也以「牛頓運動定律」為人所知。

牛頓第一定律說明，除非受外力作用，否則物體會以恆定速度前進，這個速度可以為零。他稱這個現象是慣性，也就是物體抗拒改變運動方式的傾向。

牛頓第二定律則說明，在考量慣性之下，物體受外力作用時會出現的情況，也就是物體動量的變化速率會與造成這種變化的外力成正比，並且與外力同方向。也就是說，想推動的物體越輕，所須施的力也越小；體積越小、慣性越小。

牛頓第三定律說明，當一個物體對另一個物體施力，受力方會同時對施力方產生一股大小相同、方向相反的力，也就是每個作用力都會有相等的反作用力。

雖然牛頓的《自然哲學之數學原理》主要是在敘述行星運動的定律，並且證明重力會導致行星以橢圓軌跡繞著太陽旋轉，不過這本書另外提出許多革命性的洞見，協助解釋了行星運動、月球運動，潮汐和多種自然現象。

《自然哲學之數學原理》讓數學成為科學的語言、了解宇宙的關鍵，然而牛頓還是保持對上帝的信仰。他寫道：「太陽、行星與彗星，這個絕美的系統，唯有藉由一個睿智又強大的存在來運籌帷幄，才有可能運作。」

牛頓在這本書出版後幾乎完全擱下科學研究，投身公職，成為下議院議員以及皇家鑄幣廠總監。他在1705年受封為爵士，在1727年過世。

1747年，法國物理學家亞歷克斯・克萊羅（Alexis Clairaut）宣稱，牛頓這套著作「為那個發生物理學重大革命的年代留下印記。這套理論方法與其作者……將數學的光芒灑進當時仍困於推測臆想而處於黑暗中的科學界。」

2016年，一套《自然哲學之數學原理》的初版以三百七十萬美元賣出，是史上成交價格最高的科學書籍。

PHILOSOPHIÆ

NATURALIS

PRINCIPIA

MATHEMATICA.

Autore *JS. NEWTON*, *Trin. Coll. Cantab. Soc.* Matheseos
Professore *Lucasiano*, & Societatis Regalis Sodali.

IMPRIMATUR·
S. PEPYS, *Reg. Soc.* PRÆSES.
Julii 5. 1686.

LONDINI,

Jussu Societatis Regiæ ac Typis *Josephi Streater*. Prostat apud
plures Bibliopolas. *Anno* MDCLXXXVII.

ABOVE▲《自然哲學之數學原理》初版的書名頁。山繆・皮普斯以時任英國皇家學會會長的身分批准這部作品出版。

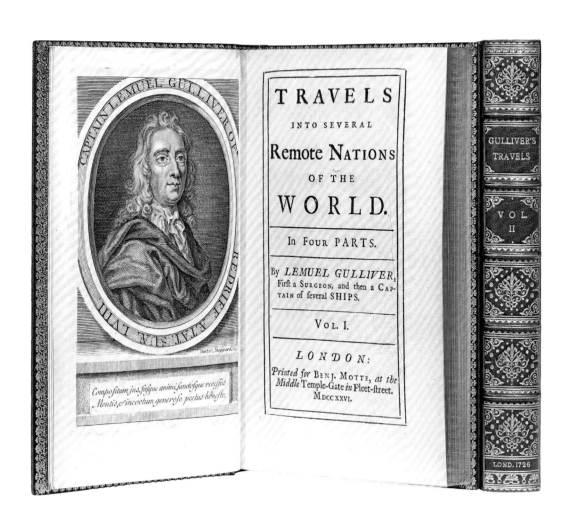

ABOVE ▲ 於1726年分成兩冊推出的《格理弗遊記》初版,立刻大受歡迎。出版當年,詩人約翰‧蓋伊(John Gay)在給綏夫特的信裡寫道:「從內閣會議到育嬰室,人人都在讀這本書。」

格理弗遊記

Gulliver's Travels

強納生‧綏夫特

● 西元1726年

強納生‧綏夫特這本老少咸宜的傑作，說的是一則坎坷的冒險故事。兒童能享受格理弗充滿奇想的遭遇，成人則能領會其中對人類缺陷與懦弱的尖刻諷刺。綏夫特以不帶感情的手法描述格理弗的經歷，讓讀者自行解讀社會缺陷的荒謬之處。

強納生‧綏夫特（Jonathan Swift，1667-1745年）在都柏林出生與就學，年輕時旅居英格蘭，後來終生往返愛爾蘭與倫敦兩地居住。在倫敦，他與亞歷山大‧波普（Alexander Pope）及當時其他的知名作家共同創立了思克理布勒洛思俱樂部（Scriblerus Club）。他們集體寫作，共用馬提努斯‧思克理布勒洛思（Martinus Scriblerus）這個筆名，凡見無知愚行便加以諷刺。有一回，綏夫特分派到的任務是諧仿時下新興的遊記，就此埋下《格理弗遊記》（Gulliver's Travels）的創作種子。

《格理弗遊記》就如同綏夫特的其他作品，是以假名發表。綏夫特假託這本書由主角格理弗親自撰寫，1726年初版的卷頭插畫還有一幅這位「作者」的肖像。書的全名是《寰宇異國遊記。全四部。萊繆爾‧格理弗著；作者原為醫師，後為數艘船艦的船長》（Travels into Several Remote Nations of the World. In Four Parts. By Lemuel Gulliver, First a Surgeon, and then a Captain of Several Ships）

書中的每一部各描述一場不同的海難，每次都使得格理弗流落到一個奇怪的國家。前兩個國家最廣為人知──「小人國」（Lilliput）的國民十分迷你，格理弗對他們來說有如巨人；「大人國」（Brobdingnag）的人民又讓格理弗相形之下矮小無比。第三部揉合了他為思克理布勒洛思俱樂部撰寫的多篇諷刺遊記，帶領格理弗來到「飛行島」（Laputa），那裡的人民除了科學什麼都不重視。第四部敘述的國家是由「慧駰」（Houyhnhnm）這種睿智的馬統治，不過這裡也住著犽猢（Yahoo），一種形似人類又蠢笨的動物。

格理弗在全書中親自走遍各地，而綏夫特也以這個角色來說明一切都是相對的。格理弗不論在哪一國都格格不入：在小人國裡太大，在大人國裡太小，跟飛行島國民相較很睿智，在慧駰身旁又顯得不諳事理。綏夫特寫道：「未經比較，沒有誰是天生偉大或渺小。」他的諷刺之作自然也在吸引讀者這麼做──拿我們自己的國家來與他憑空創造、充滿缺陷的人民與政權相較。

心胸狹隘是他筆下一再出現的主題。《格理弗遊記》裡的國王與政府都完全無法接受他人的觀點，例如小人國就為了正確的切蛋方式爭戰不休。此外，書裡也有不少關於生理功能的笑話，而這也是綏夫特提醒我們的方式：人類並非完全只靠心靈而活，我們也有原始的地方。

《格理弗遊記》虛構的國家與作者都是保護綏夫特免遭起訴威脅的手法。他甚至把完成後的版本交由他人抄寫，以免自己的筆跡被認出來。本書於1726年出版時，綏夫特在倫敦的出版商班傑明‧莫特（Benjamin Motte）更是敏感，為了避免批評英國政府的風險，未與綏夫特商量就刪除了幾處比較粗俗的段落，還加入一些莫特個人對當時安妮女王政權的讚美。不過大部分的原始文字都在1735年推出的第二版裡恢復了，還外加一封格理弗的信，抱怨他的冒險經歷曾未經他同意就被刪修。

《格理弗遊記》直接影響了伏爾泰（Voltaire）與杜斯妥也夫斯基（Dostoyevsky）等作家，書裡創造的一些說法至今仍為人所使用。《牛津英語詞典》（Oxford English Dictionary）將「lilliputian」定義為「矮小的人或體積很小的東西」；「yahoo」則是「粗野、無禮或野獸似的人」。

植物種誌
Species Plantarum

卡爾‧林奈

● 西元1753年

一位瑞典植物學家對自然的熱愛，加上敏銳的眼力和不屈不撓的研究，造就了這本《植物種誌》（Species Plantarum）。書中提出一套簡化的二名分類排序系統：先用專有的種名分辨每種植物，再加上屬名歸類。至今我們仍在使用林奈的分類系統，他也公認是分類學與生態學之父。

卡爾‧林奈（Carl Linnaeus，1707-78年）生於瑞典南方小鎮。他的個性早熟，從小就立志背下他在自家土地上發現的每種植物名稱。這個任務可不簡單，因為那些拉丁文名字都很冗長，例如常見的野薔薇就有不同的植物學家稱為「Rosa sylvestris inodora seu canina」或「Rosa sylvestris alba cum rubore, folio glabro」。

林奈的父母希望他能成為神職人員，可是虔誠的林奈對植物著迷不已，而他對不同植物種類的浩瀚知識實在令其他博物學家印象深刻。後來他獲得一筆獎學金，到瑞典著名的烏普沙拉大學（Uppsala University）習醫，專門收集與研究藥用植物。等他在荷蘭的哈德維克大學拿到學位，又轉往萊頓大學繼續研究植物，並且在那段期間發表了《自然系統》（Systema Naturae）一書，為他開創性的生物分類法提出初步構想。林奈認為，這種分類法能幫忙揭示上帝創造的宇宙萬物有怎樣的神聖秩序。他在這本書裡詳述了他如何為超過七千種植物與四千種動物分類。

經過多年的採集與仔細研究，再加上與許多歐洲頂尖的植物學家密切交流，1753年，林奈的《植物種誌》（Species Plantarum）在斯德哥爾摩由勞倫提亞斯‧撒維厄斯（Laurentius Salvius）分兩冊出版。

這部著作描述了五千九百四十種當時已知的植物。林奈把它們分為大約一千個屬、二十四類。這種分類方式以兩個字組成的詞取代既有的累贅名稱，分別是單字的屬名與單字的專有「小名」。除了提供植物名稱，林奈也對各種類的植物做了簡潔又周全的描述，並且列出已知的其他名字。

林奈分類植物的方式是以生殖器官為準：以雄蕊決定植物屬於哪一綱，以雌蕊決定是哪一目。他把重點放在植物的性別上，還拿來與人類的性別相比擬，引起了一些議論。德國植物學家約翰‧齊格斯貝克（Johann Siegesbeck）批評林奈的分類系統是「可憎的淫行」。林奈報復的方式，是把一種小而不起眼的歐洲野草「豨薟」以齊格斯貝克命名為「Siegesbeckia」。

林奈尋找與研究新種植物的狂熱，也激勵他的許多學生遠征世界各地收集樣本。其中一人是丹尼爾‧索蘭德（Daniel Solander），曾以博物學家的身分隨知名航海家詹姆斯‧庫克（James Cook）進行庫克的第一次環球航行；另一人是皮爾‧卡姆（Pehr Kalm），曾經到北美洲東北殖民地採集物種。查爾斯‧達爾文（Charles Darwin）也受到林奈的影響。

有些出自林奈之手的植物標本仍繼續保存在林奈植物標本館（Linnean Herbarium）、瑞典國家自然歷史博物館（Swedish Museum of Natural History）和林奈的植物園與莊園。他所創造的傳統，也藉由倫敦林奈學會（Linnean Society of London）與其他植物研究機構延續不墜。

1761年，他獲瑞典國王封爵，改名為卡爾‧馮‧林奈（Carl von Linné）。

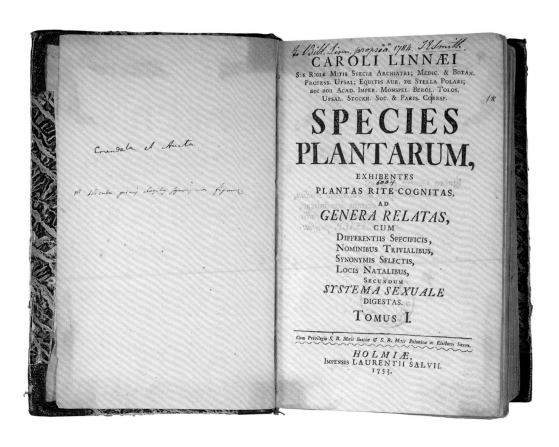

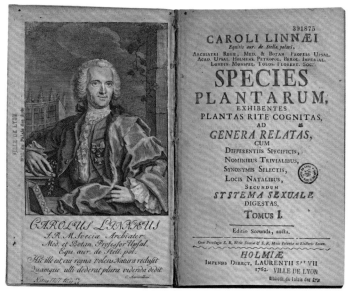

ABOVE AND LEFT ▲ ◀ 1753年於瑞典斯德哥爾摩出版的《植物種誌》（上圖），是第一本為植物一致使用二名法（先屬名、後種名）的書。1762年出版的第二版（左圖），內有一幅林奈的蝕刻版畫肖像。

A

DICTIONARY

OF THE

ENGLISH LANGUAGE:

IN WHICH

The WORDS are deduced from their ORIGINALS,

AND

ILLUSTRATED in their DIFFERENT SIGNIFICATIONS

BY

EXAMPLES from the beſt WRITERS.

TO WHICH ARE PREFIXED,

A HISTORY of the LANGUAGE,

AND

AN ENGLISH GRAMMAR.

By SAMUEL JOHNSON, A. M.

IN TWO VOLUMES.

VOL. I.

Cum tabulis animum cenſoris ſumet honeſti :
Audebit quæcunque parum ſplendoris habebunt,
Et ſine pondere erunt, et honore indigna ferentur,
Verba movere loco ; quamvis invita recedant,
Et verſentur adhuc intra penetralia Veſtæ :
Obſcurata diu populo bonus eruet, atque
Proferet in lucem ſpecioſa vocabula rerum,
Quæ priſcis memorata Catonibus atque Cethegis,
Nunc ſitus informis premit et deſerta vetuſtas.   HOR.

LONDON,
Printed by W. STRAHAN,
For J. and P. KNAPTON ; T. and T. LONGMAN ; C. HITCH and L. HAWES ;
A. MILLAR ; and R. and J. DODSLEY.
MDCCLV.

詹森詞典
Samuel Johnson's Dictionary

山謬‧詹森

● 西元1755年

一名古怪的天才，在倫敦市中心艦隊街（Fleet Street）的閣樓裡伏案八年，寫出一巨冊、有高度文才的詞典。在十八世紀的倫敦，英語的面貌是如何繁複，全記錄在其中。這位辭典編纂者粗魯無文的妙語，在後續多年間也讓讀者既開心又頭疼。

親見山謬‧詹森（Samuel Johnson，1709-84年），常讓人留下不尋常的第一印象。一個曾密切觀察他的人說，「他經常把頭偏向一側……前後晃動身子，同時用掌心以同方向摩擦左膝……（而且）發出各種聲響」，例如「半聲口哨」或「彷彿母雞的咯咯叫」，而且「有時伴隨若有所思的神情，但更常見的是一抹微笑。通常他在與人爭論時，待語畢，言詞之激烈與喧嚷總令他疲憊不堪，此時他會有如鯨魚般大嘆一口氣。」

不過在怪異的行徑之下，詹森懷抱著對文字無比熱情的天分。亞當‧史密斯（Adam Smith）曾說：「詹森識書之多，勝過在世的任何人。」

詹森飽覽群書，不過清寒的家境讓他無法完成牛津的學業。他勉強藉寫詩、諷刺文章與評論過活，直到他發想要「編纂一部詞典，讓我們語言的發音能據此固定、關於語言的智識得以增進，並且讓英語保持純粹，用法確定，長遠流傳。」

他獲得一群倫敦書商的支持，與六名助理一起戮力研究與撰寫一部英語大全。1755年，《英語詞典：詞源演繹》（*A Dictionary of the English Language: In Which the Words are Deduced from their Originals*）出版，又以《詹森詞典》（*Samuel Johnson's Dictionary*）之名更廣為人知。

LEFT ◄ 詹森的《英語詞典》初版耗費八年時間編纂。有六名助理協助詹森定義了四萬個詞，並且附上十一萬四千個引用句作為範例。1796年，這本書推出縮小尺寸的刪減版，題名為《詹森詞典》。詹森的友人與傳記作者包斯威爾寫道：「這本字典甫動工，便被視為詹森之作，甫完成，便是一本詹森的字典──這是他的著作、財產、紀念碑與悼念品。」

這一套兩冊的巨著有四十五公分高、五十公分寬，重量約九公斤，長達兩千三百頁。

這本規劃精良的書收錄超過四萬兩千個詞，每個條目都有來自各知識領域的簡明定義、一絲不苟的分類，還附上詞源與出處廣博的文學例句。然而，最讓這部字典與眾不同的，是它高妙的文筆以及詹森難以自抑的古怪妙語。

「鏽」（rust）的定義是「舊鐵塊脫落的紅色皮屑」，「咳嗽」（cough）是「肺部抽搐，在抖動時伴隨一些劇烈噴濺的液體」，「咆哮」（rant）是「沒有嚴謹思維佐證的高聲發言」，「網絡」（network）是「任何網狀或交錯狀的物體，構成組織彼此距離相等、交叉時雜以空隙」。詹森是忠誠又直言不諱的保守黨人，所以他為某些字詞下的註腳也帶有充滿爭議的政治嘲諷，例如他對「燕麥」（oat）的定義是：「燕麥：英格蘭人通常只用來餵馬的穀物，不過蘇格蘭人拿來給人食用。」

起初這套詞典定價四鎊十先令（約等於今日的三百五十英鎊），不過稍後推出的刪節版非常廉價，普羅大眾都買得起，於是它成了許多中產階級的家庭必備藏書。在今天，一部《詹森詞典》初版的售價可高達二十萬英鎊。在《牛津英語詞典》（*Oxford English Dictionary*）於1928年完工問世以前，《詹森詞典》公認是字典類裡最受歡迎的權威。

詹森獲得了「英格蘭最傑出作者」的美譽。詹姆士‧包斯威爾（James Boswell）於1791年出版的《山謬詹森傳》（*Life of Samuel Johnson*），也成為傳記文學裡數一數二的傑作。

奧托蘭多城堡

The Castle of Otranto

霍勒斯‧渥波爾

● 西元1764年

作為史上第一本哥德小說，《奧托蘭多城堡》讓品味中規中矩的閱讀大眾首次從恐怖與噁心的情節得到樂趣。霍勒斯‧渥波爾這本經典開創了一種文學風格，為布拉姆‧斯托克（Bram Stoker）、艾德嘉‧愛倫坡（Edgar Allan Poe）等後代作家開啟了寫作生涯。

霍勒斯‧渥波爾（Horace Walpole，1717-97年）是英國國會議員，他的父親是英國第一任與在位最久的首相羅伯特‧渥波爾（Robert Walpole）。渥波爾在1739年到歐洲各地壯遊（Grand Tour），參訪重要文化景點，對當時的年輕貴族男性來說，這是教育的必備要項。

他在旅途中見到一棟中世紀法國建築，特別讓他體會到什麼是哥德藝術，此後他不論是在文字或建築上都力求這種風格。1749年，他在倫敦特威克納姆（Twickenham）自行設計建造的住宅「草莓山莊」（Strawberry Hill）就模仿了中世紀設計，也開啟了建築界的哥德復興風潮——將近一世紀後，這股風潮在維多利亞時代的英格蘭達到頂峰。

他對這種風格的執迷，成為他第一本小說理所當然的背景設定，也就是《奧托蘭多城堡》（The Castle of Otranto）。小說的靈感來自古代德國與英國的民間故事，那些超自然元素與普世皆有的橋段——不為人知的身分、真正合法的繼承人、愛情悲劇、英雄人物、壞人與落難女子。渥波爾是在反抗當時文學界盛行的寫實小說，並特意與這種風格拉開距離。他故意以古英文書寫，還用了一連串劇中劇手法，確保故事看起來像是發生在過去。他把整本書假託在一名虛構的作家威廉‧馬歇爾（William Marshal）筆下，而且推稱馬歇爾只是在翻譯，原著是一位名叫奧努菲歐‧穆拉多（Onuphrio Muralto）的作家在十六世紀所寫的義大利文作品。

《奧托蘭多城堡》故事一開始，就是堡主曼菲烈德的兒子與繼承人突然慘死——被莫名從天而降的一頂巨大頭盔砸死。接下來的情節就在曼菲烈德拼命想再生出一個繼承人的過程中走過，結局是奧托蘭多真正的繼承人水落石出。在這座城堡裡，渥波爾放進許多如今眾人已經熟悉的歌德小說元素——鬼魅般的聲響與身影、活板暗門、祕密通道，以及會自行打開的門。他讓劇情高潮迭起，如同莎士比亞會有的手法，同時又納入一些討喜的配角以緩和氣氛。整體達成的效果，是令人毛骨悚然又精彩的閱讀體驗，也成為一種新文類的典範。渥波爾的詩人朋友湯瑪斯‧格雷（Thomas Gray）告訴他，《奧托蘭多城堡》「讓我們有些人嚇出了幾滴淚，然後大家在夜裡基本上都很害怕上床睡覺。」

這本書於1765年再版時，渥波爾寫了一篇新的前言，坦承自己是真正的作者，並且率先使用了「哥德小說」一詞。作者身分大白之後，起初讀者雖然很失望，不過這本小說造成的衝擊以及對後世的影響仍毋庸置疑。沒有《奧托蘭多城堡》，恐怕也就不會有《諾桑覺寺》（Northanger Abbey）、《吸血鬼伯爵德古拉》（Dracula）、《亞夏家的崩塌》（Fall of the House of Usher）、《巴斯克維爾的獵犬》（Hound of the Baskervilles）、提姆‧波頓（Tim Burton）、《暮光之城》（Twilight）系列、蒙提‧派森（Monty Python）、《冰與火之歌》（Game of Thrones）。此外，音樂界或許也不會有華格納和蘇西與冥妖樂團（Siouxsie and the Banshees）。透過《奧托蘭多城堡》，霍勒斯‧渥波爾發明了我們今日所知的哥德風文化。

THE

CASTLE of OTRANTO,

A

STORY.

Translated by

WILLIAM MARSHAL, Gent.

From the Original ITALIAN of

ONUPHRIO MURALTO,

CANON of the Church of St. NICHOLAS
at OTRANTO.

LONDON:
Printed for THO. LOWNDS in Fleet-Street.
MDCCLXV.

ABOVE ▲ 《奧托蘭多城堡》初版（1764年12月24日
出版，但出版日期註明為1765年），作者聲稱這是譯
自一本1529年的義大利文小說，這本小說近來在「英
格蘭北方的古老天主教家庭」的圖書室裡發現。在第
二版裡（1765年4月11日出版），渥波爾承認自己是
小說作者。

LEFT ◄ 《奧托蘭多城堡》的早期版本插圖（日期不
詳），繪者為蘇珊娜・鄧肯（Susanna Duncombe，
1725-1812年）。

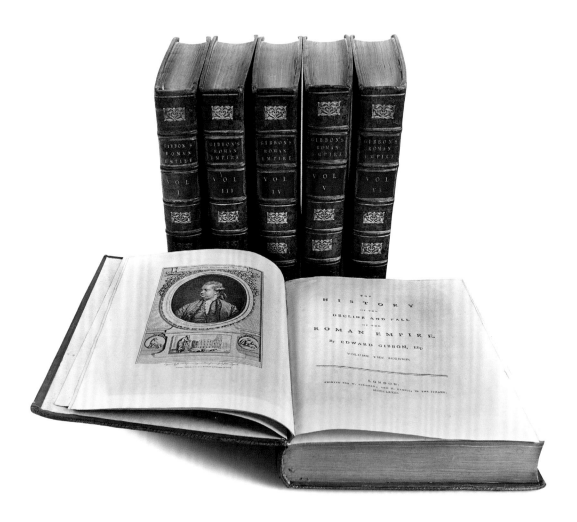

ABOVE ▲ 吉朋這部古羅馬帝國的歷史巨著共有六冊，在1776-1788年間陸續
出版。它的客觀以及對第一手資料的使用，都成為後代歷史學家的典範。

羅馬帝國衰亡史

The History of the Decline and Fall of the Roman Empire

愛德華‧吉朋

● 西元1776-88年

《羅馬帝國衰亡史》以前所未有的方式敘述古羅馬經濟、文化與政治地位的衰落過程，公認是第一本現代史紀。作者吉朋投注了他的晚年生活在這本書上，而此書至今仍繼續影響歷史學者的研究方向與寫作風格。

在整個十八世紀，壯遊是英國富家子弟的教育裡不可或缺的一部分。一趟橫跨歐陸之旅，讓人得以沉浸在最極致的藝術、音樂與建築裡。雖然旅行在當時仍不容易，經常也很危險，不過壯遊遵循的是一條確立已久且相對安全的路線，途經法國、瑞士再抵達義大利，也就是古羅馬帝國的中心、公認的西方文明搖籃。接下來，壯遊旅客再經由奧地利、德國與荷蘭返回英格蘭。當時的說法是，旅遊會開闊人的心胸。

愛德華‧吉朋（Edward Gibbon）在1763年踏上他的壯遊之旅，當年他二十六歲，對歷史求知若渴。他在隔年稍晚抵達羅馬，並且立刻為之傾倒。吉朋的拉丁文文學素養深厚，而透過環繞著他的帝國遺跡，羅馬的過去就在他眼前鮮活呈現。他在那裡下定決心，要寫出這個曾盛極一時的城市如何衰亡的故事。

這部著作的第一冊在1776年發行，立刻獲得成功，印行了三版。當時的英國自視為當代的羅馬，正在打造一個全球貿易帝國與軍事強權，所以這本書馬上在古典學者、壯遊客，與在家藉書神遊的讀者之間找到市場。吉朋將羅馬帝國的沒落歸因於蠻族與基督徒的影響，而他對基督徒的批評也引發一些爭議，因為正在興起的大英帝國深信教會是國家的穩固基礎。

吉朋之所以廣受歡迎，是因為他的敘事風格淺顯易懂。他從羅馬人的觀點出發，除了偶一為之的個人主見，鮮少加以評論。最重要的是，僅僅拿前人歷史著作來重寫一遍，並不能滿足他，於是他細心地從羅馬帝國時代的拉丁文本裡收集細節。這種使用第一手資料的方式，使得《羅馬帝國衰亡史》獲推崇為第一部嚴格考證過的現代史書。起初吉朋只是想寫一本羅馬城的歷史書，後來成為了整個羅馬帝國的宏大記述；這個帝國在極盛時期的版圖從蘇格蘭南部直至波斯灣。吉朋寫作成果的規模，反映出他所做的研究之廣，涵蓋了十五個世紀和許多與羅馬帝國交流過的文明。《羅馬帝國衰亡史》耗費十二年寫成，共有六冊七十一章，讓吉朋在世時便獲得可觀的聲譽與財富。

人們對歷史的觀點會隨時間改變，而吉朋筆下的一些細節並未通過時間與後續研究發現的考驗。不過就羅馬帝國這個主題而言，即便這本書是在兩百五十年前首次推出，至今仍是最詳盡的作品之一。《羅馬帝國衰亡史》的正確性與易讀性，讓它成為所有現代歷史學家的範本。邱吉爾寫《英語民族史》（*A History of the English-Speaking Peoples*）時就模仿了吉朋的風格。

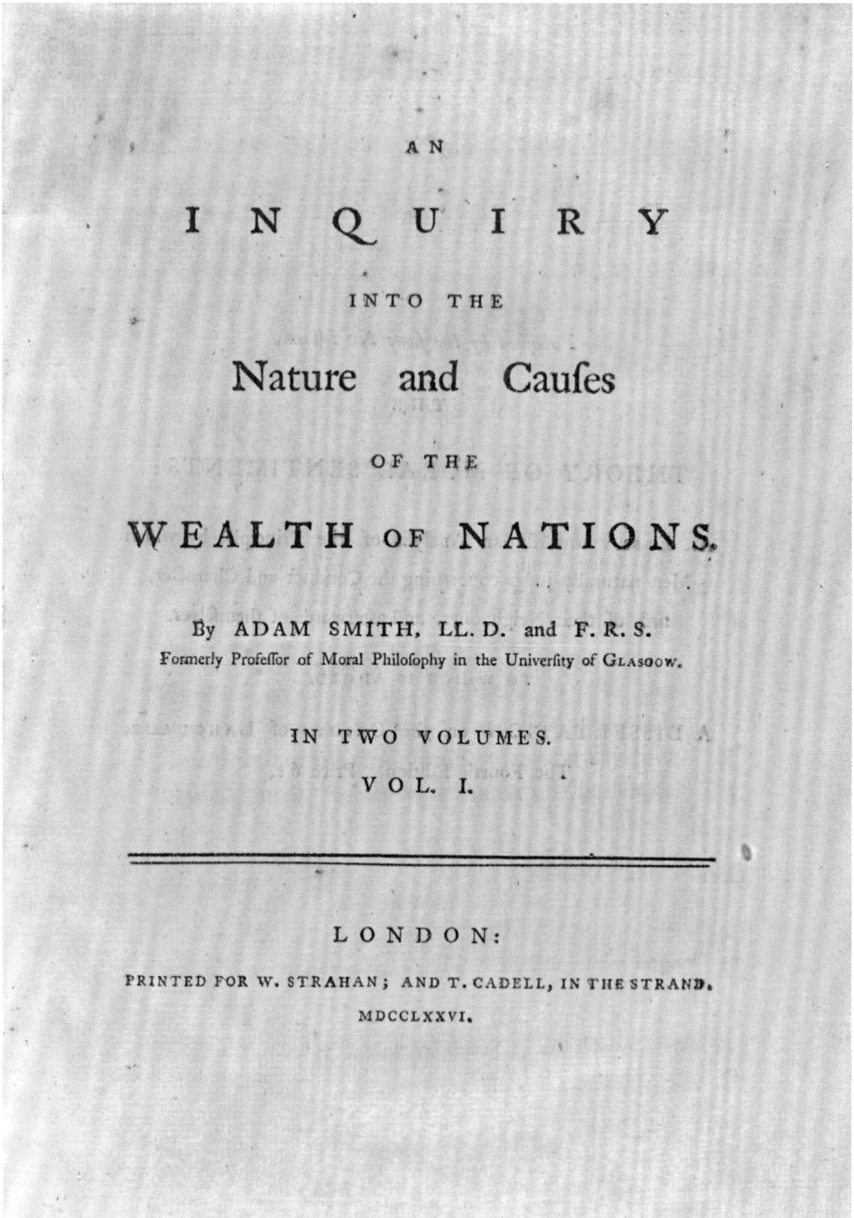

AN

INQUIRY

INTO THE

Nature and Caufes

OF THE

WEALTH OF NATIONS.

By ADAM SMITH, LL. D. and F. R. S.

Formerly Profeffor of Moral Philofophy in the Univerfity of GLASGOW.

IN TWO VOLUMES.

VOL. I.

LONDON:

PRINTED FOR W. STRAHAN; AND T. CADELL, IN THE STRAND.

MDCCLXXVI.

ABOVE AND RIGHT ▲ ▶ 亞當・史密斯長達九百四十七頁的代表作，於1776年分兩冊出版。這部政治經濟學的重大著述倡導自由貿易，也為現代資本主義鋪路。

國富論
The Wealth of Nations

亞當·史密斯

● 西元1776年

一位蘇格蘭的倫理學家針對英國過時的重商貿易模式撰寫了一部評論專書,在美國發表《獨立宣言》不久前問世。書中以詳盡的理論基礎,為政治經濟提出以勞力與天賦自由為本的新方向——這個體系後來以「資本主義」為人所知。本書一出版,立即成為美洲各殖民地革命精神的推手。

亞當·史密斯(Adam Smith,1723-90年)在英格蘭與蘇格蘭的數間頂尖大學講授英國文學、經濟學與邏輯學,從而促成他個人發表了《道德情感論》(*The Theory of Moral Sentiments*),一部關於啟蒙運動的傑作,探索主導人類道德觀的「相互同情」與同理心有何自然法則。

史密斯花了十七年致力撰寫第二本書,後來成為他的個人代表作。1776年3月9日,在史密斯筆耕十年後,《國家財富之性質與成因探究》(*An Inquiry into the Nature and Causes of the Wealth of Nations*)首度問世。當時的局勢動盪不安,而這本書出版的時機與它所傳達的訊息造成了革命性的影響。

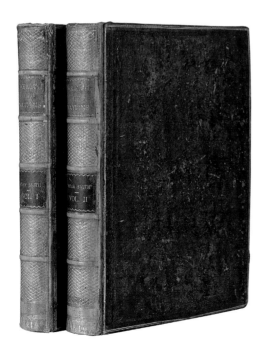

自從封建制度沒落,有三個世紀的時間,在英國佔主導地位的經濟理論是重商主義,需要政府對貿易嚴加監管以強化主政者權勢,代價則是殖民地與其他國家的敵對。不過史密斯提出一個新的模式與觀念,來取代不合新時代所需的老舊體系。

不計附錄與索引,這本扎實的巨著長達九百四十七頁,最初分成五部出版。史密斯宣稱,自由貿易會為勞工帶來更多機會,從而創造更多增加財富的機會,國家也會因此更富裕。在他的理論裡,一個人的勞動愈有生產力,就賺得愈多。隨之而來的薪資能供應個人與社群所需,並且創造追求額外收入的機會。

他想傳遞的重點經濟觀念是:人若有機會改善自身境遇,整體的經濟都會繁榮起來。「普羅大眾的境遇改善,絕不能視為是在給全體社會造成不便。」他寫道。「要是絕大多數人均處於窮困,沒有一個社會能真正發達與幸福。」他又從這個觀點出發,鼓吹「天賦自由」的學說,也就是政府應避免過度干預,讓市場自由運作。

就他看來,政府只有三個任務:保護社會免於暴力與侵略;「……(藉由)建立完全公正的司法機關,盡可能讓社會的每個成員都免於不公義,或不受其他成員迫害」;個人或小群體沒興趣做卻又必需的公共設施與機構,該由政府出面設立與維護。

在經濟學領域鮮少有著作如《國富論》這般,影響力無遠弗屆。關於勞動力、自由貿易、天賦自由、政府干預的限度、市場整體結構,史密斯的分析都昭告著現代經濟學的轉向,並且促成美洲殖民地、法國與世界各地的革命。

人權論

Rights of Man

湯瑪斯・潘恩

● 西元1791年

湯瑪斯・潘恩與其他美國革命開國元老不同。他在美國建國後仍繼續支持國內外的激進理想，為獨立建國、人權與政治革命寫出經典著述。他的反叛思想讓他付出很大代價，卻也是改變世界的推手。

湯瑪斯・潘恩（Thomas Paine，1737-1809年）是自英格蘭遷居費城的移民，在寫出暢銷的辯論短文集《常識》（Common Sense，1776年）與《美利堅危機》（American Crisis，1776-83年）之後很快成名，這些文字也促使反對英國皇權的革命狂潮愈演愈烈。

只不過，當法國人民在1789攻進巴士底監獄，暴亂最終演變成另一場革命時，曾支持美國革命的保守英國政治家艾德蒙・柏克（Edmund Burke）發表了一篇著名的論文《法國大革命之反思》（Reflections on the Revolution in France），批評那些農民的反動，並且敘述了他保守思想的基本原則。

潘恩立刻發表他的反駁：《人權論：答柏克先生對法國大革命之抨擊》（Rights of Man: Being an Answer to Mr. Burke's Attack on the French Revolution），訴求對象則是美國總統喬治・華盛頓。潘恩這本熱情洋溢的答辯書於1791年3月16日出版，引發國際轟動，僅僅三週內便賣出多達一百萬冊。

《人權論》由三十一篇文章組成，總計九萬字。潘恩以他招牌的「知識分子式散文」書寫，為巴黎的暴動辯護，並且流暢又細膩地陳述他個人的政治思想，以此回應柏克的宣言。他的中心論點之一：公民政府是透過與大多數人訂定的社會契約才能存在，而這個契約的目的是保障個人權益。如果政府妨礙個人的天賦權利，革命就可以發生。

潘恩反對柏克藐視法國暴民為「可鄙的多數」，回應道：「我身為一個人所有的任何權利，另一人也都有；我在擁有權利之餘，也有責任保障他人權利。」他視法國大革命為全新的開始，從此以後，世襲的特權階級、為可疑歷史背書的謬論、有名無實的憲政主義、捏造的傳統或普遍迷信，都無法再否認普世與天賦的人權。

潘恩提議改革英國政府，作法包括由國民大會起草的憲法、取消貴族頭銜與長子繼承制，以及取消國家預算裡對軍隊與戰爭經費的常態性支出。他推崇對富人較不利的革新所得稅制，也認為窮人應享有較低稅率與教育津貼，並且支持公共福利計畫、養老金、婚姻補助與育兒津貼。

他反對奴隸制與死刑，推崇四海一家的理念而非國族主義，此外他也自認是無神論者。

潘恩宣揚天賦人權，並為此付上代價。在英格蘭，這本書的出版引發軒然大波。潘恩逃到法國，在未出庭的狀況下被判處誹謗政府罪，不過他從此再也沒有回到英國，也因此免受吊刑劫難。潘恩也曾經在法國大革命的恐怖統治期間入獄，差點上了斷頭台，不過他也逃過了這場極刑。

他的著作撼動了世界，在世界各地每個人的心裡種下天賦人權的觀念。

Wha WANT'S ME
I am ready & willing to offer my services to any Nation or People whatever who are Desirous of Liberty & Equality

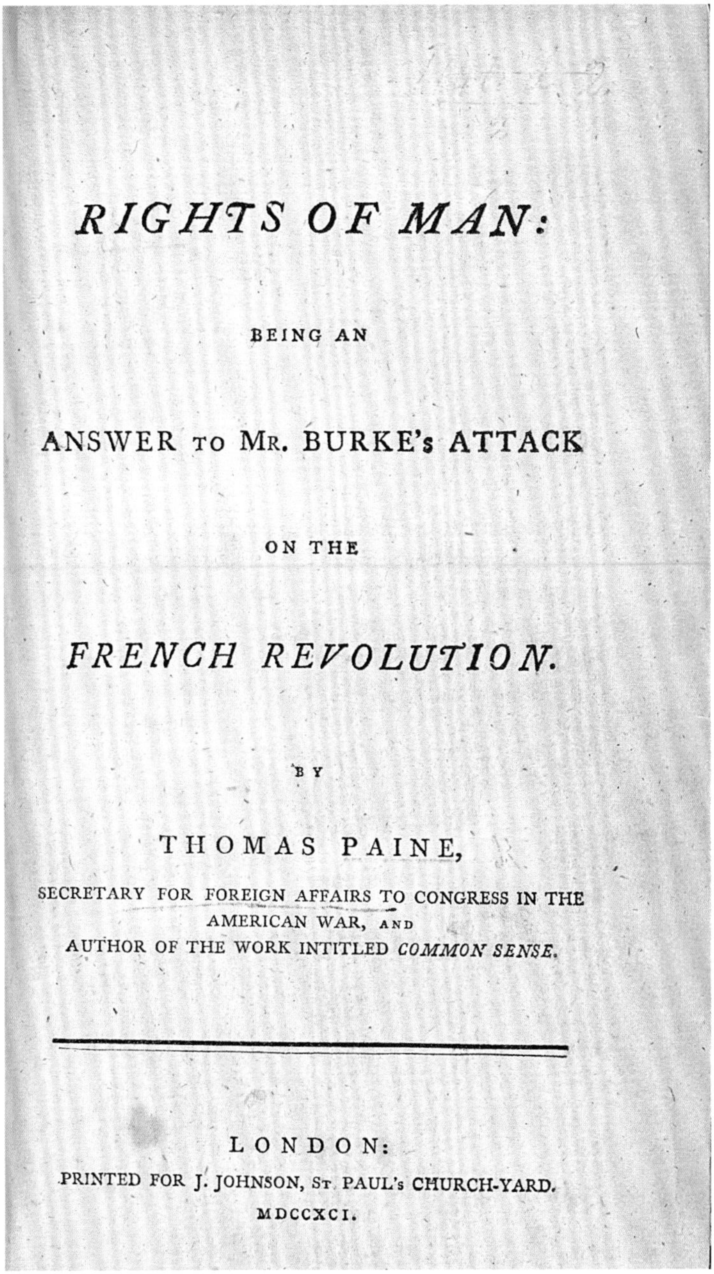

RIGHTS OF MAN:

BEING AN

ANSWER TO MR. BURKE's ATTACK

ON THE

FRENCH REVOLUTION.

BY

THOMAS PAINE,

SECRETARY FOR FOREIGN AFFAIRS TO CONGRESS IN THE
AMERICAN WAR, AND
AUTHOR OF THE WORK INTITLED *COMMON SENSE*.

LONDON:
PRINTED FOR J. JOHNSON, St. PAUL's CHURCH-YARD.
MDCCXCI.

ABOVE ▲ 《人權論》初版。據信是由喬瑟夫・強森（Joseph Johnson）於1791年2月21日發行，後來又回收下市，因為書商擔心他們會因煽動叛亂被起訴。最終這本書在1791年3月16日由J・S・喬登（J. S. Jordan）出版。

LEFT ◄ 以撒・克魯克申科（Isaac Cruikshank）在1792年發表的漫畫，把潘恩畫成隨人出價雇用的激進革命分子。漫畫提名為〈誰想用我〉（Wha Wants Me）——是當時一首激進的蘇格蘭歌曲。

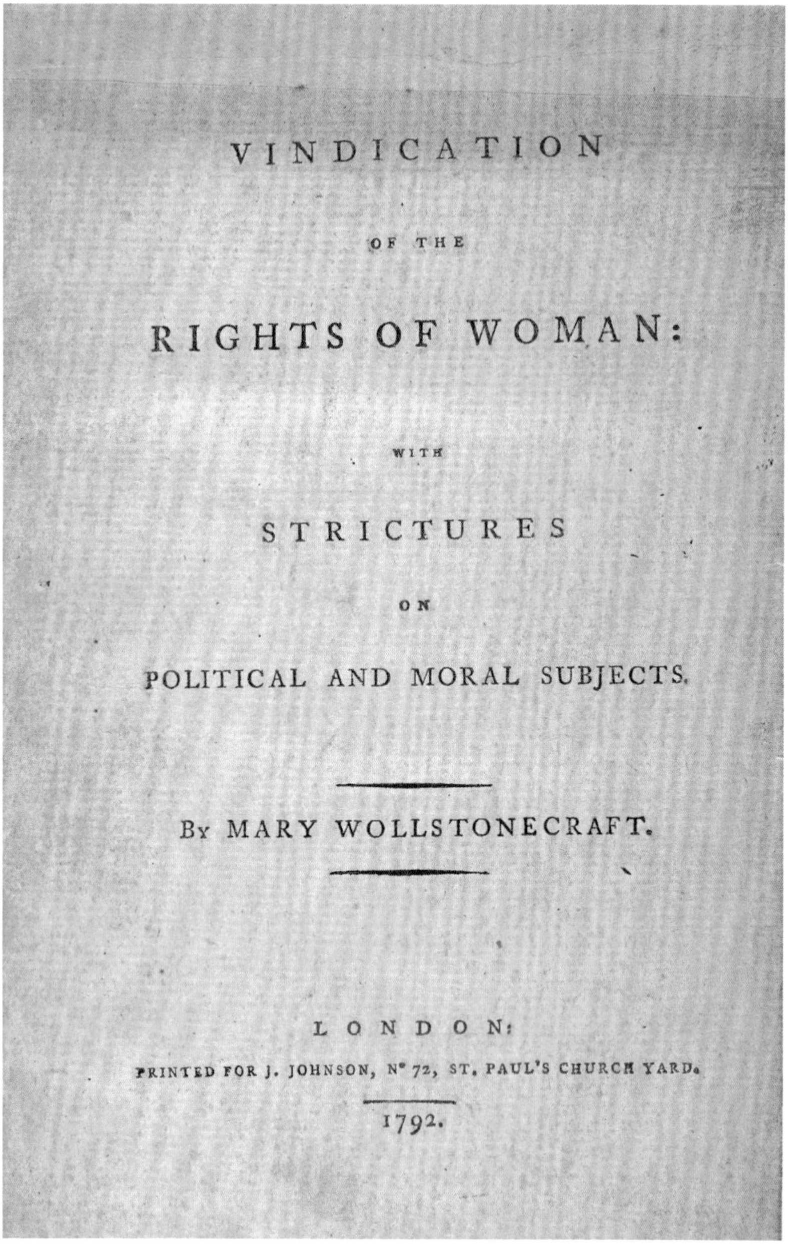

VINDICATION

OF THE

RIGHTS OF WOMAN:

WITH

STRICTURES

ON

POLITICAL AND MORAL SUBJECTS.

By MARY WOLLSTONECRAFT.

LONDON:

PRINTED FOR J. JOHNSON, N° 72, ST. PAUL'S CHURCH YARD.

1792.

ABOVE ▲ 沃史東卡夫特開創性的著作使她成為現代女性主義之母。她提倡男女平等的教育體系，並主張女人的價值應該是根據職業而非她們嫁的人是誰來定義。

RIGHT ▶ 瑪麗・沃史東卡夫特肖像，由約翰・奧派（John Opie）於1791年左右繪製，畫裡的她暫時從研讀中的書籍分神。這幅肖像畫在當時非比尋常，因為只有富裕的男性才會被描繪成知識分子的模樣。

女權辯護

A Vindication of the Rights of Woman

瑪麗‧沃史東卡夫特

● 西元1792年

瑪麗‧沃史東卡夫特為女性主義發表的宣言，對男人與女人而言，都是前所未有的挑戰，至今仍是想了解兩性平等思想的人不可錯過的經典。

瑪麗‧沃史東卡夫特（Mary Wollstone-craft，1759-97年）親眼見證過專橫暴虐或不忠的丈夫對妻小有何影響，她的觀察使她對女性的社會地位形成批判性觀點。她認為女性要是接受現況，便也是共犯。根據當時的普遍看法，女人的智力只要足以把自己打扮成漂亮花瓶、學習如何成為男人家中的點綴就行了，例如彈鋼琴、做女紅等等。

沃史東卡夫特的信仰讓她無法接受這種差別待遇。她推論道，如果上帝對男女一視同仁，那麼兩性一定擁有相同的心智能力，也該獲得同等的機會，而她相信讓女性接受良好的教育是解決之道。她的第一本書《女子教育之我思》（*Thoughts on the Education of Daughters*，1787年）便提出了一些這類想法，而且內容對年輕女性來說相當簡單好讀。五年後，她的思想透過《女權辯護》（*A Vindication of the Rights of Woman*）更完整呈現。

沃史東卡夫特在1790年出版過《人權辯護》（*A Vindication of the Rights of Men*）這本小手冊，提出她個人對法國大革命有何價值的看法。她主張傳統並非永久不變，而是該開放讓

公正有理的論證來挑戰——國王的統治權就是一例。她在《女權辯護》裡也延伸了這個主張。

她表示，受過良好教育的女性會使得人人受益。這對孩子好，因為女人的職責是教養孩子；這對家庭好，因為這使得夫妻平等，伴侶關係從而更為穩固；國家也會受益，因為女人因此得以參與社會與政治辯論、貢獻她們的智慧。說到家庭裡的平等課題，她對淫亂不忠的丈夫提出抨擊，並堅稱男性在婚姻裡也該盡一些忠貞的本分。她呼籲大權在握的男性採取行動解放妻子，也批評女性把時間耗在膚淺的追求上，例如：虛榮與說長道短。

這本書的觀點相當激進，但也十分成功，很快就印行了第二版。大抵而言，讀者都很推崇書裡的想法，因為社會大眾對不平等的影響已心有所感，不過他們對其中較極端的提議則不予理會，例如：讓女性進議會、男女同校等等。

沃史東卡夫特死後，她的丈夫為她寫了一部傳記《女權辯護作者回憶錄》（*Memoirs of the Author of A Vindication of the Rights of Woman*），披露了她不同凡響的一生——她是私生女、曾與人同居，並且與藝術家和激進思想家有所往來。不過他這麼做竟意外毀了妻子的名譽，有一世紀的時間，瑪麗‧沃史東卡夫特的私生活都比她提倡的女性主義雛形更廣為人知。然而從二十世紀開始，她又得到重新檢視，並且獲得世界各地的女性推崇為解放先驅。

格林童話

Grimm's Fairy Tales

格林兄弟

● 西元1812年

兩百年前，德國的一對年輕兄弟出版了一套民俗童話故事集。即便主題陰鬱質樸，還常出現殘酷野蠻的情節，這套故事集後來仍成為了標準兒童讀物，也是西方文化裡影響最深遠、最具爭議的文學作品之一。

雅可布・格林（Jacob Grimm，1785-1863年）與威廉・格林（Wilhelm Grimm，1786-1859年）生於鄰近法蘭克福的哈瑙（Hanau），家境算是相對優渥的中產階級，不過他們的父親在1796年去世，使得全家在動盪不安的拿破崙戰爭期間陷入貧困。母親在1808年死後，照顧三個弟妹的責任全落到他們兩兄弟肩頭上。然而他們堅忍不拔，憑藉自幼養成的興趣找到一條自給自足的生路。

這對兄弟從小就喜歡從玩伴口中收集德國的傳統民間童話與歌謠，並且對這類故事的含義與起源大為著迷，引導他們開發了語文學（探討語言如何做為文學的載體與文化史的象徵）的新天地。德國浪漫主義的豐厚土壤，讓他們的興趣開花結果。1812年，他們出版了一套有八十六個德國傳統童話的文集，書名是《童話與家庭故事集》（德文：*Kinder und Haus-Märchen*；英文：*Children's and Household Tales*），後來以《格林童話》（*Grimm's Fairy Tales*）之名廣為人知。

接下來四十年間，兩兄弟又陸續推出六個版本，全附有豐富插圖，先後由菲利浦・郭特・約翰（Philipp Grot Johann）和羅伯特・連韋伯（Robert Leinweber）擔任繪者。這些故事充滿不朽的人物，包括長髮姑娘、白雪公主與七矮人、灰姑娘、小紅帽、青蛙王子、漢賽爾與葛蕾特、下金蛋的鵝、名字古怪的小矮人，以及其他許多作品。其中大部分故事傳達的是嚴酷又不加修飾的現實，藉由殘酷、暴力、恐懼、失落與死亡等等元素呈現出來。

這些童話多經改編，在世界各地以許多語言和版本印行，也成為多部迪士尼動畫電影的原型，其中第一部是1937年推出的《白雪公主》（*Snow White and the Seven Dwarfs*）。不過這些故事也有其爭議性。英國詩人Ｗ・Ｈ・奧登（W. H. Auden）盛讚《格林童話》是「少數不可或缺、普遍共享的書籍，可作為西方文化的基礎……說這些童話的重要性僅次於《聖經》並不為過。」不過，自從希特勒推舉這些作品來支持他的納粹種族論，有些地區就把《格林童話》列為了禁書。

1976年，奧地利裔的精神分析學家與大屠殺倖存者布魯諾・貝特罕（Bruno Bettelheim）出版了《童話的魅力》（*The Uses of Enchantment: The Meaning and Importance of Fairy Tales*），主題就是《格林童話》隱含的訊息與意義。貝特罕主張，這些童話能幫助孩子面對存在問題，例如分離焦慮、戀母情結、手足競爭等等，並且能在兒童心理發展過程中發揮其他建設性的作用。不過這些詮釋經常也引發論戰。

英國小說家菲力普・普曼（Philip Pullman）在2012年改寫了《格林童話》的其中數篇，並解釋道：「不論是文學與民俗研究者、文化與政治歷史學家，或是佛洛伊德和榮格學派，還是基督徒、馬克思主義、結構主義、後結構主義、女性主義、後現代主義以及各種思潮，都從研究這些童話得到極其豐富的收穫。」然而，不論被如何詮釋，《格林童話》都確立了童話的意義，並且永遠改變了兒童文學。

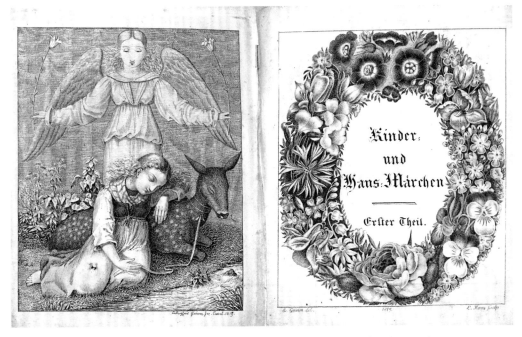

ABOVE ▲ 1819年版《格林童話》的卷頭插圖是〈兄妹〉這則故事，畫面是一個天使在故事主角哥哥（後來化為一頭鹿）與妹妹睡著時照看他們。

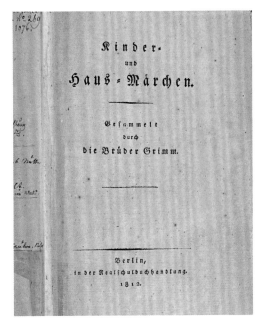

ABOVE ▲ 1812年初版的《格林童話》書名頁。

ABOVE ▲ 雅可布與威廉・格林肖像，繪者是他們的弟弟路德維希・埃米爾・格林（Ludwig Emil Grimm）。

Pickering, pinx.ᵗ   Greatbatch, sculp.ᵗ

PRIDE AND PREJUDICE.

ABOVE ▲ 《傲慢與偏見》1833年版的卷頭插畫。上圖畫的是伊莉莎白正
告訴父親,達西是讓莉迪亞與韋克翰順利成婚的功臣:「接著她將達西
先生自願為莉迪亞做了什麼娓娓道來。她父親聽了驚愕不已。」

傲慢與偏見
Pride and Prejudice

珍·奧斯汀

● 西元1813年

珍·奧斯汀的愛情喜劇（comedy of manners）調侃了十八世紀末英國社交生活的某些荒謬之處，而她點出的人性缺陷，不論在哪個時代讀來都不會令人感到陌生。

《傲慢與偏見》（*Pride and Prejudice*）如此廣受歡迎，就連從沒讀過這本書的人也會認得它的開場白：「凡是有錢的單身漢，必定缺個太太；這是舉世皆知的真理。」這是整本小說的預告，也為主題定了調：階級、財富、性別與婚姻，不時佐以機靈的諷刺。在十八世紀，男人想出人頭地，除了婚姻還有很多方式，例如從軍，不過女人就只能寄望於嫁入有錢人家了。

珍·奧斯汀（Jane Austen，1775-1817年）是教區堂區長之女，人生的前二十五年都與父親同住。她最初動筆寫《傲慢與偏見》時只有二十一歲，所用的題名是《第一印象》（*First Impressions*）。父親幫她把稿子寄給一名出版商，卻遭到退稿，於是珍·奧斯汀就把它擱下了。她重拾這份稿子時已是三十五歲的成熟女性，也是出版過《理性與感性》（*Sense and Sensibility*）的作家。她把這份稿子重寫並重新命名，結果《傲慢與偏見》跟前作《理性與感性》一樣獲得好評，初版的七百五十本很快銷售一空。從此以後，這本書至今估計銷售了兩千萬冊。

這本小說描述一段求愛的過程，主角是出身中產階級的伊莉莎白·班奈特小姐與出身貴族階級的費茲威廉·達西先生。起初兩人對彼此都有偏見與錯誤的第一印象。伊莉莎白妄下定論，自以為能迅速對新交作出正確評價，達西則因為對自己所屬的階級相當自負，不假思索便否決了伊莉莎白和她的出身。這些傲慢與偏見的性格缺陷，讓他們的愛情開始得並不順利，又因為奧斯汀在兩人間安插的其他角色，兩人的關係更是困難重重。最終愛情幾乎克服了所有虛假的社會障礙，伊莉莎白與姊妹們紛紛與心上人結為連理，其中只有一人是為錢成婚。

奧斯汀用了多種文學手法來講她的故事。

事件經常藉人物之口間接說出，對聽話的一方來說便造成一種神祕感，也將讀者置於故事中，彷彿在側耳偷聽那些人的交談。

奧斯汀也很倚重以信件來推動故事情節。據說《第一印象》可能完全以書信體寫成，也就是只藉信件往返的內容來敘事。書信讓人物與寫信人都有時間反思，不像對話必須即時反應。

最後，《傲慢與偏見》有許多場景是設定在各種大型社交場合。想呈現英格蘭社會為階級思維所圍的荒謬現象，這可謂絕佳的方式。奧斯汀對階級劃分的看法相當進步，尤其是關於女性的社會地位。她筆下的許多人物都困於社會強加在他們身上的角色。不過伊莉莎白與達西在更了解自己與對方之後，都有所成長，超越了各自的傲慢與偏見。最終，愛情克服了一切，而這種故事是世人永遠讀不厭的。

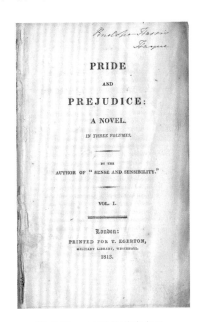

ABOVE ▲ 1813年版的書名頁。

科學怪人

Frankenstein

瑪麗·雪萊

● 西元1818年

《科學怪人》是經典的哥德恐怖小說，數以百計的書籍、劇作與電影都以雪萊創造的怪物為先例。她原創的這則故事探討了自然、責任、孤立與運用強大知識帶來的危險。

《科學怪人》（*Frankenstein*）的創作初衷是一場寫作挑戰賽。1816年一個寒冷的夜晚，三名好友被天候困在屋裡讀鬼故事。後來他們決定來比賽，看誰能寫出最好看的恐怖故事。這群人是詩人拜倫勛爵（Lord Byron），他的醫生約翰·波里德利（John Polidori）和瑪麗·沃史東卡夫特·戈德溫（Mary Wollstonecraft Godwin，《女權辯護》作者的女兒）。這場比賽催生了兩部經典哥德小說：波里德利的《吸血鬼》（*The Vampyre*）——史上第一部吸血鬼小說，以及瑪麗的《科學怪人》。

那天晚上，瑪麗的詩人男友波西·比希·雪萊（Percy Bysshe Shelley）也在場。這對愛侶在同年稍晚結婚，而在婚後數月間，波希協助剛成為瑪麗·雪萊太太（Mary Shelley，1797-1851年）的妻子把她原創的短篇故事擴充成一本小說。瑪麗從義大利物理學家路易吉·伽伐尼（Luigi Galvani）的實驗得到啟發。這位學者證明了施加電流能引發肌肉顫動，後來電流刺激現象（Galvanism）也以他命名。1803年，這種現象曾在倫敦以一名罪犯的屍體公開演示過。

《科學怪人》於1818年出版，而當時的女性小說家仍比較罕見，再加上這本書恐怖的主題，引發了褒貶不一的評價。不過這本書立即在閱讀大眾間獲得成功，僅僅三年內，第一齣《科學怪人》通俗劇就登上了倫敦劇場舞台，後續改編更是紛紛湧現。

這本小說以書信體的劇中劇手法來開頭與結尾。信件出自一位北極海船長之手，敘述他遇見一位名叫法蘭肯斯坦的人，想遠赴天寒地凍的北極以摧毀親手創造的怪物。瑪麗用冰冷的野地來挑起書中反覆出現的孤立主題。當瑪麗藉船長之手轉述法蘭肯斯坦的故事，我們會發現法蘭肯斯坦本身也過著與世隔絕的生活，既因為他執迷於創造生命，也因為他有能力這麼做。只不過，沒有人比法蘭肯斯坦創造出的科學怪人更被孤立，因為連牠的創造者也躲著牠。

科學怪人的外表雖然粗野醜陋，理智與情感卻很成熟，例如牠會讀米爾頓的《失樂園》。牠希望法蘭肯斯坦為牠創造一個伴侶，只不過法蘭肯斯坦醒悟到自己創造出一個怪物而大感驚駭，讓科學怪人的希望破滅。於是科學怪人開始了殘暴的復仇計畫。不過在小說終了時，牠發現法蘭肯斯坦在極地裡失溫而死，悲慟不已，才明白自己如今更為遺世孤立。

即便到了二十一世紀，這本書仍引人思索人類扮演造物主的道德與心理問題。這些問題之令人驚異，就如同在這個時代，利用部分細胞創造生命的可能性是前所未有之高，也同樣駭人。

LEFT ◄ 《科學怪人》於1818年問世的初版，上面有瑪麗·雪萊的親筆修訂，部分修訂內容編入了後續版本。

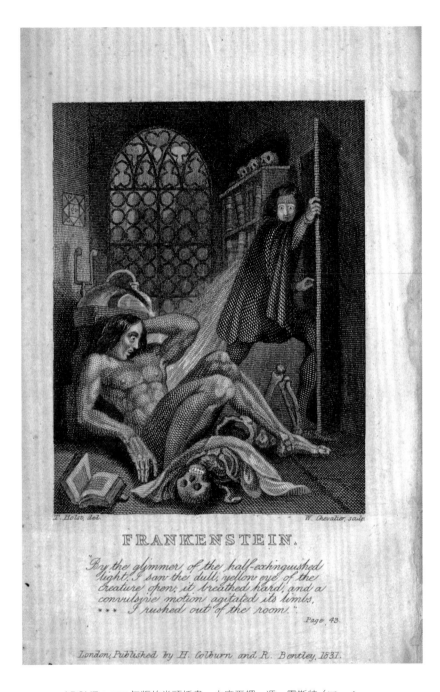

FRANKENSTEIN.

"By the glimmer of the half-extinguished
light, I saw the dull, yellow eye of the
creature open; it breathed hard, and a
convulsive motion agitated its limbs.
*** I rushed out of the room."

Page 43.

London, Published by H. Colburn and R. Bentley, 1831.

ABOVE ▲ 1831年版的卷頭插畫，由席爾鐸‧馮‧霍斯特（Theodor von Holst）繪製，畫面是科學怪人甦醒的情景。

93

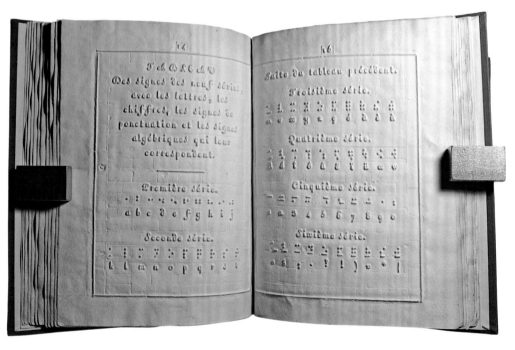

撰寫文字、樂曲與素歌之點字法

Procedure for Writing Words, Music and Plainsong in Dots

路易‧布萊葉

● 西元1829年

一個失明的男孩發明了一套巧妙的點字閱讀碼，並且透過一本非比尋常的書與全世界分享——這本書就是以這套代碼壓印而成。他的發明讓盲人得以識字，也因此更能融入社會、過更獨立與有價值的生活。這些點字碼廣為流傳，如今在電梯和郵票上都看得到。

路易‧布萊葉（Louis Braille，1809-52年）是個天資聰穎又有好奇心的小男孩，不過他三歲那年，在父親的馬具工房裡不慎被一把尖錐刺傷眼睛，隨之而來的感染讓他的雙眼完全失明。在當時遭遇這種劫難，通常會導致傷者永遠活在黑暗裡、與世隔絕。

然而出於他自己的強烈要求，以及家人和地方牧師的努力，路易仍獲准與其他學童一起上課。他展現出優異的學業成績，十歲便獲得獎學金赴巴黎皇家盲人學校（Royal Institution for Blind Youth in Paris）就讀。

他在盲人學校遇見法國軍官夏爾勒‧巴比耶（Charles Barbier），而巴比耶曾發明過一套由突起小點組成的基本指觸溝通法，讓士兵用來在夜間無光時讀寫訊息。巴比耶的溝通法由凸印在紙上的一組十二個點組成，能代表三十六種不同的聲音。不過軍隊拒絕了他的方法，因為這對大部分士兵來說太過困難。

年輕的布萊葉對巴比耶的編碼加以研究，發現了主要缺陷何在。他的解決方法是發明另一套點字系統，以六個凸起的點組合成小方塊來代表各個字母。這套系統也包含標點符號代碼以及表示字母分段的方法。

為了替盲人與視障人士創造一套讀寫系統，布萊葉繼續把這個主意改良與擴充，加入代表法文字母和音符的編碼。他花了不到三年時間，在1829年出版了他的成果：《撰寫文字、樂曲與素歌之點字法》（*Procedure for Writing Words, Music and Plainsong in Dots*）。

這套創新的方法後來以發明人命名，稱為布萊葉點字法。使用時通常得雙手齊下、以食指點讀。讀者的手要自左向右摸過一連串凸起的小點，解讀它們代表的字母。一個訓練有素的點字讀者，速度可以達到每分鐘一百五十字。

許多知名的盲眼音樂家都把他們的成就歸功於識字能力。雷‧查爾斯（Ray Charles）說：「學會用布萊葉點字法讀譜、用耳朵學演奏，幫我培養出超強記憶力。」海倫‧凱勒（Helen Keller）說：「路易‧布萊葉對我們盲人的恩情之大，有如古騰堡之於人類。」

透過布萊葉點字法，盲人或視障人士得以閱讀文學鉅著、金融報表、法律文件、菜單，也能下棋。

如今在英國的兩百萬個盲人與視障人士裡，估計只有一萬五千至兩萬人使用布萊葉點字法，美國的使用率也差不多。然而在語音智慧手機的年代，我們已經開發出輔助盲人的電腦系統，布萊葉點字法不再是他們唯一的倚靠。

LEFT ◄ 原法文版的書名頁（上圖）；內頁羅列布萊葉的點字碼，代表字母、讀音記號、數字與標點符號（下圖）。

莫瑞旅遊手冊

Murray's Handbooks for Travellers

約翰·莫瑞三世

● 西元1836年

正當英國在它的帝國時代裡向前推進，一個倫敦出版商出版了一系列內容全面、有深度又詳細的旅遊手冊，希望英國人在外國活動時能從這些書得到知識、指引與安慰。很快地，一名德國人也加入出版這類書籍的行列，現代旅遊指南於焉誕生。

約翰·莫瑞三世（John Murray III，1808-92年）是倫敦著名出版商之子，他在1830年代早期開始整理他在歐洲各地旅行時記下的詳細筆記。起初這只是個私人計畫，不過他後來在1836年出版了《旅遊手冊：荷蘭、比利時、萊茵河沿岸、德國北部》（*A Hand-Book for Travellers in Holland, Belgium, and along the Rhine, and throughout Northern Germany*），並且在推出的前五年內銷售超過一萬冊。這個計畫就這麼演變成新型態的旅遊實用資訊來源。

作者曾住在哪裡、吃些什麼、搭乘哪些當地交通工具，都只是書中豐富內容的一小部分。他的手冊還提及當地人對待僕從的標準，在哪裡要小心搶匪，又該吃什麼藥以預防在地疾病。莫瑞為不同旅遊路線標號，並依照這些路線羅列地區說明與實用資訊，而且他為有教養的英國讀者附上實用外語詞句列表。這本手冊詳述了目的地國家與城市的歷史，包含對建築、紀念遺址、藝術、音樂與其他文化成就的深度研究。莫瑞的風格為詳盡又實用的旅遊規劃做出示範，後來興起的旅遊業也有這些特色。

莫瑞這本創新的書，演變成不斷推出續集且十分暢銷的叢書。其他作者與讀者會分享他們獲悉的國外最新情報（觀點自然是相當英國），這些手冊也會不斷隨之更新。莫瑞擴大旗下旅遊手冊的作者群，納入多位他在倫敦有私交的知名人物。這些人與莫瑞同屬雅典娜學院俱樂部（Athenaeum Club）、皇家地理學會（Royal Geographical Society）和其他菁英社團，都是受過高等教育、有品味又飽覽群書的紳士。他們的文字既博學又不時異想天開，寓教於樂的功能比任何實用手冊都好。莫瑞的出版公司會依據新資料持續增刪內容，手冊裡也有廣告欄位，並且會在卷尾公告最新的出版品。起初他們只發行歐洲旅遊地的手冊，後來擴大到埃及、阿爾及利亞、印度與日本。

這些十九世紀的旅遊指南在今天讀來，有如一扇風景迷人的窗口，讓人一窺維多利亞時代的英國旅客看待異地的心態。莫瑞旗下作者的文字敘述完全呈現出大英帝國的觀點。

卡爾·貝德克（Karl Baedeker，1801-59年）是一名對這系列手冊愛不釋手的讀者，後來也開始出版自己的旅遊指南，並且在莫瑞原本的概念外加入一些新的特色。貝德克承認自己與莫瑞有交情，也模仿了莫瑞的許多手法，連書名都很類似。貝德克的《旅遊手冊》系列（德文：*Handbüchlein für Reisende*；英文：*Handbooks for Travellers*）後來成為旅遊指南的標竿——不過說到底，沒有莫瑞，也就不會有貝德克。

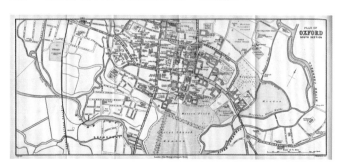

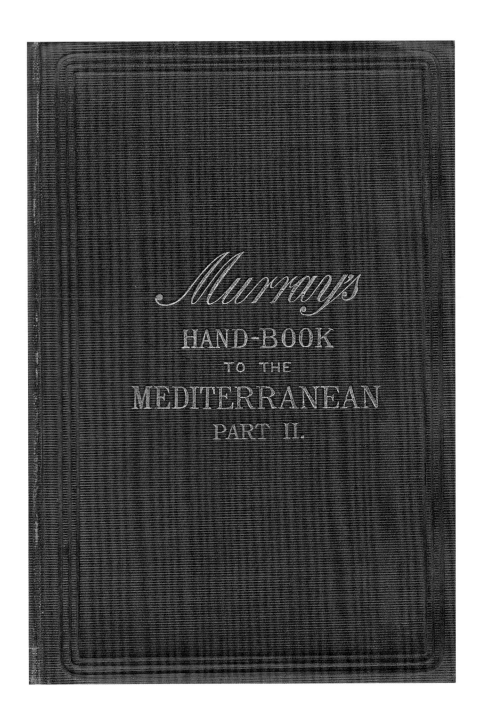

ABOVE AND LEFT ▲ ◀ 莫瑞的旅遊指南，有獨特的紅色書衣與金色字體，以內容全面、資訊詳盡聞名。這些書提供住宿與交通的實用忠告、為文化路線提出建議，並附有摺頁地圖。這些詳盡又深入的手冊所介紹的地點涵蓋英國、歐洲、印度，日本與紐西蘭。

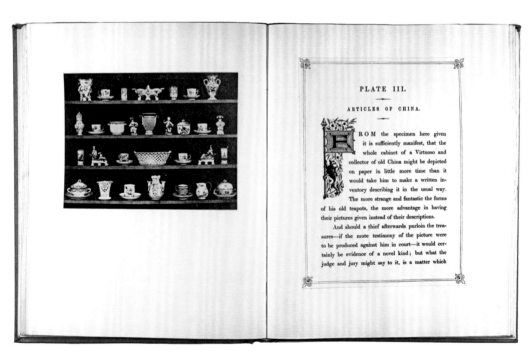

PLATE III.

ARTICLES OF CHINA.

FROM the specimen here given it is sufficiently manifest, that the whole cabinet of a Virtuoso and collector of old China might be depicted on paper in little more time than it would take him to make a written inventory describing it in the usual way. The more strange and fantastic the forms of his old teapots, the more advantage in having their pictures given instead of their descriptions.

And should a thief afterwards purloin the treasures—if the mute testimony of the picture were to be produced against him in court—it would certainly be evidence of a novel kind; but what the judge and jury might say to it, is a matter which

自然之筆
The Pencil of Nature

威廉‧亨利‧福斯‧塔波特

● 西元1844-46年

這是史上第一本為大眾市場出版的攝影集，作者福斯‧塔波特的初衷是展示他發明的攝影技術，卻也讓人看到「拍照」可能有哪些創新的用途。

威廉‧亨利‧福斯‧塔波特（William Henry Fox Talbot，1800-77年）是個才華洋溢的人，十二歲就出版了第一本書《哈洛動植物誌》（The Flora and Fauna of Harrow）。不論是翻譯古阿比西尼亞的楔形文字，或是發明電動馬達，於他都是輕而易舉。不過有件事他並不在行，那就是鉛筆素描，即便有投影描圖器（一種有透鏡與反射鏡的儀器，能把景物投射到紙上讓藝術家照著描）輔助也做不好。他希望有一種方法能直接把他看到的影像固定在頁面上，於是便著手發明。

他運用自己的化學知識在1830年代進行初步實驗，將紙張浸泡在銀鹽溶液裡。同一時期，法國人路易‧達蓋爾（Louis Daguerre）也在研發一種極為不同的攝影術，能將影像固定在覆有硝酸銀的銅版上。1839年，達蓋爾與亨利‧塔波特在三週內相繼公開自己的技術。

達蓋爾的銀版攝影法（daguerreotype）得到的影像較為清晰，但比較脆弱，必須壓在玻璃板下，或是裝裱於盒子與相框內。而塔波特的卡羅攝影法（calotype，源於希臘文「美麗的影像」）則會帶有一些相紙紋理的顆粒感。兩種方法都只能得到一次性的影像，再複製的成品會比較模糊。卡羅攝影法最大的優點是容易複製。若想複製銀版攝影的影像，只能為第一塊銀版再拍攝一塊銀版，不過卡羅攝影法只要把銀鹽相紙覆蓋在原版影像上即可，想複印多少都行。

塔波特不斷改良複印方式，直到複製照片的品質穩定程度讓他有信心了，才在1844年出版《自然之筆》（The Pencil of Nature）的第一集，總共發行了兩百八十五本。每一本附有五張卡羅攝影法照片，而且每張照片都佐以塔波特流暢易讀的文字。這套攝影書原本預計以每月一集的系列形式分十二個月出版。

第一集的銷售成績對塔波特來說算是夠好，讓他有信心為第二集印行一百五十本上市，這次共有七幅照片。然而《自然之筆》的銷量從第二集開始下跌，複印技術問題也使得最終只有六集、總計二十四幅照片發行。根據估計，這一系列只有五十本完好流傳至今。

塔波特精心挑選照片來示範攝影的各種用途，照片主題包括了建築、風景、靜物與肖像。他在肖像照的評論裡寫道：他感到有必要說明，照相機一次拍攝三人的速度與一次拍攝一人相差無幾。在《自然之筆》第一集裡，他納入兩張玻璃器皿與瓷器收藏品的照片，並且指出照片呈現的影像之精準，可以在法庭上為竊案供證——這件事如今已是司空見慣，在當時卻是令人震驚的想法。第二集裡有一張印刷紙頁的照片，而塔波特在一旁寫道：攝影最終可能會取代印刷術。一百年後，影印機確實應驗了他的推論。

卡羅法與銀版法並存了多年，把攝影的概念傳揚開來。不過在1850年代，這兩種技術都被新問世且更便宜的濕版攝影法取代，而且濕版攝影法結合了卡羅法的易於複製與銀版法的清晰。然而《自然之筆》仍是一次出色的宣言，向世人昭告攝影的可能用途，也是插圖類書籍的一個里程碑。

LEFT ◀ 1844-1846年間，《自然之筆》分成六集推出（上圖）。「各種瓷器」的照片（下圖）出自第一集，旁邊的文字敘述攝影能如何取代手寫清單，也可能在法庭上做為審理竊案的證據。

費德理克‧道格拉斯生平記述

Narrative of the Life of Frederick Douglass

費德理克‧道格拉斯

● 西元1845年

道格拉斯懂得讀寫，曾在馬里蘭州為奴，後來藉祕密組織地下鐵路（Underground Railroad）的幫助逃到北方，並且撰寫了精彩的個人記敘來抨擊奴隸制度。他英俊又能言善道，成為十九世紀最知名的非裔美國人。

1841年8月16日，一個天氣溫和宜人的傍晚，一名相貌非凡的年輕黑人在麻薩諸塞州地南土克特（Nantucket）的一場反蓄奴制大會上開口發言，震驚了全場。

這是費德理克‧道格拉斯（Frederick Douglass，1818-95年）首次公開演說，而這名逃脫的奴隸既聰穎又善於表達，讓現場聽眾大為折服，使得他們情緒激昂地四處傳講奴隸制度有多麼邪惡。

道格拉斯又撰寫了《美國奴隸費德理克‧道格拉斯生平記述》（*Narrative of the Life of Frederick Douglass, An American Slave*），一本簡短卻扣人心弦的文學自傳，讓廢奴主義者讀來為之熱血沸騰。這本書是他親筆所寫，也成為反奴隸運動最重要的短文之一。

「我生於馬里蘭州托巴特郡的塔卡荷，一個希爾斯波羅附近的村子，距伊斯頓大約十二哩遠。」他寫道。

我不確定自己的歲數，從沒在任何可靠文件記錄上看過我的年紀。至今，大多數奴隸跟馬一樣，對自己的年齡所知甚少。就我所知，大部分主人就希望讓他們的奴隸保持如此無知的狀態……。我父親是個白人。每每提及我的出身，人家總是這麼說他。大家也在私底下悄聲說，我的主人就是我的父親。但我不知道這話是否屬實，因為我沒有辦法可以求證。

在奴役中成長是怎樣一番景況，道格拉斯的敘事充滿鮮明又真實的細節。除了他的母親在他七歲時過世，他也憶及曾看著自己的阿姨海斯特被鞭打，並且講到奴隸如何被教導成對主人的殘酷保持沉默。

道格拉斯不但在文中直接指名道姓，他還解釋，有時主人要是有所不滿，會對奴隸報以比較輕微但更難以捉摸的殘忍行為。雖然道格拉斯獲准學習讀寫，不過他曾有過一個主人不贊同奴隸受教育，還曾著手禁止。

道格拉斯被當成財產般轉移，換過一個又一個主人，而他開始愈來愈積極地反抗，也曾因此遭到鞭打。最後，等到一個名叫柯維的殘忍工頭正要再度鞭打他，道格拉斯還手了。兩人扭打在一起，最後是道格拉斯獲勝。柯維深感羞愧，所以沒再想鞭打道格拉斯，又因為怕丟臉，也沒把自己打輸的事情說出去。道格拉斯逃跑後，曾經被抓並入獄兩年。他後來又再度逃跑，並且得到地下鐵路網絡的幫助，讓他得以在麻薩諸塞州的新貝德福找到庇護處，不過他很小心地避免暴露地下鐵路的活動。

道格拉斯的生平記述在出版的前四個月賣出五千本，讓他聲名大噪，導致他不得不逃往英格蘭，以免被依逃脫奴隸的罪名逮捕。在他暫居英國與愛爾蘭期間，一群廢奴主義者以710.96美元替他贖回自由，讓他得以重返美國。

道格拉斯重拾他解放奴隸的努力，又出版了兩本著名的自傳：《我的束縛，我的自由》（*My Bondage and My Freedom*，1855年）、《費德理克‧道格拉斯的人生與各時期》（*The Life and Times of Frederick Douglass*，1881年。於1892年修訂再版）。他的寫作與演說遠近馳名，使他成為在十九世紀有次多肖像照的美國人，僅落居林肯之後。道格拉斯的作品最後也協助廢止了奴隸制。

RIGHT ▶ 費德理克‧道格拉斯的肖像是這本書初版的卷頭插圖（上圖），他的肖像照也成為他公眾形象的重要標誌之一（下圖）。他希望展現出反叛又得體的形象，很熱衷於指點別人該如何為他留影。他曾寫道：「黑人永遠無法從白人藝術家手裡得到中肯的肖像。」

Frederick Douglass

NARRATIVE

OF THE

LIFE

OF

FREDERICK DOUGLASS,

AN

AMERICAN SLAVE.

WRITTEN BY HIMSELF.

BOSTON:
PUBLISHED AT THE ANTI-SLAVERY OFFICE,
No. 25 Cornhill

1845.

Jane Eyre

by Currer Bell

Vol. I.

Chap. 1st

There was no possibility of taking a walk that day.
We had been wandering indeed in the leafless shrubbery
an hour in the morning, but since dinner (Mrs Reed,
when there was no company, dined early) the cold winter
wind had brought with it clouds so sombre, a rain so pen
etrating that further out-door exercise was now out of the
question.

I was glad of it; I never liked long walks – especially
on chilly afternoons; dreadful to me was the coming home
in the raw twilight with nipped fingers and toes and a heart
saddened by the chidings of Bessie, the nurse, and humbled
by the consciousness of my physical inferiority to Eliza, John
and Georgiana Reed.

The said Eliza, John and Georgiana were now clustered
round their Mamma in the drawing-room; she lay reclin

ABOVE ▲ 勃朗特的手稿字跡工整得驚人，修改極少。她的傳記作者伊莉莎白·蓋斯凱爾（Elizabeth Gaskell）指出，「她會耐心等待，尋找合適的字眼，直到那個字出現為止。」

RIGHT ▶ 《簡愛》初版的書名頁，可以看到勃朗特以男性筆名「克瑞爾·貝爾」署名，因為她認為女作家「很可能遭成見以待」。

簡愛

Jane Eyre

夏綠蒂・勃朗特

● 西元1847年

這個情感強烈的故事探討愛與歸屬感、殘酷的現實與階級問題。夏綠蒂・勃朗特這本處女作小說帶有自傳性質，也因此為它注入力量與智慧，讓每個新世代的讀者都有所共鳴。

《簡愛》（*Jane Eyre*）最表面上看來是一則歷盡艱辛尋找真愛的精采故事。不過這本書會如此歷久不衰，是因為它對一名年輕女性在人生選擇受社會嚴格限制的時代裡如何成長，有極為犀利的觀察。本書一問世立刻受到女性歡迎，因為她們都很能理解女主角的艱難處境。

英國西約克郡的勃朗特（Brontë）家有三姊妹——夏綠蒂、艾蜜莉（Emily）與安妮（Anne），三人在英語文學史上以傑出表現自成一家。艾蜜莉著有小說《嘯風山莊》（*Wuthering Heights*，又稱咆嘯山莊），安妮著有小說《艾格妮絲·格雷》（*Agnes Grey*）與《荒野莊園的房客》（*The Tenant of Wildfell Hall*）。夏綠蒂・勃朗特（Charlotte Brontë，1816-55年）是勃朗特手足裡唯一活過三十歲的人，寫過四部小說，其中三部在她生前出版。

這三姊妹都在1847年出版了小說處女作，夏綠蒂的作品只比兩個姊妹早兩個月問世。由於當時社會認為女性寫小說很不體面，所以夏綠蒂費盡心思隱瞞她的作者身分，也不讓人知道她的真實身分是誰。《簡愛》起初有個副標題：「一部自傳。由克瑞爾・貝爾掛名編輯」（An Autobiography, ostensibly edited by one Currer Bell）。

真實是貫串《簡愛》全書的主題，無論探討的是真愛、真正的美，或是真誠的宗教信仰。簡愛在書中數度拒絕與男方成親，因為她感覺不到雙方之間有愛情存在。內在美與外在美的差異則透過數名角色彰顯出來。羅徹斯特（Rochester）的情婦席琳・范倫（Céline Varens）美麗絕倫卻心機深重，外貌平庸的簡愛則有心靈美，透過一次次公正有德的決定煥發出來。相較之下，她的寄宿學校校長布克赫斯特先生（Mr. Brocklehurst）在人前是虔誠基督徒，私下卻惡待學生，又為了貪圖個人安逸侵占學校公款。

簡愛跟作者夏綠蒂本人一樣，當家庭教師維生。在十九世紀初期，這是女性能從事的少數工作之一，社會地位也很模糊。人們一方面期待女家庭教師高雅有教養，另一方面，她們在雇主家的地位只比僕人高不了多少。女家庭教師這種雙重特質，經常在雇主家引發緊張局面，不過夏綠蒂與簡愛卻因此得以對英國社會階級加以觀察與批判。然而，夏綠蒂完全沒有挑戰階級秩序的意思。簡愛之所以會有幸福快樂的結局，都是因為她繼承的一筆遺產提升了她的社會地位，使她與心愛的羅徹斯特先生平起平坐。

簡愛極力在追求獨立的天性與對伴侶、家庭與愛情的渴望間取得平衡，這是貫穿小說的主軸。羅徹斯特在莊園失火時奮勇救人而毀容，這又使得簡愛跟羅徹斯特在財產之外也更加平等。那個曾經英俊放蕩的男人，如今不只失明也失去了一隻手，行為卻變得高尚。簡愛繼承的遺產保障了她的獨立生活，善良的羅徹斯特又讓她得到真愛與人生伴侶。本書最後一章在開頭便直言：「讀者，我和他結婚了。」如今這已成為英語文學裡最著名的段落之一。

JANE EYRE.

An Autobiography.

EDITED BY

CURRER BELL.

IN THREE VOLUMES.
VOL. III.

LONDON:
SMITH, ELDER AND CO., CORNHILL.
——
1847.

塊肉餘生記

David Copperfield

查爾斯‧狄更斯

● 西元1850年

《塊肉餘生記》詳細記錄了一段從稚氣到成熟的歷程，而且這不僅是書中主角的經歷，也是作者的經歷。主角考柏菲爾德熬過失去與殘酷的人生考驗，尋得真愛並建立新的家庭。狄更斯自認這是他最好的小說。

查爾斯‧狄更斯（Charles Dickens，1812-70年）動筆寫自傳時，已經出版過七本小說，是廣受愛戴的作者。不過他發現要如此直接著墨自己的過去太困難了，於是決定以小說方式呈現，成果就是《塊肉餘生記》（*David Copperfield*）。

這部作品的形式是成長小說（bildungsroman，德語「教育小說」之意），敘述主角如何藉由一段旅程長大成熟，故事通常始於受盡欺壓的童年，結束於幸福快樂的成年生活。成長小說不盡然要有自傳性質，不過夏綠蒂‧勃朗特在《塊肉餘生記》問世三年前出版的《簡愛》，恰好也是一部揉合虛構與真實人生的成長小說。

本書主角大衛所受的「教育」來自一連串殘酷不仁的人物，以及他隨故事發展陸續失去的親友。大衛是遺腹子，母親也在他年幼時過世；他鍾愛的保母裴果提（Peggotty）為了結婚離他而去，他的舊識米考伯先生（Mr. Micawber）入獄，而妻子朵拉（Dora）、兒時好友斯帝福（Steerforth）與哈姆（Ham）都先他一步離開人世。虐待大衛的人有他的繼父、老師與雇主，而且大衛也在成長過程中見證旁人受欺凌。例如斯帝福和烏利亞‧希普（Uriah Heep）等人，起初把惡劣的本性隱瞞得很好，後來才露出真面目。

《塊肉餘生記》裡有多名狄更斯令人印象最深刻、刻畫出色的人物，例如很「謙虛」的烏利亞‧希普、性情古怪的姑媽貝西‧特洛伍德（Betsy Trotwood），親切善良的米考伯一家人，以及喜歡放風箏的迪克先生（Mr. Dick）。這群人物當中還有一些宛若父母的角色，是父母雙亡的大衛在年幼時的求助對象。世上每個人都曾有童年時光，而《塊肉餘生記》所發揮的力量之一，就是促使讀者反思自己的幼時境遇。

這本書是狄更斯作品的一個轉捩點。他在此之前的作品都把重心放在英國維多利亞時期的社會不公。不過從《塊肉餘生記》開始，狄更斯更專注於描繪書中的角色與他們的行事動機，也延伸出後續幾部更晦暗的作品，例如《荒涼山莊》（*Bleak House*）、《艱難時事》（*Hard Times*）和《遠大前程》（*Great Expectations*，另一部成長小說）。

狄更斯這位偉大的社會評論家在《塊肉餘生記》的表現雖然比較個人，仍流露出他對維多利亞社會狀況的關注。工業革命引發從鄉下到城市的遷移潮，也導致人口過剩、貧窮與犯罪，而大衛‧考柏菲爾德在學校、工廠、監獄和工作場合中都見證了這些問題。狄更斯也有相同經歷。他像大衛一樣在瓶罐工廠裡工作過，也當過記者、任職於法律事務所，親眼看過自己的家人進入負債人監獄。

《塊肉餘生記》最初是以按月分集的形式在1849-1850年間分十九個月出版完畢，每集售價一先令。集結成書版與連載的最後一集同時推出，由曾為多本狄更斯小說插畫的菲茲（Phiz，英國藝術家哈布洛‧奈特‧布朗〔Hablot Knight Browne〕的筆名）繪製插圖。從此以後，《塊肉餘生記》便持續印行至今。《塊肉餘生記》在狄更斯過世三年前推出過一個新版，而狄更斯為這個版本寫了一篇新的序，並且在裡頭寫道：「一如許多慈愛的父母，我在眾多心愛的孩子裡，也有一個最偏愛的，他的名字是大衛‧考柏菲爾德。」

ABOVE ▲ 狄更斯「最偏愛的孩子」最初是在1849年5月和1850年11月間按月分集出版，每集三十二頁，含兩幅哈布洛・奈特・布朗（菲茲）的插畫。

LEFT ◀ 全書集結成的單本於1850年問世，書名頁改刊以短版書名《塊肉餘生記》（*David Copperfield*）。

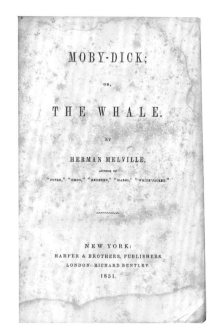

ABOVE ▲ 這幅插圖描繪「梅爾維爾《白鯨記》中的裴廓德號旅程」，是美國克利夫蘭的哈里斯‧席博德（Harris-Seybold Company）在1953-1964年間印行的十二幅文學地圖之一。

LEFT ◄ 白鯨記在英國以《鯨魚記》為書名，於1851年10月18日出版。不過梅爾維爾在推出美國版（本圖所示）時改變心意，將書名改為《莫比‧迪克：鯨魚記》，於1851年11月14日上市。

白鯨記
Moby-Dick

赫爾曼‧梅爾維爾

● 西元1851年

這篇史詩故事的作者曾是水手。本書描述亞哈船長窮盡畢生精力追捕一隻凶猛的白鯨，獲推崇為英語文學裡最傑出的小說之一，而它之所以會具備某些不朽的特質，可能是作者曾與一位頂尖的美國象徵主義小說家同登紀念碑山，在途中得到對方啟發之故。

赫爾曼‧梅爾維爾（Herman Melville，1819-91年）曾經在捕鯨船艾卡許奈號（Acushnet）上擔任水手，在海上巡航過十八個月。這些經歷使他在最傑出的小說裡找到了抒發出口，也就是於1851年10月在倫敦出版的《鯨魚記》（*The Whale*），隔月又在紐約以《莫比‧迪克：鯨魚記》（*Moby Dick; or, The Whale*，以下根據中譯本常見名稱譯為《白鯨記》）在美國上市。

梅爾維爾針對捕鯨業蒐集了大量資料與口述歷史，而他在奮力筆耕的同時，也渴望寫出更深刻和原創的小說。1850年8月5日，梅爾維爾暫時放下寫作，與友人老奧利佛‧溫德爾‧霍姆斯（Oliver Wendell Holmes Sr.）和知名作家納撒尼爾‧霍桑（Nathaniel Hawthorne）一起到野外踏青，而霍桑當時剛發表了他傑出的寓言小說《紅字》（*The Scarlet Letter*）。他們一起攀登位於麻薩諸塞州大巴陵頓（Great Barrington）的紀念碑山（Monument Mountain），而對梅爾維爾這個後輩作家來說，他們在途中所做的交流扭轉了他的人生。霍桑對《白鯨記》的格局帶來非常深遠的影響，梅爾維爾也把這本書題獻給他，說這是「聊表我對他天賦的崇敬之意」。

梅爾維爾藉由船員以實瑪利（Ishmael）這個角色來做第一人稱敘事：以實瑪利效力的亞哈船長（Captain Ahab）曾在出海捕鯨時被一隻白鯨咬斷一條腿，裝上了以鯨魚下顎骨做成的義肢；從此以後，亞哈便棄而不捨地追捕那隻白鯨。隨著航程演進，以實瑪利領悟到這次出海與其說是為了捕鯨交易，毋寧說是亞哈的復仇之旅。他們駕駛的裴廓德號（Pequod）在航程中遇過許多船隻，最後亞哈總會向對方打聽那隻白鯨「莫比‧迪克」的下落。這隻白鯨在故事結束時毀了裴廓德號，所有乘客隨之葬身大海，只有以實瑪利生還，而這與一場真實船難十分相似：1820年，一艘由美國南土克特（Nantucket）出發的捕鯨船艾塞克斯號（Essex）在南極海被一隻抹香鯨撞沉，最後有七名船員靠著吃人肉存活下來。

梅爾維爾讀過艾塞克斯號的大副歐文‧切斯（Owen Chase）的記述，也知道「莫查‧迪克」（Mocha Dick）的故事：1830年代晚期，據傳這隻兇猛的白色抹香鯨曾蓄意攻擊過多艘船隻，最後在智利莫查島外海被捕殺。

《白鯨記》的敘事扣人心弦，既因為在簡陋的捕鯨船上用魚叉捕鯨實在危險，也因為一個男人的暗中偏執所導致的緊張情勢。穿插其間的是關於鯨魚和捕鯨業的描述，梅爾維爾也運用了各種文學風格與手法，包括歌曲、詩詞、舞台指示與獨白等等。書中許多旁白都在探索社會地位、善與惡、上帝是否存在等等問題。

雖然《白鯨記》的開場白：「叫我以實瑪利吧。」後來成為文學史上最有名的開場白之一，不過這本書在梅爾維爾生前並不暢銷。他在1891年過世時，《白鯨記》只賣出三千兩百本，也已絕版多時。

直到1919年，梅爾維爾百歲冥誕時，《白鯨記》才重獲重視。這部小說獲得知名作家E‧M‧佛斯特（E.M. Forster）和D‧H‧勞倫斯（D.H. Lawrence）的大力推崇，也得到二十世紀讀者的重新評價，逐漸穩固了它作為傑出美國文學作品的經典地位。

羅氏同義詞詞典

Roget's Thesaurus

彼得·馬克·羅傑特

● 西元1852年

> 羅傑特是一名優秀的英國醫生與博學之士，醉心於收集同義詞並列表整理。他這份「字彙目錄」出版後，最終成為人人必備的參考書。

彼得·馬克·羅傑特（Peter Mark Roget，1779-1869年）的文才出眾，曾就廣泛的主題發表過多篇科學論文。不過就如同其他作家，他也經常為了找到適用的字詞苦思。童年時，他為了逃避母親專橫的管教，經常私下在筆記本裡條列他學到的各種知識，後來做筆記也成了他難以克制的習慣。

他在二十六歲時解釋，他模仿林奈的動物學分類系統完成了「一小份字彙分類目錄」，以幫助自己克服「短處」。多年來，這套自行湊合的字彙表對他的文筆大有助益。

羅傑特自倫敦傳奇的皇家學院（Royal Society）祕書一職退休後，閒不下來的他不知該如何面對大把空檔時間，於是他的女兒便建議他出版那份字彙表，因為別人或許也能從中受益。他為這個計畫努力不懈四年後，《英語詞句同義詞典：經分類彙整以促進思想表達並協助寫作》（The Thesaurus of English Words and Phrases Classified and Arranged so as to Facilitate the Expression of Ideas and Assist in Literary Composition）終於在1852年問世，如今以《羅式同義詞詞典》（Roget's Thesaurus）廣為人知。同義詞詞典的英文「thesaurus」源於希臘文，意思是「寶庫」或「倉庫」。

最初的羅氏同義詞詞典裡有一千個類別，收錄了一萬五千個詞。羅傑特不同於一般字典，是依照概念而非字母順序來為字詞分類。

這並不是世界上第一本同義詞詞典，在此之前，於1794年出版的《英國同義詞詞典：口語用字之梳理》（British Synonymy; or, an Attempt at Regulating the Choice of Words in Familiar Conversation）就是一例，作者海斯特·林區·皮歐季（Hester Lynch Piozzi）是英語辭彙大師山謬·詹森的朋友。皮歐季寫道：「同義詞（Synonymy）與其說是為了求真，不如說是為了求美。」

羅傑特不覺得字詞有「同義」可言；他認為每個字都獨一無二。他自認他的字彙表天生就不完美。

然而隨著時間過去，羅傑特這個名字幾乎成了「同義詞」的同義詞，有些作家則斥責，對不想動腦思考語言的人來說，這本詞典成了偷懶工具。賽門·溫徹斯特（Simon Winchester）寫過好幾本書，其中一本講的是牛津英文辭典的成書過程；他在一篇發表於《大西洋》（The Atlantic）雜誌的文章裡寫道：「說得更不客氣一點，《羅氏同義詞詞典》雖然在多年間享有不墜的地位，如今已不再受到毫無保留的推崇。這本書應該受到嚴厲譴責，我們之所以會走到如今這種語言與智識皆平庸的境地，它要負很大責任。」

即便《羅氏同義詞詞典》如今受到批評，不過這本參考書在過去是如此廣受歡迎，不只在1853年再版，之後也陸續有新版問世。1879年，羅傑特的兒子約翰·路易斯·羅傑特醫師（Dr. John Lewis Roget）為這本詞典編纂的擴充版成為每個一般圖書館的標準藏書，1992年問世的版本則收錄了超過二十五萬個詞彙。《羅氏同義詞詞典》自1852年以來銷售超過三千萬本，至今仍有數百萬本為人所用。

雖然使用這本詞典會被某些嚴肅作家鄙夷，不過它對撰寫課堂報告的學生來說還是很管用，也成為溫徹斯特所謂的「填字遊戲的作弊寶典」。

THESAURUS

OF

ENGLISH WORDS AND PHRASES,

CLASSIFIED AND ARRANGED

SO AS

TO FACILITATE THE EXPRESSION OF IDEAS

AND ASSIST IN

LITERARY COMPOSITION.

BY PETER MARK ROGET, M.D., F.R.S., F.R.A.S., F.G.S.

FELLOW OF THE ROYAL COLLEGE OF PHYSICIANS;

MEMBER OF THE SENATE OF THE UNIVERSITY OF LONDON;

OF THE LITERARY AND PHILOSOPHICAL SOCIETIES ETC. OF MANCHESTER, LIVERPOOL,

BRISTOL, QUEBEC, NEW YORK, HAARLEM, TURIN, AND STOCKHOLM.

AUTHOR OF

THE "BRIDGEWATER TREATISE ON ANIMAL AND VEGETABLE PHYSIOLOGY,"

ETC.

"It is impossible we should thoroughly understand the nature of the SIGNS, unless
we first properly consider and arrange the THINGS SIGNIFIED."—Ἔπεα Πτερόεντα.

LONDON:

LONGMAN, BROWN, GREEN, AND LONGMANS.

1852.

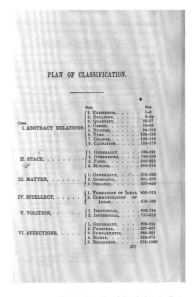

PLAN OF CLASSIFICATION.

ABOVE ▲ 羅傑特的分類法把字詞分成六大類：抽象關係、空間、物質、智識、意志、情感。各大類又細分成小類，由各個相關聯的字彙組成。

LEFT ◀ 《羅氏同義詞詞典》在1852年的初版，距羅傑特最初開始蒐集字詞以「促進思想表達」已過了五十年。同義詞典的英文「thesaurus」源於希臘文，原義是「倉庫」或「知識寶庫」。

WALDEN;

OR,

LIFE IN THE WOODS.

By HENRY D. THOREAU,

AUTHOR OF "A WEEK ON THE CONCORD AND MERRIMACK RIVERS."

I do not propose to write an ode to dejection, but to brag as lustily as chanticleer in the
morning, standing on his roost, if only to wake my neighbors up. — Page 92.

BOSTON:
TICKNOR AND FIELDS.
M DCCC LIV.

ABOVE ▲ 《湖濱散記》初版的書名頁，上面有蘇菲亞・梭羅（Sophia Thoreau）為哥哥的木屋畫的素描。

RIGHT ▶ 在瓦爾登湖畔的梭羅銅像，旁邊那棟小屋是仿建他從前那棟木屋。

湖濱散記

Walden

亨利‧大衛‧梭羅

● 西元1854年

梭羅在瓦爾登湖畔的山野裡隱居了兩年，這個經驗也讓他更親近上帝。起初他只想寫下簡短的回憶錄，不過對於想在自然裡自給自足、鍛鍊靈性的後人來說，這本書成為了經典的參考手冊。

亨利‧大衛‧梭羅（Henry David Thoreau，1817-62年）住在麻薩諸塞州的康科德（Concord），他在當地的鄰居之一是提倡個人主義的哲學家詩人拉爾夫‧瓦爾多‧愛默生（Ralph Waldo Emerson）。愛默生是超驗主義運動的旗手，這個思想流派認為人與自然的本質都是良善的，卻被工業主義社會敗壞了。

梭羅有感於工業化使得人類社會與自然脫節，所以想藉由在自然裡離群索居來培養靈性，也想藉此更洞悉他離開的那個社會。超驗主義者認為自然是上帝的象徵，梭羅又更進一步認為上帝存在於自然萬物，從一隻竄過林間的兔子，到池塘表層凍結住的氣泡皆然。

1845年7月4日，梭羅搬進了他在瓦爾登湖畔搭建的簡陋木屋，就位於愛默生名下的一片林地裡，並且宣布他要在那裡生活兩年兩個月又兩天。這是一次個人主義的聲明、自康科德社會獨立的宣言，也是一場個人實驗，梭羅稱之為「刻意生活」，他想藉此在萬物中尋求上帝。

梭羅的哲學主張引發了許多道德爭議。他雖然拒絕社會，但仍需要社會。每週他會前往康科德數次，在那裡販賣他收成的豆子。他崇尚獨居生活，但還是會尋求人的陪伴，樂於會見其他在湖畔與林間出沒的人，包含兒童、

女性、釣客和擅自定居林間的人。他醉心於自己簡樸、僅能勉強餬口又有如動物般的生存狀態，消遣活動卻是閱讀古拉丁與希臘文作品——這些產物出自高度發展又有文化的社會。

梭羅主張，既然上帝存在於每個人身上，所以眾人一定是平等的。因此，某次他在康科德的時候，曾經因為拒付稅金被捕入獄，而他不願繳稅的原因是他認為這是在資助一個支持奴隸制的國家。雖然他只被關了一天，這次坐牢經歷還是讓他寫出《公民不服從》（Civil Disobedience，1849年）這篇論文，主張人民應該以個人為出發點思考道德價值，而不是順服公民社會的立場。

1847年9月6日，梭羅準時回歸文明社會，似乎無意延長這次實驗。之後他花了七年時間整理對這次湖畔隱居的想法。《湖濱散記》（Walden）最終於1854年出版，書中激進的思想廣獲好評，然而叫好不叫座，在梭羅生前沒有加印過。

梭羅死後，針對這本書的負評連累了他的聲譽，直到十九世紀末，他的思想才重獲審視。1930年代出版了一本新的梭羅傳記，讓新世代得以認識他的政治思想，他的個人主義哲學也啟發了甘地、馬丁‧路德‧金恩博士等民權領袖。雖然《湖濱散記》源於梭羅的宗教信仰，不過在1960年代，隨著嬉皮運動的興起和環保意識的提升，這本書又對另一群讀者發揮了影響力。

環保、宗教、政治、哲學——《湖濱散記》是一部複雜又情感洋溢的作品，不只超越它問世的那個時代，也繼續在每個新世代裡引發各種層次的共鳴。

包法利夫人
Madame Bovary

古斯塔夫・福樓拜

● 西元1857年

福樓拜的小說處女作也是他的個人代表作，如今公認是文學寫實主義的第一部小說傑作，開創了現代小說先河。然而在1857年，這本書卻被控妨礙風化，害福樓拜被告上法院。

　　浪漫主義是十九世紀上半葉的主流，這股藝術風潮跟現實幾乎毫無關聯，著重於強烈情感、個人理想主義以及想像出來的失落烏托邦──美好的過去與未經破壞的自然，而非不完美的現況與在工業時代蔓延的醜陋情狀。

　　古斯塔夫・福樓拜（Gustave Flaubert，1821-80年）開闢了一條全然不同的路徑。《包法利夫人》（*Madame Bovary*）的時空設定幾乎完全與福樓拜所生的時代吻合，始於1820年代，終於1840年代。雖然小說的背景位於法國鄉村與小鎮，人物卻出身中產階級，也就是一個乏味的法國社會與商人階層，在1789年法國大革命之後才興起。他們過著庸碌又缺乏想像力的生活，卻為此志得意滿。福樓拜在《包法利夫人》出版的十年前曾寫道：「想要過得幸福，愚蠢、自私與健康是三項不可或缺的特質；然而一個人要是不愚蠢，擁有其他兩項也枉然。」

　　唯一的例外就是艾瑪（Emma），也就是包法利夫人。浪漫小說灌輸了她滿腦子不可能實現的理想。現實生活令她厭倦，為了逃避，她開始一連串的外遇，過著超乎她所能負擔的奢華生活，為她和她在鄉下行醫的丈夫欠下大筆債務。等情人拋棄了她，債主也找上門來，現實向她排山倒海而來。此時包法利夫人又轉為尋求另一次逃避：吞藥自殺。不過就連這個舉動也不如表面看來那麼浪漫，她最後在痛苦中緩慢地死去。

　　這是一個令人心驚的悲劇故事，不過它之所以會成為世界名著，是因為福樓拜所用的語言。他描寫出他所處的世界裡種種奇特與平庸之處，下筆精準且極為用心。不過更重要的是，他的文字反映出故事場景的步調與情感。例如：他描寫艾瑪厭倦的心情時，用的是節奏緩慢的句子；描寫艾瑪偷情做愛時，用的又是一連串活潑的音節。《蘿莉塔》（*Lolita*）的作者弗拉基米爾・納博科夫（Vladimir Nabokov）曾就《包法利夫人》評道：「雖然這是散文，卻做到了詩詞該做的事。」

　　這部小說最初是在1856年秋天以連載方式刊登於《巴黎雜誌》（*La Revue de Paris*）。福樓拜比他人更露骨而激情地描寫艾瑪外遇的性行為，在法國首都引起群情嘩然。1857年1月，福樓拜與雜誌發行人因為妨礙風化遭到起訴。然而，公開曝光永遠有益而無害。等到兩人雙雙獲判無罪、《包法利夫人》在同年4月集結成書出版，銷量立刻一飛衝天。

　　從此以後，《包法利夫人》便公認是小說演進史上的一個里程碑，對整個二十世紀的作家都帶來深遠影響。據說福樓拜為了書裡每個字都絞盡腦汁，有時要花上一個星期才寫得出一頁。若真是如此，成果確實值得。從亨利・詹姆斯（Henry James）和馬塞爾・普魯斯特（Marcel Proust），到米蘭・昆德拉（Milan Kundera）和朱利安・拔恩斯（Julian Barnes），眾小說家一致推崇《包法利夫人》是一部結構完美的文學巨著。

RIGHT ▶ 1856年，《包法利夫人》在《巴黎雜誌》上連載時，福樓拜被控以猥褻罪；這部小說在隔年集結成書，分上下兩冊的平裝本出版。

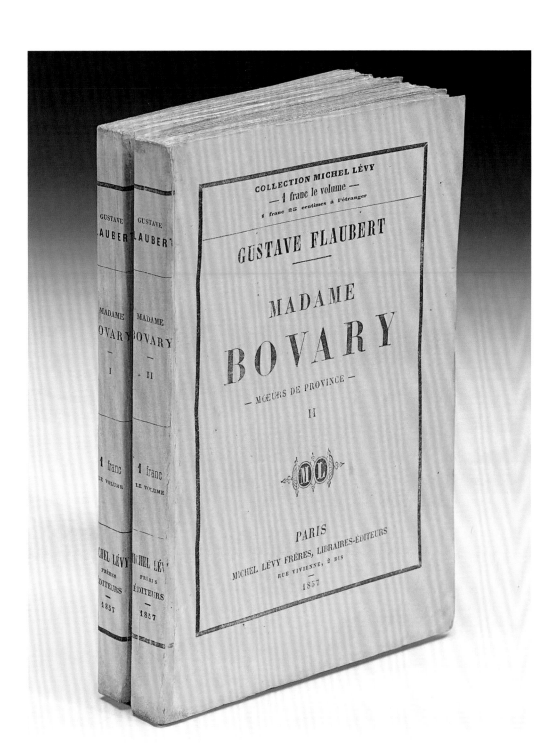

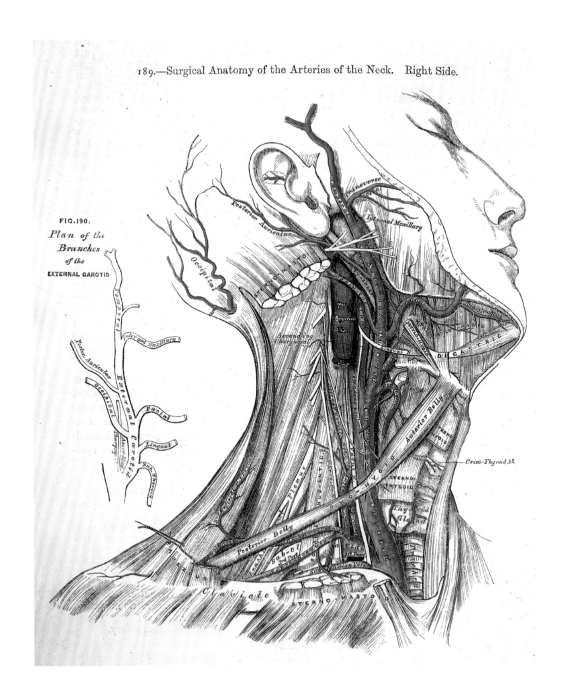

189.—Surgical Anatomy of the Arteries of the Neck.   Right Side.

FIG.190.

Plan of the
Branches
of the
EXTERNAL CAROTID

ABOVE ▲ 1858年，本書的初版《敘述與外科解剖學》（Anatomy, Descriptive and Surgical）問世，當時只有黑白插圖。內容由亨利‧格雷撰文，亨利‧凡戴克‧卡特繪圖，解剖則是兩人共同進行。自1887年的第十一版起，開始加入彩色圖片。

114

格雷氏解剖學

Gray's Anatomy

● 西元1858年

在維多利亞時代中期的倫敦，兩位年輕有為的醫院員工決定攜手合作，製作一本附圖解的人體解剖學習手冊；他們分別是生於上流階級的解剖學講師，和出身平凡的外科學生。然而這項工作很「血腥」，為此他們得解剖無數窮人的屍體，對表皮下的一切詳加記錄。

亨利・格雷（Henry Gray，1827-61年）與亨利・凡戴克・卡特（Henry Vandyke Carter，1831-97年）決定攜手合作、為醫學院學生製作解剖學教科書時，兩人都在倫敦聖喬治醫院工作，也都是二十幾歲的年輕人。格雷是出身名門的解剖學家、外科醫師與皇家學會會員；卡特比較年輕，除了是醫學院學生，也是頗具天分的藝術家，家世較為平凡。

即便沒有冷藏設備、攝影器材與其他有利條件，為了進行詳盡的解剖學研究，他們仍必須穩定取得剛死亡不久的屍體。他們使用的是那些死在慈善機構裡，或是在倫敦過世且身後沒有任何下葬經費的窮人。

在其他醫師與醫學生的嚴密監督下，這對搭檔為這個計畫合作了十八個月。在他們以解剖刀與手術鉗層層揭露人體內部的同時，卡特也在一旁畫下素描，輔助格雷的筆記：

出現在上方、下方或凹陷處，表面平滑，或從組織中穿越、從中往上長出，或沿之生長，同時分別出斜方肌、鎖骨、胸骨、舌骨、胸骨甲狀肌……蹠骨與跗骨關節的斜肌部分。均可見這六片滑膜。

格雷的文字示範了何謂清晰易懂；卡特的素描則精準得出奇，他繼承了文藝復興時期解剖學家安德烈・維薩里（Andreas Vesalius）的傳統風格，又像工程藍圖般準確，有如一張精密的人體地圖。他們向醫學生與醫師提供了一本精準又實用的人體指南，在圖文完美搭配之下，對每個部分都加以呈現與解說。

這本《敘述與外科解剖學》（Anatomy, Descriptive and Surgical）於1858年問世，由格雷的文字搭配卡特的木刻版畫，後來以《格雷氏解剖學》（Gray's Anatomy）之名廣為人知。當時正逢醫學史上的黃金年代，再加上印刷術的新進展，使得這樣一本書籍突然間得以問世。負責製作木版的巴特沃斯與希斯（Butterworth and Heath）工坊，表現也極為傑出。

本書獲得了如潮好評。《英國醫學期刊》（The British Medical Journal）稱許它「遠優於其他的解剖專書」，並且對插圖讚嘆不已：「書中的木刻版畫……極為出色，如此清晰的大幅圖解，令人對內容所示毫無疑義」。有醫學背景的讀者常讚美這本書以清晰易懂的形式呈現出必要的實用資訊。書中細膩的素描是解剖新鮮屍體所得來的，文字也很好閱讀。

本書初版的兩千本迅速售罄，更多加印版與新版陸續問世。最新的第四十一版在2015年9月出版，書名是《格雷氏解剖學：臨床醫學解剖基礎》（Gray's Anatomy: The Anatomical Basis of Clinical Practice）。根據出版商的資料，這本書的篇幅將近一千六百頁，附有一百零八頁索引，厚約六點五公分。書中的兩千幅彩色插圖反映出尖端數位技術的最新進展，涵蓋了透過攝影、X光、斷層掃描、磁共振與超音波等新技術得到的診斷與臨床影像。出版商也在網路上推出輔助內容，包含解剖影片與附贈的影像庫。

《格雷氏解剖學》是有史以來最廣獲採用的醫學文本，對一般的醫學書籍讀者來說也是標準參考書。雖然這本書家喻戶曉，格雷卻在三十四歲那年死於天花，無緣活到能真正享受個人成功的那一天。

物種起源

On the Origin of Species

查爾斯‧達爾文

● 西元1859年

英國一位傑出的博物學、地質學與生物學家踏上一趟漫長的科學巡航之旅，並且在數十年後向世人公開他的演化生物學新理論。直至今日，許多歷史學家仍一致認為它是史上最重要的學術著作——「那本改變了一切的書」。

查爾斯‧達爾文（Charles Darwin，1809-82年）曾經擔任英國皇家海軍小獵犬號（HMS Beagle）的隨艦博物學家，進行了一次長達五年的探索之旅，前往遙遠的加拉巴哥（Galápagos）——這個群島位於厄瓜多外海約一百公里處，由幾個貧瘠又狹小的火山島嶼組成。西班牙探險家是以棲息在島上的巨大陸龜為這個群島命名，而且其中每個島嶼似乎都有特有的鳥龜種類。達爾文在那裡發現了一些形似巨大犰狳的生物化石，後來又將島上現代物種的地理分布加以記錄，希望能找到這些物種「起源的中心」。從他這次遠征的筆記本看得出來，他開始思索「一個物種確實會演變成另一物種」的可能性；他在其中一頁畫下某種系譜樹的草圖，顯示物種的外型如何逐漸演化——這張草圖後來成為科學史上最著名的圖像。

他以科學實驗的手法仔細研究加拉巴哥群島的鳥類，並且觀察道：「這真令人不禁這麼想，這群島上原生的鳥種應該很少，是有某一種鳥類演變成了不同的型態。」他開始猜想，這些不同的鳥類可能是為了要在各個小島上求生，所以變化成一系列特別適應各自生態區位的樣貌。

他在1837年返國後，繼續彙整他的發現。到了1838年12月，他已經推導出理論雛形，領悟到生物族群是透過一種他稱為「天擇」的過程在逐代演化。後來他總結道：「這些事證看在我眼裡，有如為物種的起源帶來一線光明——正如同某位大哲學家所言，這是奧祕中的奧祕。」

然而，一直要等到1858年6月，他與亞爾佛德‧羅素‧華萊士（Alfred Russel Wallace）共同向倫敦林奈學會遞交一篇論文後，達爾文才開始公布他的發現。1859年11月24日，知名書商約翰‧莫瑞出版了達爾文的《物種起源：天擇，抑或自生存競爭中留存的優勢族類》（*On the Origin of Species by Means of Natural Selection, or the Preservation of Favoured Races in the Struggle for Life*），目標讀者是普羅大眾。不過這本書馬上在科學界內外都引發強烈關注。

達爾文的天擇演化論、他用來解釋由共同祖先分支的後代與環境適應的樹狀圖，以及從一到多的種化（speciation）假說，都成為演化生物學的奠基文獻，是集現代生命科學各種概念於大成之作。他的理論為現存生物的多樣性以及牠們對環境的適應方式提出解釋，也說明了物種如何演化，同時為其他科學問題提供洞見，讓世界上的地質紀錄與許多其他謎題有了解答。

達爾文的理論在宗教界與科學界引發強烈爭議，一方面也是因為它挑戰了當時主流的聖經權威說法：神創論與災變論。他假設人類與其他物種有共同祖先、人類是演化來的而非獨立受造，這個說法至今仍有宗教人士反對。維多利亞時代的博學家法蘭西斯‧高爾頓爵士（Sir Francis Galton）在1908年評道：「本書引發的效應之強，有如一筆便勾銷了重重教條障礙，激發叛逆的心靈對抗一切古老的權威；這些權威所堅信卻又未經驗證的聲明，正在被當代科學推翻。」

在今日的許多調查中，《物種起源》仍不斷獲選為史上最具影響力的書籍。

RIGHT ▶ 本書初版的書名頁（上圖）以及書中唯一一幅插圖（下圖），也就是達爾文所說的「宏偉的生命之樹……不斷分支且每條支幹均美麗無比。」

George Morley

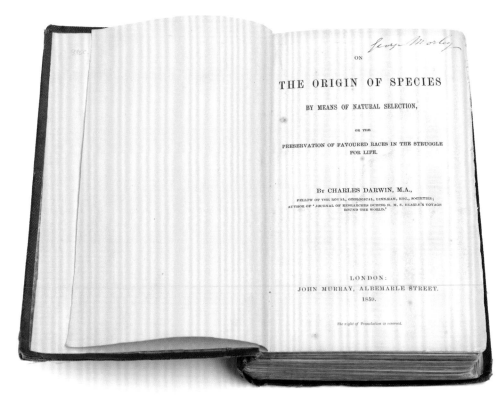

ON

THE ORIGIN OF SPECIES

BY MEANS OF NATURAL SELECTION,

OR THE

PRESERVATION OF FAVOURED RACES IN THE STRUGGLE
FOR LIFE.

By CHARLES DARWIN, M.A.,

FELLOW OF THE ROYAL, GEOLOGICAL, LINNÆAN, ETC., SOCIETIES;
AUTHOR OF 'JOURNAL OF RESEARCHES DURING H. M. S. BEAGLE'S VOYAGE
ROUND THE WORLD.'

LONDON:
JOHN MURRAY, ALBEMARLE STREET.
1859.

The right of Translation is reserved.

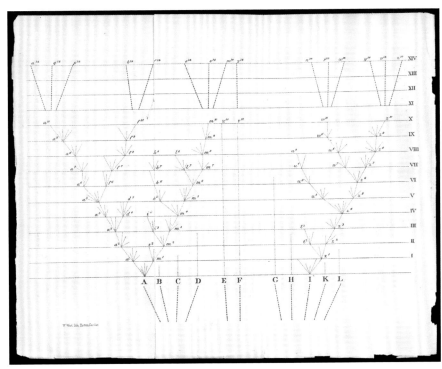

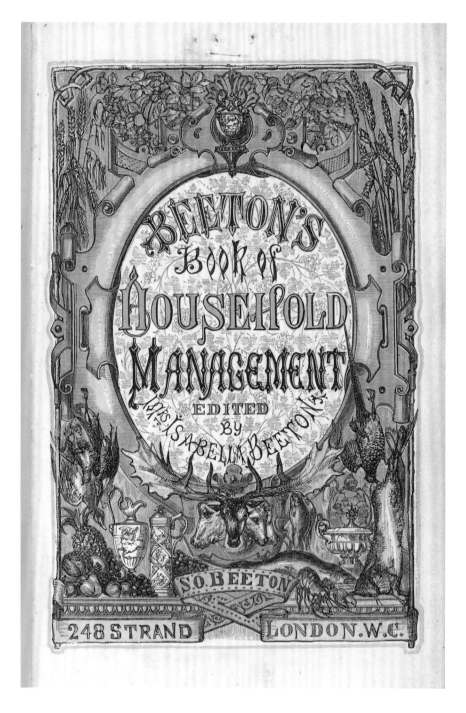

ABOVE AND RIGHT ▲ ▶ 色彩繽紛的書名頁（上圖）與一幅內頁插畫「果凍、鮮奶油與甜點」（右頁圖）。本書冗長的副標題忠實反映出十九世紀的社會樣貌：「涵蓋眾人所需豐富資訊，主婦、管家、廚師、廚房女傭、僕役長、男僕、車伕、貼身男僕、各級女僕、女侍、雜務女僕、洗衣女僕、月婆、奶媽、看護等，應有盡有」。

比頓夫人家務管理書

Mrs. Beeton's Book of Household Management

● 西元1861年

這本書是如此暢銷，使得作者伊莎貝拉・比頓成為優秀家管的代名詞。雖然她沒什麼烹飪與打掃的親身經驗，不過她為中產階級家庭所寫的指南，在她去世時已售出超過兩百萬冊。本書自問市以來從未斷版。

1852年，年輕進取的出版商山繆・比頓（Samuel Beeton）推出了《英格蘭女性居家誌》（*The Englishwoman's Domestic Magazine*），而這份新月刊的目標讀者是中產家庭的女主人。在工業革命與鐵路時代，中產階級興起的態勢非常可觀。新生的財富與日漸頻繁的遷徙，意味著許多女性不再跟著母親學習操持家務，同時她們婚後也住得太遠，無法即時向母親求取忠告。

比頓這本雜誌的內容涵蓋小說、時尚情報與家務建議，旨在改善女性的家居生活，因為當時有些女性只能持家，出外工作或社交會被視為有失體面。1856年，比頓雜誌的烹飪專欄作者離職，隔年比頓就請年輕的新婚妻子伊莎貝拉為他撰文。比頓夫人（Mrs. Beeton，1836-65年）起初是為雜誌翻譯法文短篇小說，後來很快就被比頓說服，接下烹飪專欄。從她為雜誌撰寫的第一份食譜看得出來，她沒什麼烹飪經驗：一份海綿蛋糕的食譜，她竟然忘了提到要用蛋，也沒說明麵粉的份量。

然而她堅持下去，或邀請讀者貢獻食譜，或抄錄既有烹飪書籍的內容。根據她妹妹亨利葉塔（Henrietta）的說法，伊莎貝拉親自試做過所有食譜，所以烹飪技巧一定進步了。在1858年那個寒冬的聖誕節期，比頓夫人還經常煮湯分發給窮人。

伊莎貝拉的烹飪專欄變得大受歡迎，於是山繆在1859年為這份雜誌推出附加版，總共二十四集，名為《比頓夫人家務管理書》（*Beeton's Book of Household Management*），內容不只有食譜，也涵蓋許多實用主題，例如社交禮節、急救與僕人職責分配等。1861年，比頓出版社首次將這個系列集結成單書出版，結果立即成為暢銷書，光是第一年就賣出六萬本。

雖然現在不時有人指控比頓夫人抄襲，她的書在當時仍是寶貴的家務忠告集錦。比頓夫人勤於修訂與擴充這本家務管理書的內容，涵蓋了越來越廣泛的家政領域，從法律問題到節省家用的祕訣都有。比頓夫人在本書出版四年後死於產褥熱，不過那時她已經樹立起強大的品牌形象，以至於後續版本暗示她仍然在世且繼續撰文。到了1907年，這本書的篇幅已膨脹到超過兩千頁，成為英國每個中產家庭必備的書籍。

這本書會成功，主要是因為食譜，而比頓夫人呈現食譜的方式尤其關鍵。她首開先例，將食材獨立列表，還為烹飪的各個步驟註明所需時間。因為她的資料來源五花八門，所以她建立起一套標準格式，讓每一份食譜都簡單好用。

比頓夫人是家事女神的祖師娘，長久以來都是英國家喻戶曉的人物。她這本無所不包的家務書，讓人得以一窺維多利亞時代中產階級的家庭生活，而且至今從未絕版。

JELLIES, CREAMS and SWEET DISHES.

悲慘世界
Les Misérables

維克多‧雨果

● 西元1862年

維克多‧雨果這個悲劇故事探討憐憫與救贖，是一部壯闊如歌劇的浪漫主義小說，也難怪改編成音樂劇如此成功。書中情感豐沛的場面與細膩的歷史背景，使得全書高潮迭起、扣人心弦。

維克多‧雨果（Victor Hugo，1802-85年）過世時，赴巴黎參加他國葬的人數超過了全市人口。不論是作為政治思想家或作家，他都極獲敬重，也曾協助法國建立了第三共和體制。在今天的法國，雨果的詩詞、劇本與小說都深植人心，而出了國境後，他最為人所知的作品是《鐘樓怪人》（The Hunchback of Notre-Dame）與《悲慘世界》（Les Misérables）。

《鐘樓怪人》講的是中世紀巴黎的故事，《悲慘世界》的場景則設定在雨果童年時代的法國，故事在1832年的巴黎共和黨人暴動中達到高潮。在這個貧窮暴亂的時空背景裡，雨果的故事主角是尚萬強（Jean Valjean），一名出身卑微、逃避司法制裁的小偷。因為警長賈維爾（Javert）棄而不捨的追捕，尚萬強總處於再度被捕入獄的風險中。

尚萬強曾經偷竊教堂的銀器，卻得到悲憫為懷的主教寬恕，於是尚萬強從此立志改邪歸正、過新的人生。他取了一個假名，後來成為成功的商人。他很同情芳婷（Fantine），一位被他旗下工廠解雇、貧窮潦倒的單親媽媽，並且在芳婷死後成為她女兒珂賽特（Cosette）的監護人。

尚萬強與賈維爾一再狹路相逢，不論是為了自身利益或職責，他們的道德信念也不斷衝突。最終，兩人都忠於自我，也在不同的場合寬容了對方。不過賈維爾實在難以承受這些矛盾，最後自殺身亡。尚萬強則是被迫揭露自己曾被判罪入獄的真實身分，因此觸怒了珂賽特的新婚丈夫馬留斯（Marius）。尚萬強對珂賽特來

說有如慈父，不過馬留斯斷絕了妻子與尚萬強的往來。故事終了時，尚萬強在彌留之際與這對年輕夫妻重新和好。

在雨果這部作品中，隱瞞的身分是不斷再現的主題。尚萬強與其他人物經常要使用假名以隱藏過去。曾經收養珂賽特的泰納第（Thénardiers）一家人在移居巴黎展開新生活時用了新的姓氏；賈維爾為保皇黨潛入共和黨人碉堡擔任間諜時，也埋名隱姓。不過在小說裡，這些偽裝最後都失敗了。

正直的行為反而會得到好報。小說中曾有一個人被誤認為尚萬強而被逮捕，而真正的尚萬強在此時揭露自己的身分，以免害人蒙冤。尚萬強把間諜身分曝光的賈維爾從行刑槍隊的槍口下救出來，賈維爾也因此在後來有機會逮捕尚萬強時放了他。《悲慘世界》是具有高度道德情懷的故事，其中最獲推崇的美德是同情，書中人物總是因為同情而得到救贖。這部作品也是浪漫主義文學的里程碑。

《悲慘世界》於1862年出版時，雨果已經是知名作家。書中某些人物彰顯出的政治立場、濫情、敗德與貧困處境受到輿論抨擊，天主教會也立刻將本書列為禁書。不過民眾卻愛極了這本書。法文原著出版兩個月後，第一個英文版就在紐約發行；美國版問世四個月後，英國版也上市了，兩個版本都很暢銷。雨果曾十分擔心本書的銷售狀況，於是發了一封電報給他的倫敦出版商，內容只有一個：「？」出版商的電報回覆則是：「！」

LES MISÉRABLES

PAR

VICTOR HUGO.

PREMIÈRE PARTIE. — FANTINE.

TOME PREMIER.

EDITION AUTORISÉE PAR L'AUTEUR.

BRUXELLES
A. LACROIX, VERBOECKHOVEN & Cⁱᵉ

LEIPZIG
E. F. STEINACKER.

1862.

ABOVE ▲ 艾米爾·貝亞（Émile Bayard）的插圖「珂賽特掃街」
（上圖），出自《悲慘世界》小說初版，至今仍被用來宣傳改編
電影、電視影集與舞台劇。

LEFT ◀ 初版的書名頁。

Le rêve d'Axel. (Page 154.)

— Aveugle !

— Non-seulement aveugle, mais l'organe de la vue lui manque absolument. »

Je regarde. Rien n'est plus vrai. Mais ce peut être un cas particulier. La ligne est donc amorcée de nouveau et rejetée à la mer. Cet océan, à coup sûr, est fort poissonneux, car, en deux heures, nous prenons une grande quantité de Pterychtis, ainsi que des poissons appartenant à une famille également éteinte, les Dipterides, mais dont mon oncle ne peut reconnaître le genre. Tous sont dépourvus de l'organe de la vue. Cette pêche inespérée renouvelle avantageusement nos provisions.

20

ABOVE AND RIGHT ▲ ▶ 本書初版附有愛德華・利烏（Édouard Riou）精細的插畫，幫助讀者想像書中史前動植物的模樣。

地心歷險記

Journey to the Centre of the Earth

儒勒‧凡爾納

● 西元1864年

這本精彩的小說出自科幻小說始祖的手筆，而且人氣自出版後便不斷攀升。儒勒‧凡爾納的地底冒險之旅是根據當時最先進的科學發現所發想而來。

　　儒勒‧凡爾納（Jules Verne，1828-1905年）常遭英美文壇貶為類型小說作家、二流電影的靈感來源，不過他在歐洲的文學地位就比較崇高了。他的作品廣獲翻譯，全世界只有阿嘉莎‧克莉絲蒂（Agatha Christie）的外文譯本數量勝過他。

　　凡爾納生於法國的河港城市南特（Nantes）。他的母親出身水手與造船廠家庭，這或許是凡爾納醉心於地理學與探險的原因。在他所生的時代，科學發現層出不窮，也有眾多探險家遠征世界上最偏遠的角落。

　　凡爾納從1863年開始以《非凡之旅》（法文：*Voyages Extraordinaires*；英文：*Extraordinary Voyages*）為題創作了一系列書籍，涵蓋虛構與非虛構內容。人類對這個星球的科學認知是如此快速進展，凡爾納為此驚嘆不已，創作這系列作品的初衷就是為了與讀者分享這種心情。雖然凡爾納沒有科學訓練背景，不過他在檢驗事實時非常小心謹慎。據說他每天會讀十五份報紙，而他對科學理論的熟悉也成為想像力的來源。他在生前寫了五十四本《非凡之旅》，他的兒子米榭（Michel）在他過世後接手這個系列，又寫了八本。

　　凡爾納為頭兩次非凡之旅想像出利用船與熱氣球來進行，探索地點是北極與非洲中部的處女地。在系列第三集的《地心歷險記》（*Journey to the Centre of the Earth*）裡，他首度採用科幻小說的筆法。整個地底世界都是他想像出來的，而且他不光是描述那裡可能的地理

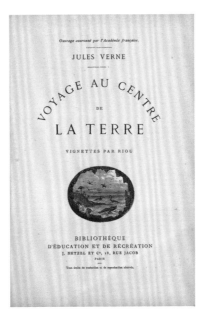

特徵，他的描述完全符合最新的地理學理論，例如：棲息其中的就是在當時透過化石為人所知的史前動物。

　　小說主角是一名德國科學家和他不愛冒險的年輕姪子。他們解讀了一封古老的密碼信，後來決定根據信件內容進行一次探險之旅。凡爾納選擇這兩名角色，讓他能藉著對話由伯父向姪子（以及讀者）解釋科學理論，而在此同時，這兩人也對四周的奇異與恐怖景象驚嘆不已。

　　《地心歷險記》也曾因政治因素被大幅修改過。例如：在1871年普法戰爭後出版的英文版裡，主要人物就被重新冠以比較不像德國人的姓名，部分有反英思想和過度學術的片段也被刪除了。

　　凡爾納並非第一個著墨地底情景的作者，在十四世紀時，但丁就在《神曲》的〈地獄篇〉裡描寫過地獄。不過凡爾納是第一個以符合科學事實的方式來寫這個主題的人。雖然他寫景所根據的許多科學理論後來又被新發現推翻了，不過在今日讀來，他的地底探險之旅還是趣味十足。凡爾納令人動容的熱情啟發了一個全新的文學類型——蒸氣龐克（steampunk），內容通常是設定在十九世紀的探險之旅，但其中所應用的科學與時代並不相符。許多人都認為，凡爾納是現代科幻小說的始祖。

愛麗絲夢遊仙境

Alice's Adventures in Wonderland

路易斯·卡洛爾

● 西元1865年

路易斯·卡洛爾（Lewis Carroll）是筆名，背後的真實作者是一位特立獨行的英格蘭數學家與教堂執事。他為了一名十歲的小女孩創作出一則奇異的幻想故事，成為維多利亞時代的兒童文學中最受歡迎的作品之一，也引起諸多故事內容猥褻的揣測與迷幻的誇大詮釋。

查爾斯·陸特維吉·道格森（Charles Lutwidge Dodgson，1832-98年）是一個隱居避世的人，有口吃的毛病，但還是在牛津大學講授數學。他也是虔誠的英國國教教會執事，終身未婚。他與許多小女孩結成好友，會幫其中一些人拍攝照片、與她們一起進行小旅行。

1862年7月4日，道格森與好友羅賓森·德克沃斯牧師（Reverend Robinson Duckworth）在艾希斯河（Isis，泰晤士河的別稱）划船出遊，同行的還有牛津大學校長暨基督學院院長亨利·黎寶（Henry Liddell）的三個年幼女兒，分別是十三歲的洛莉娜（Lorina）、十歲的愛麗絲（Alice）與八歲的艾迪絲（Edith）。道格森在途中向這群小女孩講了一個他發明的幻想故事，故事主角也是一個他想像出來的女孩，名叫愛麗絲。女孩們都非常喜歡這個故事，結果真正的愛麗絲央求他把故事寫下來，好讓她能繼續回味。一個月後，道格森又帶著三個女孩去郊遊，並且把這個故事繼續講下去。他也把故事寫下來，並且在手稿裡穿插一些插圖。1864年11月，他把手稿裝釘起來送給愛麗絲，不過黎寶家後來疏遠了他，所以他把故事拿給其他孩子看，想知道他們有何感想。

結果這份手稿大受孩子歡迎，於是他雇用了一名專業插畫家約翰·譚尼爾（John Tenniel）與他合作擴充篇幅，最後故事長度增加一倍，達到兩萬七千五百字，還加入了柴郡貓與瘋帽匠茶會的新情節。

這本書以《愛麗絲夢遊仙境》（*Alice's Adventures in Wonderland*）為題在1865年出版，獲得熱烈回響，使得卡洛爾又在1871年出版了續集《鏡中奇緣》（*Through the Looking-Glass, and What Alice Found There*）。

《愛麗絲夢遊仙境》雖然是為兒童所寫，對成年人也不乏吸引力。故事主角是一個名叫愛麗絲的女孩，她在掉進兔子洞以後，進入了一個充滿古怪生物的奇幻世界。故事裡滿是迷人的擬人化角色、荒誕的情景與令人難忘的佳句，後來常被人掛在嘴邊，例如：「砍下他的頭！（Off with their heads!）」、「這可愈來愈古古怪怪了！（Curiouser and curiouser![1]）」「回到昨天也沒有用了，因為我已經變了一個人。」

愛麗絲尾隨一隻穿了背心、帶著懷表的白兔先生進入奇幻世界。她喝下瓶中靈藥，害自己整個人縮小，直到後來吃下讓她睡著的蛋糕才恢復原貌。她遇見了老鼠與貓，以及抽著水煙的藍色毛毛蟲。其他人物還有三月兔、瘋帽匠與睡鼠，以及紅心國王與紅心皇后。

《愛麗絲夢遊仙境》已經譯成至少一百七十四種語言，光是英文版就有超過一百種，也改編成無數的戲劇與電影。對於書中的種種象徵，評論有諸多爭議，敘事者是否吸食鴉片或服用迷幻蘑菇也引人猜疑。至於卡洛爾的傳記作者則不時會以一些關於作者的猥褻細節來挑逗讀者的好奇心。然而，這本書作為兒童文學經典的地位始終不墜。

---

1. 此句並不符合英文比較級之用法，作者在故事中解釋：愛麗絲太過驚訝，以至於話都說不好了。

At this the whole pack rose up into the air,
and came flying down upon her ; she gave a

ABOVE AND LEFT ▲ ◄ 雖然出版日期註明為1866
年,不過《愛麗絲夢遊仙境》首個正式版本在1865
年11月就上市了,1865年7月也曾經推出過另一個版
本,後來卻回收下市。約翰・譚尼爾是塑造出愛麗絲
樣貌的插畫家,不過他對初版裡的畫作複印成果並不
滿意,於是把整批成品捐給兒童醫院與兒童慈善機
構。

ПРЕСТУПЛЕНІЕ

и

НАКАЗАНІЕ

РОМАНЪ

ВЪ ШЕСТИ ЧАСТЯХЪ СЪ ЭПИЛОГОМЪ

О. М. ДОСТОЕВСКАГО

ИЗДАНІЕ ИСПРАВЛЕННОЕ

ТОМЪ I

ПЕТЕРБУРГЪ
Изданіе А. Базунова, Э. Праца и Я. Вейденштрауха.
1867.

ABOVE ▲ 《罪與罰》最初發表於文學雜誌《俄國導報》，在1866年間按月連載。這是1867年首次集結成書出版的書名頁。

RIGHT ▶ 美國遺緒出版社（Heritage Press）於1938年推出的英文版，附有弗里茲・艾辛貝（Fritz Eichenberg）的木刻版畫插圖。

罪與罰
Crime and Punishment

杜斯妥也夫斯基
● 西元1867年

杜斯妥也夫斯基曾經坐過牢，親身體驗過貧窮、犯罪與懲罰的傷痛經歷，讓他寫出這則經典故事，主軸是一名備受折磨的殺人犯與他贖罪的過程。這部令人難以忘懷的小說讓杜斯妥也夫斯基晉身俄羅斯一級作家之列，也影響了現代文學的發展。

費奧多爾‧米哈伊洛維奇‧杜斯妥也夫斯基（Fyodor Mikhailovich Dostoyevsky，1821–81年）曾經因為在參加文學團體時討論批評俄國沙皇制的禁書而獲罪，被判處死刑，又在最後一刻獲得減刑，只進行了象徵性的行刑。之後他在西伯利亞的監獄做了四年苦役，隨後被迫在西伯利亞服了六年軍役。

杜斯妥也夫斯基在1849年被逮捕時，已經出版過一本小說《窮人》（Poor Folk），後來的牢獄之災所造成的創傷，在他心裡留下深刻印記。這些經驗可能導致他的癲癇問題，以及他終生對宗教與心理學的投入——這在他的文學作品中表露無遺。他在1854年獲釋後重拾寫作，並且在1861年出版《死屋手記》（The House of the Dead），講述他坐牢服刑的經歷。

杜斯妥也夫斯基之所以會有創作《罪與罰》的念頭，似乎是出於經濟上的窘迫；他因為長期沉迷於賭博，積欠了大量債務，此外他也想扶助已故兄長的家庭。他最初把這部作品以中短篇小說的形式投給極富盛名的文學雜誌《俄國導報》（The Russian Messenger），內容講述一位年輕人向自己「『未完成』又縈繞不去的詭異想法」屈服，導致人生的劇變。杜斯妥也夫斯基有女友為他擔任打字員之後，開始狂熱地口授這個故事。《罪與罰》在1866年1月到12月間以連載形式刊出，隔年集結成書出版。

《罪與罰》的主角羅迪恩‧拉斯柯尼科夫（Rodion Raskolnikov）曾經是聖彼得堡的學生，家境貧困。他謀殺了一名可憎的當鋪老闆以竊占她的錢財來行俠仗義，並告訴自己這是為了更高尚的目的。但他後來因為良心不安，再加上醒悟到自己做錯了事，導致自己成為嫌犯，最終遭到逮捕。杜斯妥也夫斯基在呈現拉斯柯尼科夫的內心煎熬時，描寫了他彷彿有深刻象徵意涵的夢境。這本書也處處可見杜斯妥也夫斯基的思想陳述，例如：「依照自己的意思而做錯事，勝於依照別人的意思去做正確的事⋯⋯夜色愈是黑暗，星光就愈顯燦爛；人愈是悲痛，就愈是親近上帝！」以及「再多的猜疑也無法成為真憑實據。」

正如同一位俄國評論家所言：「他是我們的一分子，擁有與我們相同的血液與骨頭，卻又經歷過苦難，所見比我們更為透徹。他的洞見對我們來說充滿智慧。」

法蘭茲‧卡夫卡（Franz Kafka）稱杜斯妥也夫斯基是他的「血親」，詹姆斯‧喬伊斯（James Joyce）也很推崇杜斯妥也夫斯基：「他催生現代文學的功勞不但比別人更大，也讓現代文學達到如今的高峰」。佛洛伊德與愛因斯坦都承認自己的作品受到杜斯妥也夫斯基影響。《罪與罰》至今仍是史上最暢銷的小說之一，並且有超過二十五部改編電影。

資本論

Das Kapital

卡爾・馬克思

● 西元1867年

一位德國政治經濟學家對「資本主義」所做的全面抨擊，在文學論述與經濟理論領域都成為扛鼎巨著。這本書提出一套條理分明的新模式，幫助人們了解工業社會剝削式的經濟體系。馬克思在本書問世後的百年間所造成的巨大影響，沒有任何思想家能出其右。

　　卡爾・馬克思（Karl Marx，1818–83年）在1867年以前已經擔任了多年記者，為德國、英國報紙與美國著名報人霍勒斯・葛理立（Horace Greeley）創辦的《紐約論壇報》（New-York Tribune）撰文。他與同是德國人的好友斐特烈・恩格斯（Friedrich Engels）為號召改革而共同發表的《共產黨宣言》（The Communist Manifesto）在當時還沒有英譯版，所以許多馬克思的讀者並不了解他對既有社會架構厭惡到什麼程度。專職作家的歷練讓他對世界大事有了深入了解，也增強了他的說服力，更造就了他銳利的政治分析。

　　後來他開始了創作個人代表作的計畫，預計分為數冊出版，內容反映出他畢生的文學造詣，從他大量引用荷馬、柏拉圖、但丁、賽萬提斯、莎士比亞、米爾頓與其他經典名家之作就看得出來，此外他也指涉了一些當代流行的敘事歌謠與通俗劇。馬克思自視為「辯證法的詩人」。

　　馬克思曾在寫作過程中向恩格斯坦白：「不論我的作品有怎樣的缺點，它們的優點在於整體的藝術表現。」他也透露：「有超過兩個月的時間，我都只靠典當度日，這也表示債主排了隊在猛敲我的門，愈來愈令人難以忍受……人要是有一半人生都得倚賴旁人過活，實在折損靈魂。」

　　《資本論：政治社會批評》（德文：Das Kapital: Kritik der politischen Oekonomie；英文：Capital: Critique of Political Economy）的德文原著於1867年出版。馬克思說，他的目的是為現代勞工運動的政治思想提供科學基礎；他想讓世人看見，亞當・史密斯、大衛・李嘉圖（David Ricardo）與其他頂尖政治經濟學家所推崇的經濟體系，是建築在剝削勞工之上。他想為經濟學思想做出堪比達爾文對理解自然定律的貢獻。

　　馬克思點出資本主義經濟體的結構矛盾，特別是勞動力與資本之別，也就是受薪勞工與生產工具擁有者之間的階級鬥爭。他寫道：「資本是死亡的勞動力，有如吸血鬼一般，靠吸食活的勞動力的血液維生；資本吸食的勞動力愈多，活得愈好。」

　　馬克思主張，社會的經濟基礎決定了社會的結構與民眾的心理。在一個資本主義社會裡，階級鬥爭是無可避免的常態。勞工在物質層面承受的痛苦會加深，從而讓異化更為嚴重。資本主義的法則最終將導致自身的毀滅。今日看來，馬克思對於全球化與資本主義未來趨勢的觀察，似乎是驚人的先見之明。

　　馬克思生前沒能完成他規劃的全系列著作，而且直到1887年，《資本論》與恩格斯為這個系列撰寫的其他作品才有了英文版。所以馬克思永遠無法得知他的作品對世界局勢造成了多大影響。

　　《資本論》為所有後續的共產主義、經濟學與政治學打下理論基礎，為分析社會結構提供新取向。馬克思的理論也促成了俄羅斯、東歐、中國、韓國與部分拉丁美洲國家的共產政權。直至今日，這本書在世界各地的大學院校仍是指定閱讀材料，繼續做為經濟學、史料分析、社會學與政治科學的論述骨幹。

Das Kapital.

Kritik der politischen Oekonomie.

Von

Karl Marx.

Erster Band.

Buch I: Der Produktionsprocess des Kapitals.

Das Recht der Uebersetzung wird vorbehalten.

Hamburg

Verlag von Otto Meissner.

1867.

New-York: L. W. Schmidt. 24 Barclay-Street.

ABOVE ▲ 《資本論》為書名選用的字體出奇地現代。這本書後來也在二十世紀激起了俄羅斯、中國與全球許多國家的革命。

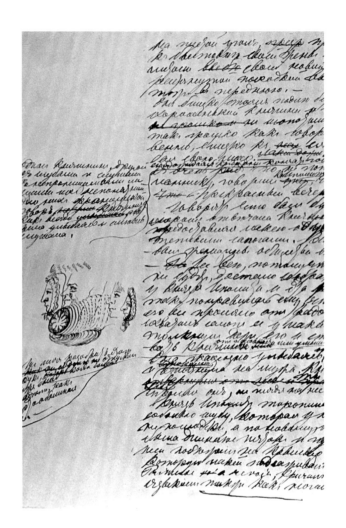

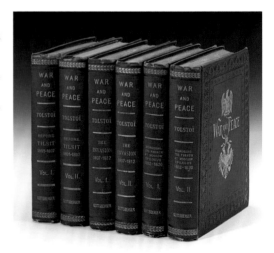

ABOVE ▲ 托爾斯泰的一頁手稿，後來再由他的妻子蘇菲亞費心抄錄彙整。

RIGHT ▶ 本書首個英譯本由克拉拉·貝爾（Clara Bell）根據法文版翻譯而成，由威廉·高慈柏傑（William S. Gottsberger）出版社於1885-1886年間分六冊發行。

戰爭與和平
War and Peace

列夫‧托爾斯泰

● 西元1869年

托爾斯泰這部史詩級俄文小說最出名的是它驚人的篇幅，不過除此之外，它還有許多特點讓它有別於之前的文學作品，也奠定了它做為世界文學史上最佳小說之一的威名。

列夫‧托爾斯泰（Count Lev Nikolayevich Tolstoy，1828-1910年，完整譯名為列夫‧尼可拉葉維奇‧托爾斯泰伯爵）出身貴族世家，長大後卻改從農，也曾在克里米亞戰爭中服役。那次參戰經歷在他心中種下晚年和平主義的種子。後來他成為道德哲學家、無政府主義者與作家，與妻子蘇菲亞‧托爾斯泰亞（Sophia Tolstaya，1844–1919年）和孩子們一起住在位於亞斯納亞—博利亞納（Yasnaya Polyana）的祖傳莊園，位於莫斯科南方一百六十公里處。

1860-1861年間，一趟法國與比利時之行扭轉了托爾斯泰的政治與文學命運。他在巴黎認識了雨果，而《悲慘世界》裡的戰鬥場景對《戰爭與和平》（*War and Peace*）產生深遠影響。在拜訪了流亡布魯塞爾的法國無政府主義者皮耶—約瑟夫‧普魯東（Pierre-Joseph Proudhon）之後，托爾斯泰的政治思想也受到啟發。托爾斯泰讀過普魯東於1861年出版的《戰爭與和平》（法文：*La Guerre et la Paix*），最終把這個書名挪用到自己的代表作上。

這本書對托爾斯泰夫妻倆來說，都是極為艱鉅的工程。托爾斯泰寫了超過七個版本的草稿，而蘇菲亞為他擔任謄寫與編輯的工作。《戰爭與和平》最初於1865-1867年間在文學雜誌《俄國導報》上連載，當時的題名是《一八〇五年》（*The Year 1805*），創作根據的是他龐大又鉅細靡遺的研究，以及參加克里米亞戰爭的親身經歷。在雜誌上刊出後，托爾斯泰繼續修改並擴充小說篇幅，等到它在1869年推出完整版時，已有將近一百萬字。

《戰爭與和平》是一部錯綜複雜的歷史小說，背景年代始於沙皇亞歷山大一世（Tsar Alexander I）在位期間，終於1813年，也就是拿破崙攻打莫斯科卻以失敗告終的那一年，屬於托爾斯泰出生前的時期。這本書敘述在戰爭與和平交錯的動盪時代裡，保爾康斯基（Bolkonsky）與羅斯托夫（Rostov）這兩個貴族家族的命運，內容揉合對真實與虛構事件的鮮明描述，佐以充滿哲思的評論。

這部作品因為內容虛實交錯又雜以思想論述，許多段落還交替使用俄文與法文，所以起初得到了一些負評。然而今日所有的頂尖作家，尤其是重要的俄文、法文與英文小說家，都盛讚《戰爭與和平》是大師傑作。

本書的法譯本於1879年推出時，福樓拜激動地宣稱：「好個藝術家，好個心理學家！」這本書更晚近的仰慕者包括海明威（Ernest Hemingway）在內，他坦承托爾斯泰教他「以最直接、誠實、客觀與赤裸的方式描寫戰爭」。南非小說家柯慈（J.M. Coetzee）稱托爾斯泰為「讓作品充滿說服力的模範大師」、是最讓人信以為真的說書人。其他作家則提到托爾斯泰筆下無數特異又令人難忘的細節描述，例如他在書中曾經描述一個落魄的男人在臨死前不斷摸弄蒙眼布的情景。

不過托爾斯泰並不認為《戰爭與和平》有這麼偉大，並且堅持這部俄羅斯文學的頂尖作品不符合小說標準。他認為《安娜‧卡列尼娜》（*Anna Karenina*）才是他第一部真正的小說。

即便有托爾斯泰自己的質疑，《戰爭與和平》仍是令人嘆為觀止的成就。這部恢弘的小說記錄了歷史的洪流與個人的切身經歷，不只改變了文學界，也忠實反映出俄國精神。

頑童歷險記

The Adventures of Huckleberry Finn

馬克・吐溫

● 西元1884年

當一位廣受歡迎的幽默作家出版了一部生動的虛構小說，內容充滿粗話與方言，主角還是兩名叛逆的青少年和一名奴隸，這可把某些衛道人士嚇得臉色發白了。不過馬克吐溫這本代表作仍是公認的美國小說傑作，書中對美國南方在內戰前的種族關係也做了經典的探討。

馬克・吐溫（Mark Twain）是山繆・朗赫恩・克萊門斯（Samuel Langhorne Clemens 1835–1910年）的筆名，也是密西西比河水手的一個術語，意指船已進入安全水域——水深達兩英噚（fathom，約三點七公尺）。他從這條「大得嚇人」的河流上所獲得的年少經歷還不止於此。數十年後，他撰寫了一部以兩名虛構人物為主角的小說。當這兩個人物與一個名叫吉姆的脫逃奴隸一同乘著竹筏、漂流在滿是泥濘的河水上，此時密西西比的聲響與氣味仍縈繞在馬克・吐溫心頭。

《頑童歷險記》（The Adventures of Huckleberry Finn）首先於1884年12月在倫敦出版，1885年2月接著在紐約出版，是《湯姆歷險記》（The Adventures of Tom Sawyer）的直接續集，由人稱「哈克」的青少年哈克貝瑞・芬恩（Huckleberry Finn）以第一人稱敘事。哈克是湯姆・索耶的死黨，後來也繼續擔任馬克・吐溫另兩部小說的敘事人：《湯姆跨洋記》（Tom Sawyer Abroad）與《湯姆偵探記》（Tom Sawyer, Detective）。

《頑童歷險記》如此開場：「你要是沒讀過一本叫做《湯姆歷險記》的書，便不會認得我這個人；不過，這也無所謂。那本書是馬克・吐溫先生寫的，內容倒也大半屬實。有些事情是被他誇大了點，但大抵說得都沒錯。」

敘事人從自身觀點出發，將一行人的遭遇娓娓道來，語氣很吻合人物設定：「我們都覺得，再怎麼說，也沒有比木筏更舒服的窩了。別的地方看起來還真是又窄又悶，但木筏就不一樣了。住在木筏上，感覺真是既自由、又輕鬆、又舒坦。」哈克也常口出妙語，例如：「全鎮上的傻瓜可不都站在我們這邊嗎？而且不論哪個鎮上，這都算是多數了吧？」

在更深層的意義上，哈克面臨的是一種道德衝突：一方是正常社會與某些反對他的大人想逼他順從的價值觀，另一方是他自己對友誼的看法以及吉姆身而為人的價值。最終，哈克跟隨自己的心聲，拒絕信仰基督教卻又蓄奴的虛偽文化。

這本書從問世至今，在美國文學裡都占有特殊地位，在深受喜愛且獲推崇為經典的同時，也總有衛道人士認為本書粗俗無禮，這可能是因為本書的語言風格很俚俗，例如大量使用「黑鬼」（nigger）這個字，不過更常見的原因，是書中的跨種族友誼對某些人來說是一種禁忌且有害的行為。

這部小說充滿了對1840年代密西西比河流域的鮮明描述，不論是形形色色的人物或是當地生活，對美國南方潮水帶（Tidewater South）僵固的傳統思想與霸權主義也做出尖刻諷刺。此外，從本書也能一窺青少年感受到的內在衝突與疏離感。

原著由坎柏（E.W. Kemble）所繪的鋼筆插畫與馬克・吐溫的文字意境非常吻合，圖文都精準呈現出主角們歡鬧的精神與高潮迭起的劇情。

1935年，海明威如此總結《頑童歷險記》的意義：「所有的現代美國文學都源於馬克・吐溫寫的《頑童歷險記》……這是我們有過最傑出的書籍。這本書是美國文學的濫觴。在它之前我們沒有文學可言，在它之後也沒有哪本書能相提並論。」

RIGHT ▶ 《頑童歷險記》初版的紅色封面（左下）與卷頭插圖和書名頁（上），1884年12月10日由沙托與溫德斯出版社（Chatto & Windus）在英國出版。美國初版（右下）是1885年2月18日由查理・L・韋伯出版社（Charles L. Webster and Company）發行。

Frontispiece

HUCKLEBERRY FINN

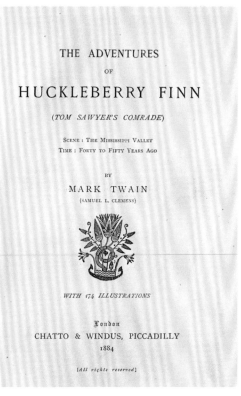

THE ADVENTURES

OF

HUCKLEBERRY FINN

(*TOM SAWYER'S COMRADE*)

SCENE: THE MISSISSIPPI VALLEY
TIME: FORTY TO FIFTY YEARS AGO

BY

MARK TWAIN
(SAMUEL L. CLEMENS)

WITH 174 ILLUSTRATIONS

London
CHATTO & WINDUS, PICCADILLY
1884

[All rights reserved]

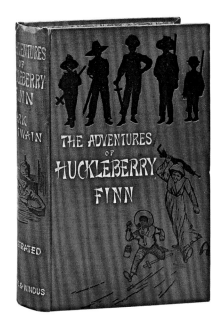

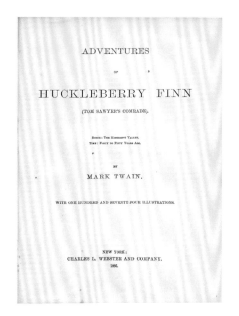

ADVENTURES

OF

HUCKLEBERRY FINN

(TOM SAWYER'S COMRADE).

SCENE: THE MISSISSIPPI VALLEY.
TIME: FORTY TO FIFTY YEARS AGO.

BY

MARK TWAIN.

WITH ONE HUNDRED AND SEVENTY-FOUR ILLUSTRATIONS.

NEW YORK:
CHARLES L. WEBSTER AND COMPANY.
1885.

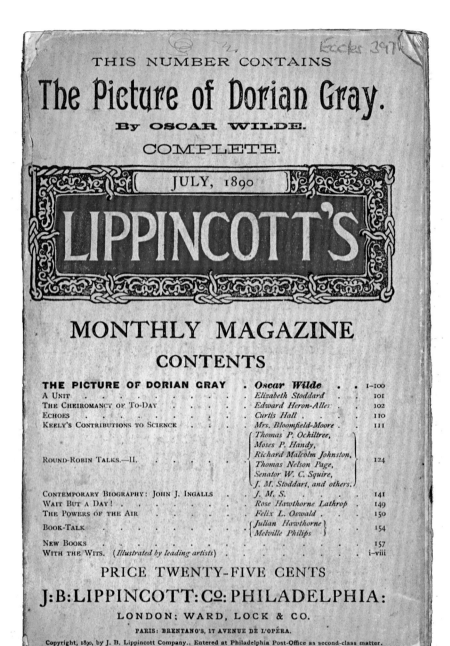

THIS NUMBER CONTAINS

The Picture of Dorian Gray.

BY OSCAR WILDE.

COMPLETE.

JULY, 1890

LIPPINCOTT'S

MONTHLY MAGAZINE

CONTENTS

PRICE TWENTY-FIVE CENTS

J:B:LIPPINCOTT:Cọ:PHILADELPHIA:

LONDON: WARD, LOCK & CO.

PARIS: BRENTANO'S, 17 AVENUE DE L'OPÉRA.

Copyright, 1890, by J. B. Lippincott Company., Entered at Philadelphia Post-Office as second-class matter.

ABOVE AND RIGHT ▲ ▶ 《格雷的畫像》最初發表於《李平寇特》（*Lippincott*）月刊1890年7月號（上圖）。月刊編輯J・M・史陶達（J.M. Stoddart）刪去了他認為讀者會覺得太驚世駭俗的段落。隔年，瓦德・洛克出版社（Ward Lock and Co.）以書籍形式出版了這篇小說的增訂版（右圖）。

格雷的畫像

The Picture of Dorian Gray

奧斯卡・王爾德

● 西元1891年

本書是王爾德唯一的小說作品。這個複雜的故事探索了道德價值與二元性，震驚維多利亞時代的文學評論圈；王爾德為本書所做的激昂辯護加上時間的沉澱，最終使得它獲認可為文學傑作。

1880年代，王爾德（Oscar Wilde，1854–1900年）尚未寫出《溫夫人的扇子》（*Lady Windermere's Fan*）、《不可兒戲》（*The Importance of Being Earnest*）等充滿智趣的喜劇來確立他的劇作家地位。除了一本短篇詩集，讓他出名的主要是他在美國做的一年巡迴講座。王爾德藉著這些講座鼓吹唯美主義（Aestheticism）的哲學與藝術。唯美主義運動堅持為藝術而藝術，而不是拿藝術來為道德或金錢服務。不過在當時，唯美主義與王爾德本人都因為這個理念大受嘲諷。

王爾德寫了一陣子短篇報導與小說，後來在1890年創作了他的第一篇與唯一一篇小說，於同年7月在一本月刊上發表全文。即使編輯已經背著王爾德刪去部分最聳動的片段，小說頹廢的情節發展仍令讀者大驚失色。

在這篇故事裡，道林・格雷（Dorian Gray）是一名俊美非凡的年輕男子，在看到畫家巴索爾・霍華（Basil Hallward）為他所做的

肖像之後，為自己必將消逝的青春美貌哀嘆不已。他希望老去的是那幅肖像，而非自己。後來他受到霍華的朋友亨利・沃頓爵士（Lord Henry Wotton）鼓勵，藉著放蕩淫亂的生活盡可能享受青春年華。格雷發現，他的俊美相貌在二十年間都維持不變，而縱情逸樂本該對他的臉龐與身體造成的折損，則逐漸在那幅肖像上顯現。

格雷尋歡作樂的敗德行徑，以及小說對同性戀行為的暗示，是讓英國文學評論圈大感震驚的主因。王爾德以忠於唯美主義為理由，為這部小說堅決辯護。等到它在隔年以書籍形式出版，他加入一段諷刺短詩作為前言，再度辯白他是為藝術而藝術。後來這段前言幾乎跟小說本身一樣出名。

《格雷的畫像》得到的惡評如潮，因為當年它出版時，維多利亞時代的清教徒拘謹道德觀正方興未艾。這本書被視為敗德之作，不該讓心性未定的年輕人閱讀。然而，王爾德其實在故事結束時恢復了道德規律：格雷對自己放縱的後果感到良心不安，想毀了那幅肖像，隔天早上卻被人發現死在那幅畫旁邊。畫中人恢復了原本的青春容貌，格雷的屍體則變得枯槁醜陋。藝術與道德最後都獲得勝利。

公私行為間永遠無解的衝突，是《格雷的畫像》的主旨，也使得它的人氣持續不墜。此外，本書吸引人之處還在於它的情節與作者引人側目的行徑相對應：王爾德在《格雷的畫像》出版五年後，與一名年輕英俊的男性發展同性之愛而被判刑入獄，導致他身敗名裂。對於他這部唯一的小說作品，王爾德自評道：「我認為巴索爾・霍華就是我，亨利爵士是世人對我的觀感，格雷則是我想成為的那個人——或許在別的時代吧。」

時間機器
The Time Machine

H・G・威爾斯

● 西元1895年

H・G・威爾斯在他的這本小說處女作裡，創造出一個西元802,701年的反烏托邦世界，不只讓時間旅行的想像流行起來，也奠定了他「科幻小說之父」的名聲。

時間旅行的想像總有無窮的吸引力。誰不想知道世事會有怎樣的結局？又有誰不會想挽回過去犯下的錯誤？H・G・威爾斯（H.G. Wells，1866–1946年）並非拿這個概念來發揮的第一位作者。山繆・麥登（Samuel Madden）在1733年出版了《二十世紀回憶錄》（*Memoirs of the Twentieth Century*），狄更斯也在1843年的《小氣財神》（*A Christmas Carol*）裡讓守財奴史顧己（Scrooge）置身過去與未來的聖誕節。然而，在一個科學研究從業餘嗜好轉變為專門職業的年代，威爾斯首開先例，從科學角度琢磨時間旅行的概念。

科學是威爾斯學生時代的主修。他在英國皇家科學院（Royal College of Science）念書，當時的校刊曾經刊登過他的短篇小說《時光英雄阿爾哥》（*The Chronic Argonauts*），是他首次嘗試時間旅行的虛構作品。後來他當過一陣子老師，寫的第一本書是《生物學教本》（*A Textbook of Biology*）。之後他先為雜誌寫了一陣子幽默文章，才開始創作第一部長篇小說《時間機器》（*The Time Machine*）。

在小說中，一位不知名的發明家進行了一趟未來之旅，全書多半描述的就是他在未來世界裡的冒險經歷。在那個世界裡有兩種類人生物：形似幼童又個性安逸的艾洛伊人（Eloi），以及棲居地底、會捕食艾洛伊人的莫洛克人（Morlocks）。從這兩種生物的各種行為可以得知，《時間機器》不只是奇幻冒險小說，也帶有強烈的政治寓意。

威爾斯是堅定的社會主義者，對維多利亞時代的社會階級分化十分不滿。莫洛克人是勞動階級的後代，因為祖先整日關在暗無天日的工廠裡，導致未來這些後代住在地底下。艾洛伊人則是資本家菁英演化成的，因為長久處於宰制地位，已經喪失了才智以及對世界的興趣。在《時間機器》裡，工人起身反抗統治階級，在夜間捕食這些統治者。

想要批評自己出身的社會，有時最好是把故事場景移置到一個遙遠的時空裡。《格理弗遊記》就藉由幾個幻想出來的奇異國家成功諷喻了綏夫特的時代，《時間機器》則是藉由特殊的時間設定做到了這一點。

這本書對未來抱持悲觀的看法，對資本主義與共產主義都加以批評。在故事結束時，那名時光旅人遠赴三千萬年後的未來，發現地球已經奄奄一息。《時間機器》所想像的是，如果威爾斯那個年代的科學與社會潮流均不受拘束，可能會發展到怎樣的境地。

《時間機器》引來大批作者為它寫了二十多本續集，並且啟發了無數扭曲時空的科幻小說。前往過去或未來旅行的吸引力，永遠不會過時。

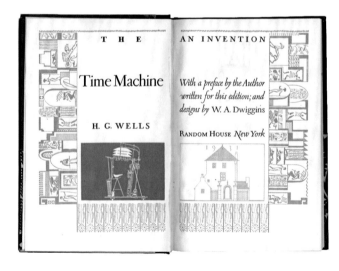

ABOVE AND LEFT ▲ ◀1895年由海涅曼出版社（Heinemann）推出的精裝本初版（上圖），以及1931年由藍登書屋（Random House）推出的版本（左頁圖），附有W・A・德威金斯（W.A. Dwiggins）的插圖。

DIE

TRAUMDEUTUNG

VON

DR. SIGM. FREUD.

»FLECTERE SI NEQUEO SUPEROS, ACHERONTA MOVEBO.«

LEIPZIG UND WIEN.

FRANZ DEUTICKE.

1900.

Verlags-Nr. 676.

ABOVE AND RIGHT ▲ ▶ 本書出版時間雖註明為1900年，實則是1899年11月，而且花了八年時間才賣完總共印行的六百本。首個英譯本（右圖）是由奧地利出生的精神科醫師A・A・布里爾（A.A. Brill）翻譯，於1913年出版。

夢的解析

The Interpretation of Dreams

西格蒙德‧佛洛伊德

● 西元1899年

維也納的一位神經學家因為長期以來對夢境的關注，使得他發展出了一套新理論，透過解讀夢境來揭示人類潛意識的各種面向。解讀病人撲朔迷離的夢境，是他研究人類心靈的方法之一，他稱之為「精神分析」（Psychoanalysis）。

西格蒙德‧佛洛伊德（Sigmund Freud，1856-1939年）醫師對古怪難解的夢特別感興趣。他曾在父親於1889年過世後做過一個夢，而他在筆記裡憶道：「仍在世者常有自責的傾向，那個夢就源於這種心態。」他也開始鼓勵病人訴說他們的夢境，並且請他們不論對夢境有任何聯想，都不要顧忌地說出來。他開始明白，關於人類最深層的恐懼、希望與幻想，夢是重要的隱藏線索。

在一次夏季閉關休養期間，他決定針對這個主題做正式的研究，並且在1897年開始彙整從一些個案研究得到的想法與觀察。兩年後，他發表了一篇六十二頁的專題論文《夢的解析》（德文：Die Traumdeutung；英文：The Interpretation of Dreams），提出一套新的理論，主張夢境是一種實現願望的形式，通常是由作夢前一天所發生的事件觸發，他稱為「白日遺思」（day residue）。

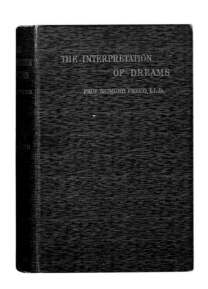

「在接下來的篇幅裡，」他寫道，「我會提出證明，有種心理學技巧讓解讀夢境成為可能，而且我們要是採用這個做法，每個夢都會成為一種心靈結構，有其意義。在我們清醒時的日常心智活動中，也能為這種心靈結構找到合適的嵌入點。」

佛洛伊德認為夢有兩層意義：表面可見的內容，與更深層、更真實的隱藏意義，而他將後者稱為「隱性內容」（latent content）。佛洛伊德的理論認為，我們的心靈有一個負責「監控」夢境的部分，會將真實的夢境偽裝起來，好讓我們維持睡眠狀態。夢所扮演的角色就是「睡眠的守護者」。這種「夢的運作」是藉由多種無意識的過程綜合起來進行的。

藉由「置換」（displacement），在夢裡出現的客體所代表的情感意義，會與它背後的真實客體或內容分離，改為和另一個全然不同的客體或內容結合，以免心智的審查作用起疑。「凝縮」（condensation）讓一個夢境客體得以代表數種聯想與意念。「象徵化」（symbolisation）是以某種象徵取代一個行為、人或是想法。「表徵」（representation）則是把一個念頭化為視覺影像。

佛洛伊德解釋道，夢境是為了完成心願並且建立一個新的架構，讓夢境的內容藉此得到合理解讀。對他而言，一個未經分析的夢，有如一封沒拆閱過的信。

佛洛伊德這本專論最初並未獲得太多注意，初版印行的六百本花了八年時間才售罄。不過《夢的解析》是佛洛伊德最鍾愛的作品，他為後續每個新版都加以修訂與擴充，最後一個版本是在1930年推出。到了1920年代，眾人開始認可《夢的解析》是開創精神分析學派的奠基之作，如今它也公認是佛洛伊德最重要的作品之一。

追憶似水年華

Remembrance of Things Past

馬塞爾‧普魯斯特

● 西元1913-27年

這究竟是枝節蔓生、篇幅長達數冊的小說，還是一篇關於消逝記憶的回憶錄？普魯斯特這部實驗性的代表作，如今已被公認是二十世紀初最重要的虛構類文學作品之一。

馬塞爾‧普魯斯特（Marcel Proust，1871-1922年）在巴黎的鄉間郊區出生，終身都為體弱多病所苦。他的教育、就業與寫作都被身體狀況拖累，他早期的小說《尚‧桑德伊》（Jean Santeuil）沒能寫完就是一個例子。他的傳記作者形容他是個半吊子：多虧有富裕的雙親，讓他得以涉獵許多領域，卻又不必投身鑽研任何一門特定學問。然而，沒有人能質疑普魯斯特對《追憶似水年華》（法文：À la Recherche du Temps Perdu；英文：Remembrance of Things Past）的投入之深：這部作品總計有一百五十二萬字。

普魯斯特的父母分別在1903年與1905年去世，這似乎刺激他更認真看待寫作這件事。1904年，他出版了一本原著作者是英國藝術評論家約翰‧羅斯金（John Ruskin）的譯作，獲得了好評。普魯斯特借鏡羅斯金對藝術與社會的觀點，重新審視他為《尚‧桑德伊》設定的主題，並且從1909年開始創作一部名叫《追憶似水年華》的小說。此後他把餘生都投入這部作品，並且在最後三冊出版前過世。

本書比較準確的英文譯名應該是「In Search of Lost Time」（追尋逝去的時光），至於「Remembrance of things past」是出自一首莎士比亞的十四行詩，內容與回憶及失去有關，而這是在1920年代將本書首次譯成英文的C‧K‧史考特‧蒙克利夫（C.K. Scott Moncrieff）選用的名字。

回憶與失去的確就是普魯斯特這部小說的主題。書中的敘事人在長大後成為作家，他鉅細靡遺地描述自己平淡的人生，痛悔時間的流逝，同時細細品味他藉由回憶的力量尋回的時光。至於那些回憶，有時能藉由最不期然的瑣事觸發。其中最知名的例子出自小說第一卷

《去斯萬家那邊》（Swann's Way）：敘事人將瑪德蓮這種小蛋糕浸到茶裡，結果這種味道讓他回想起小時候姑媽給他吃的那些瑪德蓮。

這名敘事人的一生幾乎沒有遭遇過什麼重大事件。他經常戀愛與失戀，會八卦別人的韻事，也會思索藝術；書中沒有高潮迭起的劇情，也沒有慣常會有的情節。因此這本書究竟算不算是傳統的小說作品，在學界仍有爭議，但它也不是真正的回憶錄。雖然敘事人與普魯斯特有許多雷同之處，他們認識的人也很相似，但這絕對是一部虛構作品。

最重要的是，本書不論是探討各個主題或敘事，用的都是最上乘的文筆，這部藝術傑作也因此贏得了史上第一篇現代小說的美譽。這就是羅斯金式的創作理念：藉由動人的文字，普魯斯特與他筆下的敘事人都不再只是作者，而成為了藝術家。

RIGHT AND BELOW ▶ ▼ 普魯斯特的代表作分為十三卷，在1913-1927年間出版。普魯斯特曾被多家出版社退稿，其中包括著名的加利瑪（Gallimard）出版社。後來他是自費出版了第一卷。加利瑪醒悟到自己錯失良機，於是在麗茲酒店宴請普魯斯特以挽回他。這部小說巨著的後續幾卷就是全數交由加利瑪出版。

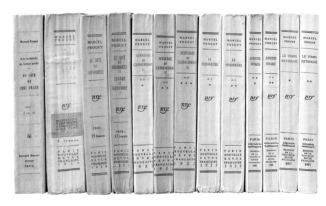

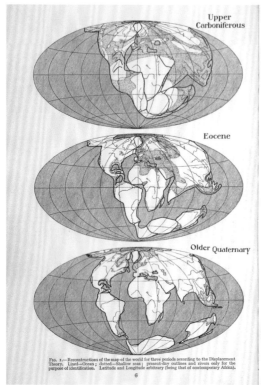

FIG. 1.—Reconstructions of the map of the world for three periods according to the Displacement Theory. Lined—Ocean; dotted—Shallow seas; present-day outlines and rivers only for the purpose of identification. Latitude and Longitude arbitrary (being that of contemporary Africa).

6

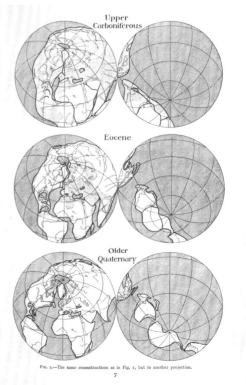

FIG. 2.—The same reconstructions as in Fig. 1, but in another projection.

7

ABOVE ▲本書的圖解說明板塊大陸在三個地質時期的漂移：石炭紀（358.9-298.9百萬年前）、始新世（56-33.9百萬年前）、第四紀初期（2.58-1百萬年前）。

LEFT ◀1913年，魏格納於第二次遠征格陵蘭期間留影，當時他首次在該島內陸的冰層上過冬。

RIGHT ▶《海陸起源》於1915年發行的初版，之後分別在1920年、1922年與1929年推出修訂擴充的版本。

142

海陸起源
The Origin of Continents and Oceans

阿爾弗雷德・魏格納

● 西元1915年

《海陸起源》就此永遠改變了我們理解腳下這個星球的方式，不過從前的地質學家仍然花了五十年的時間，才對阿爾弗雷德・魏格納的板塊構造理論由訕笑轉為接納。

阿爾弗雷德・魏格納（Alfred Wegener，1880-1930年）是天文學家，不過他對地球物理學、氣候學、氣象學一直都有興趣。他的第一本書《大氣熱力學》（*The Thermodynamics of the Atmosphere*）是在1906-1908年間的一趟格陵蘭遠征之旅後寫的。他在當地建立了一個氣象站，並且率先使用氣象氣球來追蹤極地的氣流循環。

在一份地圖上，魏格納注意到西非與南美洲東部的海岸線彷彿能嵌合在一起。他深入研究後，發現諸如山區與煤礦分布等地質特徵會出現在兩大洲相呼應的地點，好像這兩塊大陸曾經相連一樣，例如巴西聖卡塔琳娜（Santa Catarina）與南非卡魯（Karoo）的岩層次序就很吻合。他把這種現象比喻為把一張報紙撕成兩半，印在上面的文字還是接得起來。

魏格納也觀察到，即便有海洋隔開千百公里遠，兩側的大陸上還是能發現相同物種的化石，而且有些生物化石的發現地點，離那些生物偏好的氣候區很遠，例如在挪威斯匹茲卑爾根島上，竟然可以找到熱帶蕨類的化石。

當時傳統的地質理論認為各大洲的位置是固定不變的。海洋兩側的陸地之所以會有類似特徵，是因為兩地間曾經有陸橋連接，使得物種得以跨洲移動，不過這些陸橋如今已沉入海底或腐蝕了。魏格納無法信服這種解釋，因為地殼平衡（isostasy）的現象，證實陸地會隨著時間過去升降。他逐漸有了想法，認為大陸本身會在地球表面緩緩移動、分裂與相撞，而且所有陸塊曾經相連成一片超級大陸，他命名為「盤古大陸」（Pangaea，希臘文「所有陸地」的意思）。

第一次世界大戰於1914年爆發時，魏格納加入德軍服役，並且在1915年養傷期間首次發表了他的大陸漂移理論——《海陸起源》（德文：*Die Entstehung der Kontinente und Ozeane*；英文：*The Origin of Continents and Oceans*）。不過當時全球鏖戰正酣，這本書並未吸引太多注意。它的第二版與第三版分別在戰後的1920年與1922年問世，其中第三版又是首次被廣為翻譯。魏格納每次推出新版，都為自己的理論補充更多支持證據。

然而，他的假說仍遭到地質學界大為訕笑，就因為他本身並非地質學家，他的理論也違背了地質學的常規。

魏格納在1929年出版了修訂過的《海陸起源》第四版，隨後於1930年再次前往格陵蘭，結果在探勘途中過世。1953年，新興的古地磁科學證實印度曾經位於南半球，從而支持了魏格納在將近四十年前就發表的說法。針對大西洋中洋脊（兩個板塊交接處）所作的研究，也佐證了魏格納的假設。1964年，英國皇家學會舉辦了一場板塊構造學說的研討會，魏格納開創性的洞見，至此總算獲得了認可。

相對論入門：
狹義和廣義相對論

Relativity: The Special and General Theory

亞伯特‧愛因斯坦

● 西元1917年

歷經超過十年的計算與撰寫，一位德國物理學家發表了一套完整的相對論，並且經後續實驗證明無誤，也讓許多學者在此書問世後稱它為「科學想像力在歷史上最大幅度的躍進」——書中提出的概念至今仍在推動許多發明與夢想。

德國理論物理學家亞伯特‧愛因斯坦（Albert Einstein，1879-1955年）於1905年首次發表了他的狹義相對論，聲稱光速在真空狀態中是固定的，不會隨觀察者的動態而改變，且對所有不是處於移動或加速狀態中的觀察者來說，物理定律都相同。

接下來十年間，他又對涵蓋範圍更大的廣義相對論加以研究，並且在1915年發表了一篇論文。

稍後他把兩種理論集結成單書《相對論入門——狹義和廣義相對論》（*Relativity: The Special and General Theory*），於1917年首次出版。這本書在推出三年內印行了十四個德文版，總計六萬五千冊。然而在重力學領域，愛因斯坦創新的概念還是過了更久的時間才被普遍接受為定律。

要是兩人當中有一人處於移動狀態，雙方要如何對彼此看到了什麼達成共識？相對論處理的就是這個問題。愛因斯坦提出的等效原理（equivalence principle）認為，重力往一個方向所產生的拉力，會完全等於反方向的加速度。因此，一個人要是搭乘加速向上的電梯，會覺得重力在把他往下方地面推。

愛因斯坦的相對論為物理學所有的領域導入一套新的架構，為時間、空間、相對同時（relativity of simultaneity）以及力學與重力時間膨脹（gravitational time dilation）提出新的概念。愛因斯坦假設，每次我們測量一個物體的速度，它的動量（或說它經歷時間的方式）永遠都會藉由參考其他物體來測量，也就是說，這是相對的。但不論是誰來測量，也不論測量者的移動速度有多快，光速都維持恆定，而且沒有任何物體的速度能超越光速。愛因斯坦不只是說說而已，他也表示這套理論能加以實際驗證。

1919年11月，因為一次日蝕，愛因斯坦的廣義相對論首次得到公認的證實，他也因此一夜成名。世界各地的媒體頭條都盛讚他是繼牛頓之後最傑出的科學天才。

狹義相對論也經由無數其他實驗證實，到了1920年代，物理學界一般而言都理解也接受了這個理論。對原子物理學、核子物理學與量子力學這些新興領域的理論家與實驗研究員來說，狹義相對論很快成了重要又不可或缺的工具。

廣義相對論真正的重要性直到1960年代才獲得普遍認可。到了那個時候，諸如類星體、微波背景輻射、脈衝星、候選黑洞以及大爆炸（Big Bang）理論，都是以廣義相對論為中心。它的實際應用涵蓋了全球定位系統與精密時間測量的技術開發。

與其他科學突破不同的是，廣義相對論主要源自愛因斯坦個人的發想，而不是延伸當時其他的研究成果。當時沒有其他人想到重力等於加速度，或是把重力想成一種幾何現象與時空的彎曲。

因此，愛因斯坦驚人的理論大大擴展了科學知識的疆界，也改變了歷史的進程。

RIGHT ▶ 1916年問世的初版（下圖）與1920年的首個英譯本（上圖）。量子力學與愛因斯坦的相對論都是現代物理學的基石。他的理論改寫了牛頓的物理定律，向世人引介一種了解宇宙的新方法。

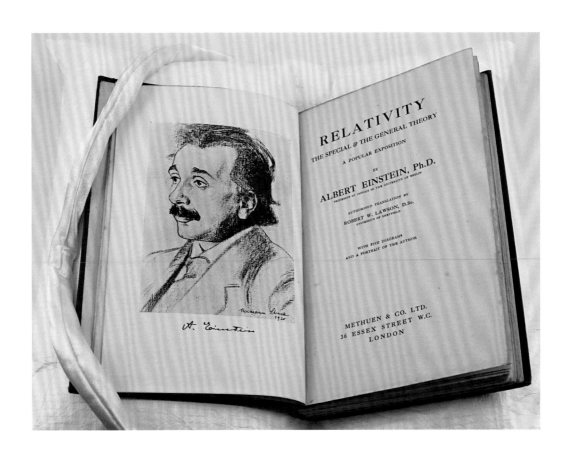

尤利西斯

Ulysses

詹姆斯‧喬伊斯

● 西元1922年

一位愛爾蘭抒情詩人違抗他所受的天主教教育和種種文學陳規與審查，以文字呈現出一段完整的人生，時空背景濃縮於1904年6月16日這一天的一座城市。他以荷馬史詩《尤利西斯》為範本，創作出格局恢弘、歷久彌新、具有高度象徵意涵又深情的敘事，將虛構文學作品提升到新的境界。

詹姆斯‧喬伊斯（James Joyce，1882-1941年）是愛爾蘭作家，年輕時便寫出優美的短篇小說集《都柏林人》（Dubliners，1914年）與中篇小說《一位青年藝術家的畫像》（The Portrait of the Artist as a Young Man，1916年）。雖然篇幅不長，這些作品仍是深深觸動人心的傑作。後來喬伊斯決定沿用這些作品裡的人物與主題，擴充成一部續作。他的成果就是長度驚人的《尤利西斯》（Ulysses），起初於1918-1920年間在美國文學雜誌《小評論》（The Little Review）上連載。然而在1921年，美國郵政署扣押了刊有《尤利西斯》的雜誌並拒絕派送，理由是這些雜誌的內容「猥褻」。在一場審判之後，《小評論》被禁止繼續刊登《尤利西斯》。

喬伊斯在巴黎工作時認識了美國人雪維兒‧畢奇（Sylvia Beach），她在巴黎經營一家名叫莎士比亞（Shakespeare and Company）的小書店。畢奇主動表示願意出版這部遭到打壓且仍未完成的小說。畢奇監督了本書龐大手稿的編輯工作，過程極為耗時，最後在1922年2月2日、喬伊斯生日當天出版。本書問世的始末，以及與作品和作者有關的許多其他事蹟，都成為現代文學史上的傳奇。

這部七百三十頁的小說記錄了利奧波德‧布盧姆（Leopold Bloom）平凡無奇的一天（這一天現在被稱為布盧姆日），然而文學評論家艾德蒙‧威爾森（Edmund Wilson）觀察到，喬伊斯面臨的艱鉅任務是要「盡可能以精準且直接的文字呈現我們參與生活的方式；又或許是說，透過我們經歷的每一刻，生活在我

們眼中呈現出什麼樣貌。」《尤利西斯》的成就不同凡響。

喬伊斯龐大的敘事觸及布盧姆生而為人的每一個生活層面，從出生到死亡，涵蓋性幻想與身體功能、心情轉換，以及各種思緒與情感。這部小說的抒情性與風格強烈的精湛筆法，在文學作品裡都很罕見，而且喬伊斯發明了許多創新的技巧，例如意識流與內心獨白，讓他能比之前的作者更深刻地剖析人心。他將現實主義結合了象徵主義或表現主義的手法，不免令讀者困惑不已。《尤利西斯》被視為表現最豐富的書籍之一，運用了悲喜劇、雙關語、諧仿與文學指涉，而這一切揉合起來，成為對生命最慷慨激昂的證實，「喬伊斯風格」（Joycean）這個詞也因此誕生。

本書最著名的段落之一出自最後一景，當利奧波德的太太莫莉（Molly）在床上，躺在丈夫身邊，清晰地夢想那天發生過的種種，以及她生命中最難忘的那些時刻。喬伊斯用沒有標點符號的意識流來寫這個段落：「他問我是的他問我肯不肯是的我的山裡小花然後起初我抱住他是的然後把他往下向我一拽好感覺我的胸部上面灑滿香水是的然後他的心狂跳然後是的我說是的我願意。」

不是每個評論家都把這本書捧成文學傑作。卡爾‧拉狄克（Karl Radek）說《尤利西斯》是「一坨滿是蠕蟲鑽動的糞便，由攝影機透過顯微鏡拍攝下來。」1933年，在「美國政府對《尤利西斯》」一案的判決中，這本書的禁令終於撤銷；法官認為這本書的藝術成就實在傑出，不該因為猥褻罪名被禁。

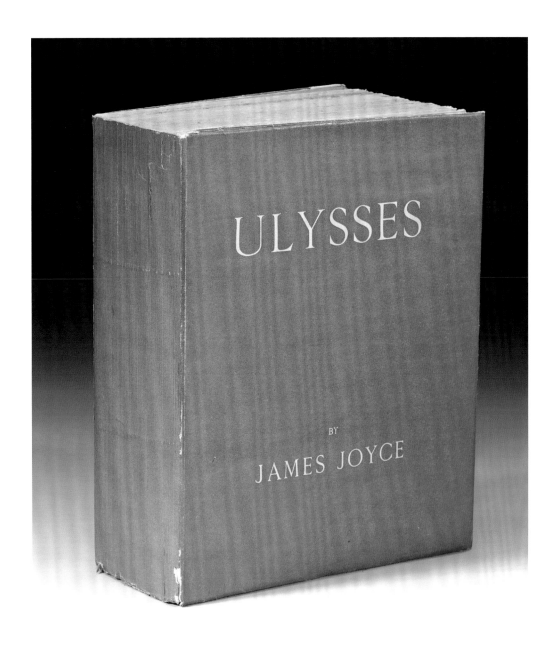

ABOVE ▲ 1922年由莎士比亞書店於巴黎發行的《尤利西斯》初版。

LEFT ◀ 雪維兒・畢奇與喬伊斯在她的莎士比亞書店裡。兩人身後的牆上掛著《運動時報》（*The Sporting Times*）的書評，形容《尤利西斯》是「一個專寫公廁文學的變態瘋子」的作品。

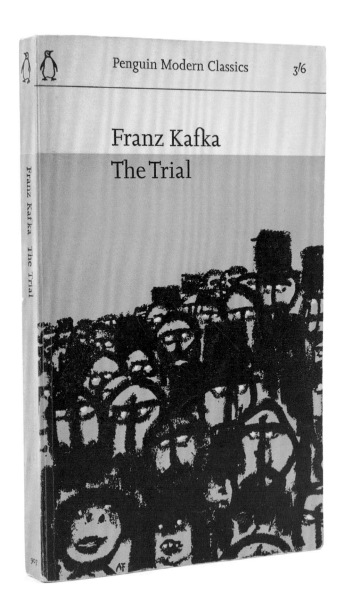

ABOVE AND RIGHT ▲ ▶ 企鵝圖書（Penguin）於1965年推出的平裝版（上圖），由法籍漫畫家安德烈・馮斯華（André François）繪製封面插畫，以及由阿佛列・A・克諾夫出版社（Alfred A. Knopf）於1937年在紐約推出的首個英譯本（右頁圖）。

審判

The Trial

法蘭茲・卡夫卡

● 西元1925年

卡夫卡創作這部小說時，慘無人道的第一次世界大戰剛在數月前爆發。他在小說中沉思現代社會的疏離作用，將近一世紀後讀來仍不顯過時。這部令人難忘的存在主義經典，為生而為人的意義描繪出一番蒼涼又扣人心弦的景象。

法蘭茲・卡夫卡（Franz Kafka，1883–1924年）自覺與他身處的世界格格不入，而他會這麼想也是其來有自。他在布拉格出生，是奧地利帝國統治下的捷克人，既屬於捷克人裡的德語族群，又是這些德語人口裡的猶太人，不過他放棄了猶太信仰，而且還是一個素食主義者。他在1914年動筆寫《審判》（德文：*Der Prozess*；英文：*The Trial*）時，剛遷出父母家中，展開獨居生活。

在《審判》這本小說裡，卡夫卡呈現出一場終極夢魘的所有元素：令人困惑的處境、陌生的地點、錯綜複雜的走廊與房間、無以名之的威脅、無力採取行動……這一切都注定要導致災難臨頭。小說中的主角喬瑟夫・K遭到逮捕，不過K本人與讀者都不知道他究竟犯了什麼罪。這本書泰半在敘述K如何試圖掌控情勢，並且與將要審判他的法院周旋，不過他的種種努力可謂徒勞。最終他接受了無可避免的命運，也就是死亡。他既無法克服命定之事，也無法克服身而為人的軟弱。

《審判》可以透過多種層次解讀。表面上，它是在諷刺國家組織牢不可破的官僚制度。與其挑戰政府的獨裁治理，當個順民還比較容易。

德文原著的書名「Der Prozess」有「審判」與「過程」的雙關意義。K尋找解釋的過程也可以視為對人生、對生活過程的譬喻，因此無可避免要走向死亡。這是一種絕望又反烏托邦的觀點，不過K為了澄清自己所做的努力，也對映出在一個荒謬又無邏輯可循的世界裡，存在主義哲學家想為人類找到自由之道的努力。

K向多方尋求幫助與安慰：代表法律的律師胡德（Huld），代表藝術的畫家蒂托雷利（Titorelli），提供性慾滿足與陪伴的蕾妮（Leni）與其他女性，代表宗教的監獄牧師，以及代表親人的叔叔卡爾。不過這些人都沒能幫上忙，而K就如同存在主義哲學家，必須接受他是唯一要為活出真實有意義的生命來負責的人。只不過在最後一章裡，他對死亡逆來順受，屈服於法院的意志，正如同他在臨終最後一口氣時說的「像隻狗一樣」。

在更深層的意義上，《審判》裡的司法體系可以視為靈性的代表。K遭到逮捕，其實是在呼籲他活得更有靈性，把他從銀行行員那種庸碌又一成不變的生活中拉出來。他在書中的一連串遭遇，都是他重新掌握靈性生活的契機。然而我們也幾乎可以確定K確實犯了罪：或許他的罪行就是對靈性的自我失去了信心。

《審判》是一本複雜又晦暗的書，卡夫卡生前並沒有把它寫完。本書是由卡夫卡的朋友馬克思・博德（Max Brod）編修並於1925年出版，當時卡夫卡已經過世一年，而英譯本到了1937年才問世。存在主義因為第二次世界大戰開始受到矚目，影響力遍及藝術、文學與心理學。在一個荒謬又疏離的世界裡，卡夫卡這本探討個人責任的小說，如今公認是存在主義哲學一個早期的里程碑。

西藏度亡經

The Tibetan Book of the Dead

華特‧Y‧伊文斯—溫茲

● 西元1927年

《西藏度亡經》在1920年代譯成英文，並且從1960年代開始風行。這本書其實是一部文選，根據藏傳佛教對死亡與重生的概念，將死亡的過程描述成一種自然的過渡。

1927年，牛津大學出版社（Oxford University Press）發行了由華特‧Y‧伊文斯—溫茲（Walter Y. Evans-Wentz，1878-1968年）譯成英文的《西藏度亡經》（*The Tibetan Book of the Dead*），據說是節選自一部重見天日的西藏梵文古籍《中陰得度》（*Bardo Thödol*）。一般認為《中陰得度》的作者是八世紀的蓮華生大士（Padmasambhava），後來由「伏藏師」噶瑪林巴（Karma Lingpa，1326-86年）重新發掘。

《中陰得度》基本上是一本喪葬指導手冊，能用來引導臨終之人認出死亡將屆的徵兆，並且對如何度過中陰（bardo）這個介於死亡與重生間的狀態提出建言。書中描述了臨終與已死之人會看到的景象與其他感官經驗，並且將他們的意識導向更美好的來生。

親友會向剛過世的死者大聲誦唸《中陰得度》，以促使死者的意識覺悟到人生經歷虛幻如夢的本質，並且獲得超渡。書中的文字內容聚焦於死亡與無常的基本概念，也是藏傳佛教的重心。然而這本書，或說這部文選，並非西藏或喜馬拉雅喪葬傳統唯一的參考典籍。透過伊文斯—溫茲暢銷的英譯本，《中陰得度》成功抓住了西方人的注意，也是最深刻影響西方世界對佛教觀感的書籍。

伊文斯—溫茲的英譯本會改書名，是出於他個人對古埃及《死者之書》（*The Egyptian Book of the Dead*）的興趣，而且他所寫的引言與注釋反映出他對神智學（theosophy）而非佛學的研究。事實上，他是一個富有的美國房地產經紀人與業餘民俗學家，既不會說藏語也不會讀梵文，只是某次在印度旅遊時，從一名英國軍官手裡得到了一些古老的藏文

手抄本。伊文斯—溫茲對這些文字好奇不已，於是雇用了一名譯者——卡孜‧達瓦桑珠喇嘛（Lama Kazi Dawa-Samdup），兩人花了兩個月時間一起抄錄與討論這些文獻，不過伊文斯—溫茲在本書出版時，卻從未提及那位譯者的功勞。

《西藏度亡經》出版後，引起知名心理學家卡爾‧榮格（1875-1961年）的注意，在他的著作裡曾提過這本書。1964年，美國心理學家提摩西‧李瑞（Timothy Leary）、拉夫‧梅茲納（Ralph Metzner）與李察‧艾爾帕（Richard Alpert）在《迷幻之旅》（*The Psychedelic Experience*）一書中重新改寫了《西藏度亡經》，並且提出一條覺悟的捷徑：服用迷幻藥物。與《西藏度亡經》相關的種種說法也影響了許多音樂家，例如約翰‧藍儂（John Lennon）、李奧納多‧柯恩（Leonard Cohen）與大衛‧鮑伊（David Bowie）。

自1960年代起，本書陸續有新版與新譯本問世，由西藏專家學者執筆，包括了義大利的朱塞佩‧圖齊（Giuseppe Tucci，1894-1984年）以及本身即為西藏喇嘛的丘揚創巴（Chögyam Trungpa，1939-87年）。其他備受推崇的還有羅伯特‧楚門（Robert Thurman）與居美‧多傑（Gyurme Dorje）的英譯本。

《西藏度亡經》是佛教智慧的基石之一，至今仍為世人帶來關於死亡歷程的洞見。這本書最重要的訊息是：好好死亡跟好好活著，都一樣重要。

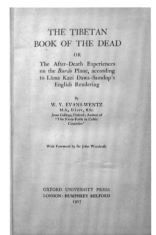

THE TIBETAN
BOOK OF THE DEAD
OR
The After-Death Experiences
on the *Bardo* Plane, according
to Lāma Kazi Dawa-Samdup's
English Rendering

By
W. Y. EVANS-WENTZ
M.A., D.Litt., B.Sc.
Jesus College, Oxford; Author of
'The Fairy-Faith in Celtic
Countries'

With Foreword by Sir John Woodroffe

OXFORD UNIVERSITY PRESS
LONDON: HUMPHREY MILFORD
1927

ABOVE AND LEFT ▲ ◀ 傳統彩色版畫，繪有《西藏度亡經》所述的文武百尊；死者在中
陰時，這百尊佛菩薩會逐日顯化。《西藏度亡經》的英文書名「*The Tibetan Book of the Dead*」
是由伊文斯一溫茲杜撰。這本書（左頁圖）在1927年出版時，是西方世界認識藏傳佛教死
亡與來生觀的主要來源。

ABOVE AND RIGHT ▲ ▶ 1928年於義大利佛羅倫斯出版的私印初版（上圖）。第一個未經審查刪減的版本（右頁圖）於1960年由企鵝圖書出版，結果該公司遭到起訴又獲判無罪。此一判例對出版界造成重大影響，也使得本書立即成為暢銷書。企鵝圖書在1961年推出的第二版納入一段編輯啟事：「企鵝圖書先前因出版此書，觸犯1959年〈猥褻出版品法〉並遭到起訴，於1960年10月20日至11月2日間，在倫敦中央刑事法院受審。因此，本社謹將這個版本獻給由三名女性、九名男性組成的十二名陪審員。他們判決本書『無罪』，使得D・H・勞倫斯最後一部小說首次得以在英國問世。」

查泰萊夫人的情人

Lady Chatterley's Lover

D・H・勞倫斯

● 西元1928年

D・H・勞倫斯在他最後一部小說作品中說了一則關於階級和智識差異的激情故事,並且無可避免地對性愛有所著墨。本書對出版品內容界限的衝撞,與它對社會階級與智識差異的探討齊名。

　　《查泰萊夫人的情人》(*Lady Chatterley's Lover*)在1959年因觸犯英國〈猥褻出版品法〉(Obscene Publications Act)而遭到起訴。本書的初版用了許多粗話,且對查泰萊夫人與她身為獵場看守人的情夫梅勒士(Mellors)做愛的情景,也有細膩露骨的描寫,導致日本、澳洲、美國與英國都把它列為禁書。

　　1928年,作者D・H・勞倫斯(D. H. Lawrence,1885-1930年)在被自己的出版社退稿後,於義大利佛羅羅斯自行出版了這本書。《查泰萊夫人的情人》在許多國家只在黑市流傳,或只買得到刪減版,直到1960年,企鵝圖書才出版了未刪節版,並因此挑戰了當時英國剛出爐的猥褻出版品法案。企鵝圖書被迫出庭受審,但這本書最終獲判無罪。這個重大的判例為內容涉及露骨性行為的出版品開出一條生路,促成了1960年代的性革命。然而,《查泰萊夫人的情人》作為高雅色情書刊的名聲也得到法院認證,不只讓銷售量飆升到三百萬本,也模糊了本書真正的文學成就。

　　女主角康斯坦絲(Constance)與克利夫・查泰萊爵士(Sir Clifford Chatterley)結婚,然而查泰萊爵士是個傲慢的生意人,後來又因傷導致陽萎,兩人同床異夢。故事情節就從查泰萊夫人對這段婚姻的不滿展開。康斯坦絲是個聰慧又有情慾需求的女人,後來她遇見了與她情投意合的梅勒士。在查泰萊家族產業林地的小屋裡,他們數度激情幽會,而克利夫行動困難、有如小孩般依賴他的看護波頓太太(Mrs. Bolton),和兩人形成強烈對比。最終,康斯坦絲懷了梅勒士的孩子,然而對書中每個人物來說,

結局都稱不上幸福美滿。克利夫獲悉太太的婚外情後拒絕離婚,不過康斯坦絲最終仍離他而去。梅勒士進退兩難,只能等待與形同陌路的太太離婚。查泰萊夫人則是與姊姊而非情人同住,而且也只能抱著希望等待。

　　這個相當悲觀的結局削弱了本書整體較為積極的各個主題。勞倫斯主張,愛情是身心的完全結合,重要的是雙方對彼此有同樣的熱情,而不是社會地位的般配。此外,克利夫代表的是冷酷的現代工業社會,不只摧毀了自然環境,也讓人失去人性。反之,康斯坦絲與梅勒士代表自然、人性與野性,不論是從他們對自然風景的愛好或是在林地上野合的行為,都能看得出來。

　　D・H・勞倫斯只寫了四部長篇小說,探討的全是工業時代的人類關係有怎樣的可能性。他是寫實主義者,關於勞動階級的生活與情感,他細膩的記述無人能出其右。不過他也是個浪漫主義者;在十九世紀,工業與自然間的拉扯就是浪漫主義小說的主題之一。只可惜他因為大無畏地描寫性行為,在他過世時,許多訕聞都將他貶為色情作家。隨著時間過去,他才逐漸重獲審視。勞倫斯的作品無疑與偉大的英國文學傳統相契合,能與奧斯汀、狄更斯、勃朗特與哈代並列。

西線無戰事
All Quiet on the Western Front

埃里希・瑪利亞・雷馬克

● 西元1929年

《西線無戰事》敘述了戰爭對前線的年輕士兵所造成的殘酷影響，自問世後銷售超過五千萬冊，然而在1933年，這本書是首批遭納粹政府公告為「內容墮落」的書籍之一，並且被公開焚毀。

1916年，在第一次世界大戰期間，德國出生的埃里希・瑪利亞・雷馬克（Erich Maria Remarque，1898-1970年）年滿十八歲，他入伍從軍，被派遣到位於法國北部的西方戰線（Western Front）。《西線無戰事》（*All Quiet on the Western Front*）有強烈的自傳性質，書中許多內容都來自雷馬克的親身經歷。主角保羅・鮑默爾（Paul Bäumer）在十九歲時與幾名同學一起從軍，本書也由他來敘事。

本書描述了前線的生活，以及保羅的同袍如何一一死去，過程通常十分慘烈，而雷馬克堅定地將創傷恐怖的情狀描寫出來。雖然他在前言裡堅稱這本書不是為了政治表態，不過他筆下的人物經常對引發戰爭衝突的國族主義有所質疑。這些士兵真正的敵人不是「敵軍」，而是那些遠遠待在戰線之後、大權在握的人。士兵們互相殘殺也不是為了捍衛任何意識型態，純粹是為了保命。這本書的一個關鍵段落，是保羅在一場肉搏戰中首次刺傷了一名法國步兵。他對自己為自保而生出的直覺反應痛悔不已，並且在那名法國士兵逐漸死去時照料他。在另一個段落裡，保羅也對來自「敵軍」的俄軍俘虜表現出類似的同情。

傳統的戰爭小說會美化英雄主義與愛國情操，不過雷馬克在《西線無戰事》中呈現了當代戰事冷酷無情的現實面——因為槍枝、坦克與飛機等機械的發明，殺戮變得輕而易舉。與之前的戰爭相較，第一次世界大戰對參戰者的人性剝奪更為嚴重，既因為先進的殺戮手段，也因為戰事規模之大前所未有。

《西線無戰事》記述了士兵們面對這種屠殺時的情感抽離狀態。如果人隨時可能死去，那就只能活在當下。「再見」成了最難說出口的話。這些男性切斷了自己與親朋好友、過去回憶和未來希望的連結，僅存的一點人性只剩軍隊裡強烈的同袍情誼。

雷馬克發現出版社不太情願印行這本書，因為他們害怕一戰結束剛屆滿十年，德國民眾恐怕會因為不想被挑起戰敗回憶而反應冷淡。所以這部小說改刊於柏林的《福斯日報》（*Vossische Zeitung*），在1928年的11月與12月間連載，結果讀者迴響還算不錯，所以《西線無戰事》在隔年集結成書出版。這本書立刻在國際間獲得成功，譯成超過二十種語言，在出版的頭十八個月內就銷售超過兩百五十萬本，而且美國在1930年就有一部改編電影問世，並且獲得提名五項奧斯卡獎，最終又得到其中三獎，包括最佳影片與最佳導演。

《西線無戰事》最不凡的成就之一，就是它在諸如美國與英國等地也受到歡迎；這些國家對敵國士兵的創傷照理是不太會同情才對。雷馬克的代表作不只成功了，也歷久彌新，因為這本書傳遞了普世的訊息：對所有參戰人員來說，戰爭都有如煉獄，而所有的人類在內心深處都認同四海一家的道理。

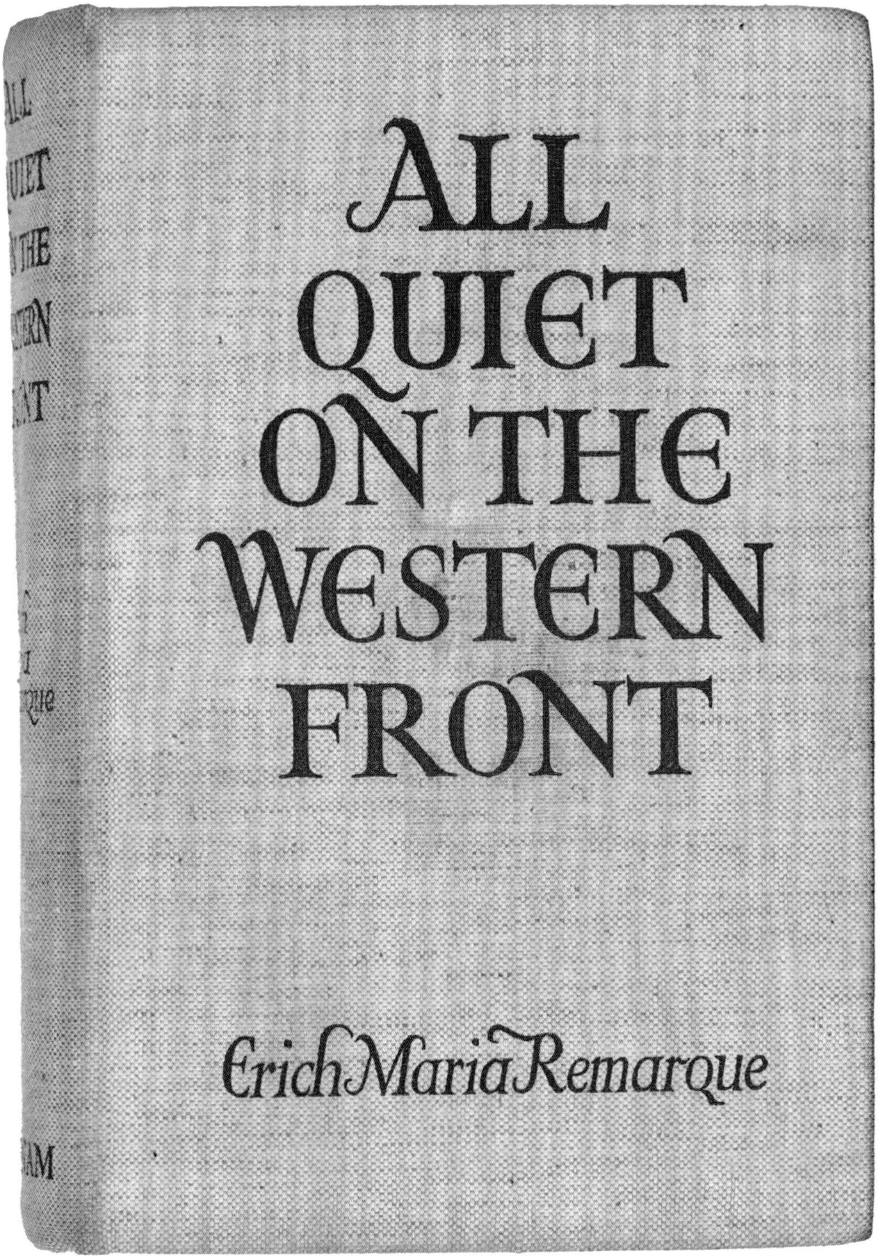

ABOVE AND LEFT ▲ ◀1929年由普特南出版社（Putnam）發行的《西線無
戰事》英國初版（上圖），以及1930年由葛羅賽特與唐萊出版社（Grosset &
Dunlap）在紐約發行的版本（左頁圖）——該社稱這個版本是「未刪節」版，
因為德文原著曾述及軍營士兵上戶外公廁的場景，不過本書美國版的原出版社
小布朗（Little Brown）擔心會冒犯讀者，便刪除了這段敘述。

ABOVE AND RIGHT ▲ ▶ 本書初版（上圖）與1920年代晚期的凱因斯照片（右頁圖）。凱因斯在一封寫給蕭伯納的信中聲稱，《就業、利息與貨幣通論》會翻轉這個世界思考經濟難題的方式。伯特蘭‧羅素（Bertrand Russell）形容凱因斯是他所遇過最機智的人：「與他辯論時，我總覺得自己好像在走鋼索似的，而且最後常覺得自己是個傻瓜」。

就業、利息與貨幣通論

The General Theory of Employment, Interest and Money

約翰・梅納德・凱因斯

● 西元1936年

這本書寫於經濟大蕭條（Great Depression）正嚴重的時期，大量失業人口威脅著資本主義體系的存續。本書作者提出一個大膽的新理論：政府必須開發更多公共工程，並且採用赤字支出。他的著作挑戰了之前的經濟方針，就此改變了後續數十年的現代經濟學。

即使全世界陷入經濟蕭條，英國劍橋大學教授約翰・梅納德・凱因斯（John Maynard Keynes，1883-1946年）仍保持樂觀，並且在1930年撰文表示，與其將生產工具國有化，這個經濟體系需要的解決辦法是「弄一台新的發電機，而不是一輛全新的車」。他根據自己對失業、貨幣與價格三者關係的研究寫成一本書，並且告訴他的朋友蕭伯納（George Bernard Shaw），這本書「會改變這個世界思考經濟問題的方式」。

他的個人代表作《就業、利息與貨幣通論》（The General Theory of Employment, Interest and Money）於1936年2月問世，並發行了英文、德文、日文和法文版。

「我把這本書取名為『就業、利息與貨幣通論』。」他寫道：

> 而且重點在於「General」這個詞。這個書名是為了把我的論證與結論所具有的特點，以及我所受薰陶的古典理論對相同課題的看法，兩者做一個對比……我想聲明的是，古典理論的假設只能套用於一種特殊案例，而非通則……根據古典理論的假設，該特殊案例的特徵恰好與我們今日所處的經濟社會不同。因此，我們若想將這些理論的教導應用於我們經歷到的事實，便會引人誤入歧途，帶來災難性的後果。

凱因斯提出一種新方針來處理因為經濟蕭條而生的失業問題。他主張，就業程度不是由勞動力的價格決定，而是由消費金額來決定，而且他認為市場競爭能創造充分就業的假設是錯誤的。反之，政府必須進行更多公共工程計畫，並且採用赤字支出（deficit spending），直到經濟危機緩和為止。他也提倡降低長期利率與改革國際貨幣體系，作為鼓勵私部門投資消費的一種結構性手段。

第二次世界大戰在本書出版幾年後爆發。戰爭結束後，許多分析人員都認為，各國政府在戰爭期間進行的公共工程與軍事支出對抑制經濟蕭條都有助益，足以佐證凱因斯的理論。凱因斯經濟學廣受西方國家政府擁戴。

保羅・克魯曼（Paul Krugman）是諾貝爾經濟學獎得主與《紐約時報》專欄作家，他推崇凱因斯這本書與另外幾本經濟學著作是改變了人們如何看世界的書籍。《時代》雜誌將凱因斯選為二十世紀最具影響力的人物之一，並且表示「他認為政府應該支出他們手裡沒有的錢，這個激進的概念，或許是拯救資本主義的功臣。」

卡內基溝通與人際關係：
如何贏取友誼與影響他人

戴爾‧卡內基

How to Win Friends and Influence People

● 西元1936年

這本書是心理勵志類書籍的始祖。美國夢該如何實現？戴爾‧卡內基（Dale Carnegie）提出一套平易近人的思想指南，自從問世後便成為無數類似書籍的範本。本書贏取了百萬人的友誼，也影響了百萬人的想法。

戴爾‧卡內基（Dale Carnegie，1888-1955年）生於美國密蘇里州的自耕農家庭。他早晚都要做農事、為母牛擠奶，日間則在當地的學校就讀，並且開始為一家芝加哥肉品公司擔任巡迴推銷員，業績名列前茅。他醒悟到自己有說服人的口才，起初夢想成為一名演說家，之後又轉念想當演員，並且進入美國藝術戲劇學院（American Academy of Dramatic Arts）接受訓練。後來他因為找不到舞台工作，自1912年開始在紐約的基督教青年會（YMCA）教演講課，結果他發現幫助人提升自信心是一塊未經開發的市場。

其他城市的基督教青年會開始聘請卡內基授課，最終他登上紐約的卡內基音樂廳開班傳授演講祕訣，課程總是銷售一空。這座音樂廳是以蘇格蘭裔鋼鐵鉅子安德魯‧卡內基（Andrew Carnegie）命名。戴爾‧卡內基跟那位同姓的鋼鐵大王一樣，深諳如何激勵人心——更精確來說，是如何跟人做生意、打交道。他創立了卡內基基金會（Dale Carnegie Institute），根據他的理念開辦訓練課程。後來有一名西蒙與舒斯特出版社（Simon & Schuster）的打字員把他在其中一堂卡內基廳講座抄錄的筆記拿給卡內基看，讓卡內基領悟到他有了寫書的材料。

《卡內基溝通與人際關係：如何贏取友誼與影響他人》（How to Win Friends and Influence People）在1936年10月問世，立刻成為暢銷書。本書最初的行銷策略是發送五百本給卡內基基金會課程的結業生，結果竟帶來了五千本的銷售量。它的名聲迅速傳開，在頭三個月內就賣出了超過二十五萬本，出版後第一年內就再刷數十次、推出十七個新版，因為卡內基很勤於修訂內容。直至今日，本書每年仍會售出三十萬本。

卡內基的忠告最初是分成六大部分：如何處理人際關係、如何受人歡迎、如何讓他人與你想法一致、如何領導他人、如何寫信，以及最終章的如何過更幸福的家庭生活。在這些大標題之下，他宣稱有四十個簡單的原則能增加成功的機會。這些原則都是很樸實又平易近人的訣竅，例如記住別人的名字、微笑、當個好聽眾、給予誠心讚美而非批評、承認自身錯誤而非指出他人錯誤、從他人的角度看事情、鼓勵並尊重他人、避免爭論。

卡內基很有效地推銷了人性中最正向的元素，一種來自農家子弟、很「阿甘」的智慧。這些其實就是人人在父母膝下長大時就學來的處事原則，只不過在大蕭條那種令人絕望的年頭被遺忘了。卡內基將這些處世之道應用於經商，也因此觸及「美國夢」這個課題——發達、成功、透過良好態度與勤奮工作獲得的自由。

目前這本書已經譯成三十種語言，銷售超過三千萬冊。據說在共產政府垮台後的十年間，俄羅斯轉為擁抱資本家企業，以至於有大約七十個版本的《如何贏取友誼與影響他人》在該國上市。這本書衍生出一整個新的出版類型，在數百本風格類似的書籍裡都能看見它的影子。

RIGHT ▶ 一本「當今最暢銷非虛構類作品」，印有出版序號（這是1937年的再刷本，也是本書印行的第469,143本）。這本書在出版頭三個月內就賣出二十五萬冊，且至今預估已售出超過三千萬冊。

THIS IS COPY N? 469143

THE MOST POPULAR WORK OF NON-FICTION OF OUR TIME

HOW TO WIN FRIENDS AND INFLUENCE PEOPLE

BY DALE CARNEGIE

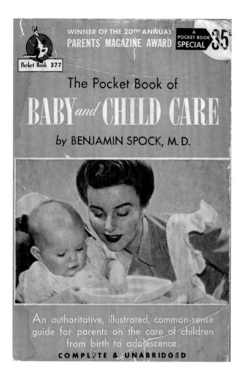

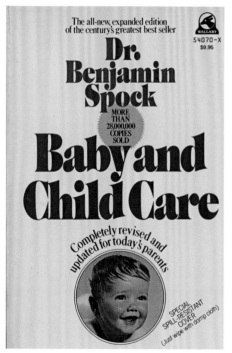

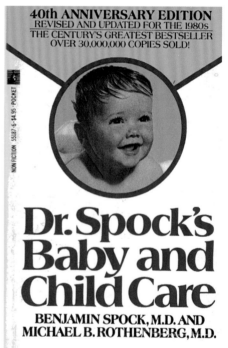

RIGHT AND ABOVE ▶ ▲本書初版的精裝本（右圖）與再版的四個不同平裝本（上圖）。
《全方位育兒教養聖經》是美國在二十世紀最暢銷的非虛構類書籍。

斯波克醫師全方位育兒教養聖經　班傑明·斯波克

Dr. Spock's Baby and Child Care

● 西元1946年

這部敏銳又符合常識的嬰幼兒照顧手冊出版得正逢其時，成為美國歷史上最暢銷的書籍之一，也轉變了後代的社會。

第二次世界大戰結束時，因為經濟蕭條、時代因素與兵役而推遲結婚生子的美國人總算擺脫束縛，美國也開始了歷史性的「嬰兒潮」時代。然而社會常態在戰後的改變，也讓民眾需要一本新時代的育兒指南。

班傑明·麥克蘭·斯波克（Benjamin McLane Spock，1903-98年）是一位美國兒科醫師，曾就讀耶魯大學，並且於1929年以第一名成績從紐約哥倫比亞大學醫學院畢業。他曾經贏得賽艇的奧運金牌，也展現出對文學與佛洛伊德學說的愛好，成為第一位認真研究精神分析並應用於親子教養的兒科醫師。

1927年，他與珍·錢尼（Jane Cheney）結婚。在妻子協助研究與寫作之下，他的《嬰幼兒養育常識手冊》（The Common Sense Book of Baby and Child Care）在1946年由杜艾，史隆恩與皮爾斯出版社（Duell, Sloan & Pearce）發行，後來被稱為《斯波克育兒手冊》（Dr. Spock's Baby and Child Care，以下使用台灣中文版名稱《全方位育兒教養聖經》）。

斯波克一反自己所受的傳統教養，在本書一開始就傳達安定人心的訊息：「要相信你自己，你所知道的比你以為的更多。」他以詳盡又實用的建議教人如何應付育兒的一切大小事，從腹絞痛與如廁訓練，到如何應對孩子鬧

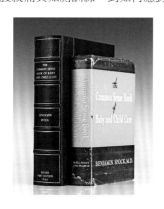

脾氣與手足相爭。他寫道：「最好別把填充動物玩具放在嬰兒床或搖籃裡，幼齡嬰兒其實沒那麼喜歡這些東西，還可能因此窒息。」

他沒有強調服從、嚴格管教與懲罰，反而提倡寬容與情感表達，以及對幼童的支持鼓勵。對某些評論家來說，這些想法都很激進，在當時也不是主流。

他呼籲年輕母親要慈愛、關心孩子與保持樂觀，並且建議：「給妳自己訂定時間表，有必要的話可以寫下來，讓妳在寶寶清醒時忙著做家務或其他事情。盡可能忙碌——要讓寶寶跟妳自己都對妳刮目相看。」

他認為，一個孩子如果「因為自己的本性而獲得喜愛，即便他們很平凡，或笨拙，或反應慢，都能長成有自信的人……他們會有勇氣盡量發揮自己的能力、盡可能掌握生命中的機遇。即便生來帶有任何障礙，對他們來說都是小問題。」

斯波克在1960與70年代成為知名的政治活動分子，不只參與民權與反戰運動，也領導反核武、反越戰期間的徵兵制與其他種種議題的遊行。「光是養育快樂又無憂無慮的孩子還不夠，」斯波克說，「你還得為他們提供一個公正的世界。」

他的直言不諱使得他遭到道德觀保守的人士攻擊，例如諾曼·文生·皮爾博士（Dr. Norman Vincent Peale）與葛理翰（Billy Graham）牧師，同時也引來政治人物的斥責，例如尼克森的第一任副總統史皮洛·安格紐（Spiro Agnew）就曾指控斯波克的態度過於「縱容」、養育出叛逆的一代。

即便有這些批評，《全方位育兒教養聖經》如今估計已譯成四十二種語言、售出超過五千萬本，是有史以來最暢銷的書籍之一。許多父母都視這本書為家庭寶典，而且如今它仍在不斷印行新版。

安妮日記

The Diary of a Young Girl

安妮‧法蘭克

● 西元1947年

一名猶太女孩被迫與家人和其他四個逃亡的猶太人一起躲在閣樓裡。在這段期間，這名女孩藉由日記傾訴了她最私密的想法。這本日記後來被發掘，數百萬人都成為它的讀者。

第二次世界大戰期間，安妮‧法蘭克（Anne Frank，1929-44年）與她的家人為了避難，從德國逃到阿姆斯特丹。一家人躲在父親辦公室所在的建築物裡，一個位於書架後方的祕密閣樓空間，想藉此隱藏行蹤，並且在那裡待了令人膽顫心驚的兩年時間。

閣樓裡既狹窄又悶熱，既沒有青少年的娛樂生活，也沒有學校活動可以參加。1942年6月14日，那家人的其中一個女兒開始了她唯一的消遣：她剛在前兩天的十三歲生日上獲得一本紅白格子相間的小簽名簿，於是拿它來寫下第一篇日記。她對幾名想像的朋友傾訴她的感受，抒發她對逃亡同伴和協助他們的同夥所懷抱的豐沛情感，而且她十分小心，沒有揭露任何人的真實身分。

如同其他同齡的青少年，安妮一方面努力畫出自己與父母的界線、成為自主的個人，另一方面也渴望獲得認同。她下筆非常真誠，表達出對家人的矛盾感受，還悄悄透露了一段可能有發展機會的戀情，以及她對人生所萌發的種種想法。她的日記表現出非凡的情感深度與文字能力，依她的經歷看來，她的心態之樂觀也很不尋常。

「我還沒放棄所有的理想，也真是奇怪，」就在快要被捕前，她這麼寫道，「這些理想似乎無比荒謬又不實際，我卻緊緊抓住不放，因為我還是相信，即便發生了這一切，大家在心底還是一個真正善良的人。」

在躲藏兩年又一個月後，有人告發了包括安妮在內的這八名猶太人，導致他們遭到逮捕並且被送往集中營。在這群人當中，最後只有安妮的父親奧圖‧法蘭克（Otto Frank）活下來。1945年，安妮在德國的伯根—貝爾森集中營死於斑疹傷寒，年僅十五歲。

後來，兩名法蘭克家之前的友人在那間閣樓裡發現了安妮散落在地上的手稿，於是在戰後將這些手稿交給她的父親。她父親事後憶起他第一次讀到女兒日記時的感受，說道：「對我來說，那是很大的啟發。這些日記顯示出來的安妮，與我失去的那個孩子截然不同。我從前完全不知道她的想法和感受有多深刻。」後來他將女兒的日記彙整出版。

1947年，這部日記在阿姆斯特丹首次問世，又於1952年在美國與英國以《安妮‧法蘭克：一名少女的日記》（*Anne Frank: The Diary of a Young Girl*）問世。這本書在1960年代成為國際暢銷書，啟發了許多獲獎的舞台劇作與電影，也讓世人更認識猶太人在大屠殺期間的遭遇。

許多評論家都將《安妮日記》列為二十世紀最重要的書籍之一。

安妮‧法蘭克的故事讓納粹在戰時迫害猶太人的史實有了個人化體現，並且彰顯出人類精神的價值。她寫道：「我不想跟大多數人一樣虛度人生，我想要當個有用的人，或是把歡樂帶給所有的人，即便是我從沒見過的人。我想要活下去，就算是在我死後也一樣！」

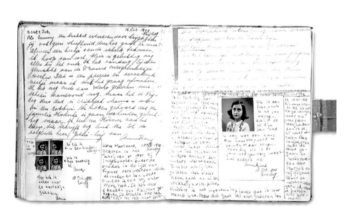

ABOVE ▲ 1952年由現代圖書館出版社（Modern Library）推出的版本，附有愛蓮娜‧羅斯福總統夫人（Eleanor Roosevelt）的引言。

LEFT ◄ 《安妮日記》的其中一頁，日期是1942年10月10日：「這是一張我的照片，我希望我看起來永遠都能像這樣。這麼一來，哪天我或許還有機會進軍好萊塢。」

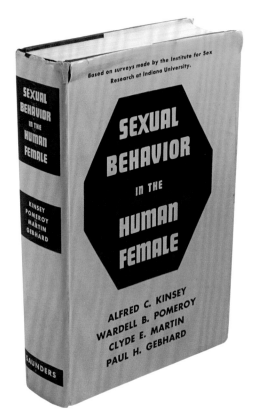

ABOVE ▲ 兩部《金賽報告》的初版,以及一張1953年的照片,可以看到金賽(中心打領結者)身旁圍繞著印第安納大學金賽研究所的成員。《金賽報告》出版後,其中針對人類性行為所彙整的資料,至今仍是有史以來最詳盡的。

金賽報告

Kinsey Reports

● 西元1948年、1953年

一位印第安納大學的動物學教授花了數年時間訪問陌生人，了解他們的性行為習慣，並且發表了兩部實證觀察報告，詳細列出受訪者所述內容。這兩本書讓一個隱晦的課題浮上檯面，挑戰了許多關於男性與女性性行為的傳統概念，也成為美國性革命的推手。

阿佛列・查爾斯・金賽（Alfred Charles Kinsey，1894-1956年）是美國印第安納州立大學教授。他在教授一門婚姻課程時，開始收集個案的性生活史資料。1941年，與洛克斐勒家族相關的慈善機構開始提供他研究資金，而該機構長期關注的就是與性有關的社會問題。這筆資金使得金賽性、性別與生殖研究中心（Kinsey Institute for Research in Sex, Gender and Reproduction, Inc.）得以編纂一本詳盡的報告，於1948年以《男性性行為》（Sexual Behavior in the Human Male）為名，交由一家商業出版社發行。

這本長達八百頁的巨著涵蓋文字、表格與圖示，記錄了一萬兩千筆臨床訪談結果，受訪男性來自各個年齡層、職業與社會背景，由一個研究學者團隊針對他們的性行為與性偏好進行調查。

一名《紐約時報》的書評鄭重其事地指出，這本書難以閱讀的程度，堪比它成書過程之艱辛：「本書很難閱讀，因為它著手的主題非常龐大，探討的是與生存本能一樣強烈的男性生殖本能，又因為我們的偏見、禁忌與預設立場──被個人經驗左右的預設立場，使得我們拿起放大鏡來檢視細節，而無視整體概念。」

美國戰後時期的現代男性有怎樣的性行為常態，在這本書裡得到了誠實的統計剖析，讀來令人意外：這些男性大多在何時有了第一次性經驗，他們自慰的頻率，婚前、婚內與婚外性行為的模式，甚至還提及他們的同性性經驗。書中關於同性戀的一段評論在當時顯得特別有爭議。金賽寫道：「男性並非二分為截然不同族群：異性戀與同性戀。這個世界不能被畫分為綿羊與山羊，也不是所有事物均非黑即白……我們愈快了解這種引人擔憂的人類性行為，就能愈快切實了解與性有關的事實。」然而，金賽的研究公開發表後，輿論的褒貶不一。有些精神科醫師抱怨這個研究計畫並未確實依照佛洛伊德理論來進行，另外有些方法學家批評該研究團隊的採樣方式，衛道人士則對這本「驚世駭俗」的報告大加撻伐。金賽的回應是：「我們只負責記錄與呈現事實，而不是論斷我們所描述的行為。」

由於這本性學報告十分暢銷，金賽後來又推出了《女性性行為》（Sexual Behavior of the Human Female，1953年），並且立即在許多領域引發強烈爭議。本書在麥卡錫主義時代問世，因此引發了一波反共產主義者的恐慌與一連串國會聽證會，宗教組織也群起抗議、駁斥該報告的實證發現。根據與超過六千名女性的訪談結果，金賽研究團隊發現，女性的性生活其實比人們先前以為的更為活躍，有26%的受訪女性在四十歲前就有過婚外性生活，表示有過同性性行為的百分比也高於男性。

這兩本書總計的銷售量超過七十五萬本，使得這一系列報告在當時成為史上最廣獲閱讀的學術報告型出版品。

許多社會研究視金賽為美國1960年代性革命的推手、助長了情趣雜誌的興起（例如自1953年開始發行的《花花公子》〔Playboy〕），也促成全世界第一款女性口服避孕藥在1960年問世。

一九八四

1984

喬治・歐威爾

● 西元1949年

我們這個時代最極致的政治小說緊接在二戰之後問世，作者是一位退伍的英格蘭散文家、記者、評論與小說家。他想像出未來的人們如何生活在一個「老大哥正在看著你」的極權社會裡，謊言奉政府之命成為真理，每個人都受到政府的嚴密管控與壓迫。

艾瑞克・亞瑟・布萊爾（Eric Arthur Blair，1903-50年）為配合出版社的行銷要求，用了喬治・歐威爾（George Orwell）這個筆名。不過他是個很有獨立思想的人，有極其豐富的人生歷練，在四十七年的人生中歷盡艱辛。他曾經在緬甸擔任殖民政府警察，在西班牙內戰時支持無政府主義、反抗佛朗哥（Franco）法西斯政府，二戰期間又備嘗磨難與個人的失去。等他前往英國內赫布里底群島（Inner Hebrides）的一座遙遠小島，在一間陋屋中創作下一部小說時，對人生已幾乎絕望。

雖然他當時剛出版頗獲好評的《動物農莊》（*Animal Farm*，1945年）——一部充滿政治隱喻的「動物寓言」，不過他整個人深受肺結核、貧困、家庭義務與憂慮所苦。如何爭取時間創作是他嚴峻的考驗。即便健康迅速惡化，外加種種煩惱，歐威爾仍奮力用一台老舊的打字機寫出他內心的願景，立意將世界從宿命中拯救出來。

這部新的小說如此開頭：「那是一個四月天，晴朗又寒冷，鐘敲了十三下。」他在開場時寫道：「在每個樓梯通道上，海報裡那張巨大的臉孔從牆面上盯著大家。這就是那種照片，設計成彷彿影中人的眼睛會隨著你移動似的。『老大哥正在看著你』，照片下方的標語這麼寫著。」

主角溫斯頓・史密斯（Winston Smith）與茱莉亞（Julia）奮力在一個瘋狂的世界裡保全自己的人性，他們的掙扎來自意識形態與情感的衝突。小說敘事的語言直接了當且就事論事。歐威爾瘋狂地寫作，盡其所能地早日完成。

歐威爾藉《一九八四》所達到的成就，文學批評家艾爾文・浩威（Irving Howe）曾有極佳評析：「這本書或許有如夢魘，也無疑源於作者的心理困擾，就如同所有的書籍。然而，本書也源於他健全的心理，否則就無法如此深刻剖析我們這個時代的社會現實。若說其中真有什麼個人夢魘存在，一定與公共事件深刻相關，也一定會幫助我們更了解這些事件。」

歷史學家就出版社為何選用這個書名爭論不休，因為歐威爾原先取的書名是《歐洲的最後一人》（*The Last Man in Europe*）。這是為了向他的偶像傑克・倫敦（Jack London）的小說《鐵蹄》（*The Iron Heel*）致敬嗎？因為那本書的背景時間也設定在一九八四年。又或者最後的書名只是把一九四八年的後兩位數顛倒，也就是本書完成的那一年？

《一九八四》在1949年6月出版時，很快就獲得大師傑作的美譽，不過歐威爾也為了完成這本書耗盡氣力。他在1950年1月21日逝於醫院。他筆下那個令人膽寒的反烏托邦被譯成超過六十五種語言，也改編成許多大小銀幕與舞台作品。2017年，因為社群網路評論家拿美國總統川普的顧問凱莉安・康威（Kellyanne Conway）所說的「另類事實」（alternative fact），來與《一九八四》的用語相提並論，讓這本書再度躍居亞馬遜網站的暢銷書榜首。

本書中的「雙重思想（doublethink）」、「思想警察（thought police）」、「101室（Room 101）」與「新語（newspeak）」等等詞彙，如今已成為人們朗朗上口的政治用語，而「歐威爾式」（Orwellian）也用來指稱嚴苛或極權式的行為。

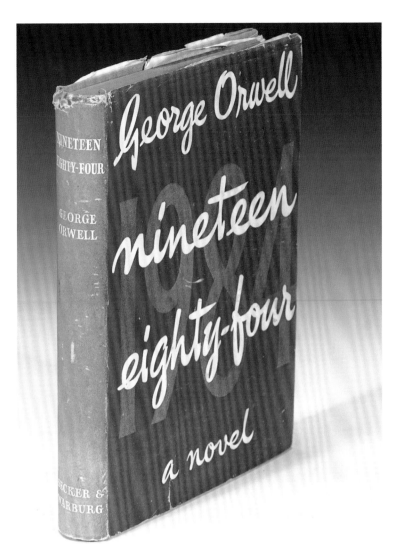

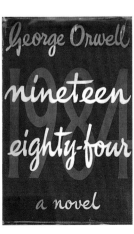

ABOVE AND LEFT ▲ ◀由塞克與瓦伯出版
社（Secker & Warburg）在1949年6月發行的
《一九八四》首版，有紅色、綠色兩種書衣。

ABOVE ▲ 西蒙・波娃在巴黎的花神咖啡館（Café de Flore）；她一天最多會花六小時在那裡寫作。

RIGHT ▶ 《第二性》初版的書名頁。本書第二部的開場白「一個人不是生為女人，而是成為女人」，被視為現代激進女性主義思想的基石。

第二性

The Second Sex

西蒙‧波娃

● 西元1949年

第二次世界大戰後，一位在法國嶄露頭角的公共知識分子將解放女性的呼聲做了進一步詮釋。她細膩地記錄下女性在歷史上所受的壓迫，其中有些來自她個人的生命經驗。在後來的第二波女性主義裡，有一股運動思潮就將這本女性主義哲學著作奉為圭臬。

西蒙‧波娃（Simone de Beauvoir，1908-86年）成長於1920年代。她出身的法國天主教背景教育十分古板而做作，令她急欲擺脫這層束縛。她在巴黎索邦大學念哲學時，與年輕的學者、作家暨倡議人士尚─保羅‧沙特（Jean-Paul Sartre，1905-80年）成為情侶，而沙特是在高等師範學院（École Normale Supérieure）研讀哲學。他們這段激進的戀情始於兩人一起為競爭激烈的高等教師資格考苦讀，後來沙特與波娃在那場考試中分居一、二名。

1946年，她動筆撰寫一篇自傳式散文，不過這個計畫後來如滾雪球般膨脹，成為一部深入剖析女性在歷史上所受處遇的專論。這部作品最初刊載於沙特創辦的《現代》（*Les Temps modernes*）雜誌，後來在1949年集結成《第二性》（法文：*Le Deuxième Sexe*；英文：*The Second Sex*）一書，分為上下冊出版，讓波娃成為法國首屈一指的激進思想代言人。

波娃首先問道：「什麼是女人？」接著回答：「男人被定義成人類，女人則被定義成女性──不論她的言行舉止如何像是人類，都被說成是在仿效男性……因此，所謂的人類是男的，而男人不是依照女人本身的特質來定義她們，而是視女人為他們的附屬品……男人定義出來的社會，也判定女人是次等人，女人唯一能擺脫這種次級地位的方式，就是摧毀男性的優越地位。」

她慷慨激昂的論文涵蓋了對雌性昆蟲、魚類與其他動物的生物學觀察，其中也包括人類，並且描述了各物種的雌性是如何受到雄性宰制、被迫順從。她也檢視並反駁了佛洛伊德與阿爾弗雷德‧阿德勒（Alfred Adler）對女性的觀點，聲稱這些心理學家探討情慾的方式有瑕疵。

根據她自己的研究，她追溯了女性處境的演進，從古希臘羅馬時代、早期基督信仰社會，到文藝復興時期的義大利與西班牙以及十九世紀的法國，並且發現女人一直都是受到壓迫、貶抑又不被重視。她的歷史研究也包含了女性參與工會的情形，及她們在節育和投票權運動中扮演的角色。她檢視了女性在科學界所受的處遇後，總結道，像瑪麗‧居禮（Marie Curie）這樣傑出的例子「強而有力地證明了女人並非天生不如男人，以至在歷史上無足輕重，而是女人在歷史上向來被定義成無足輕重，這才讓她們注定不如男人。」

波娃的研究深入剖析了社會化、性學、婚姻、母職、賣淫與其他私密的主題。

她寫道，婚姻「幾乎總是毀了女人」，還引述蘇菲亞‧托爾斯泰的話佐證：「妳一輩子都卡在裡面動彈不得，還只能待在那個位置。」

波娃在結論裡想像出一個未來：女人在各方面都會獲得平等對待，並且掌握自己的人生。

《第二性》被譯成十九種語言，又在1960年代的女性運動興起時重新風行起來。至於當時之所以會再度燃起一波女性運動風潮，要歸功於貝蒂‧傅瑞丹（Betty Friedan）所寫的《女性迷思》（*The Feminine Mystique*），以及其他受到波娃啟發的各種著作。

地中海風味料理

A Book of Mediterranean Food

伊麗莎白・大衛

● 西元1950年

就是這本書，為英國人的味蕾帶來希望。伊麗莎白・大衛在二戰後從北非回到英格蘭時，英國仍在實施食物配給制。她對英國烹飪的水準感到驚恐，於是動筆寫了這本關於地中海飲食的書籍，初衷是為了自娛。

英國烹飪的水準在二戰前並不算太糟，然而伊麗莎白・大衛（Elizabeth David，1913-92年）在去巴黎索邦大學留學後，她對食物的熱愛才被喚醒。她在1930年代初期留學巴黎，寄宿在一個法國家庭裡，而對那家人來說，用餐時間就是品賞食物的時間。伊麗莎白回到英國後，開始自學烹飪。她擁有的第一本食譜是母親送她的《珍饈之道》（*The Gentle Art of Cooking*），作者是特立獨行的希爾達・萊耶（Hilda Leyel），一位精於藥用與廚用香草的專家。

第二次世界大戰於1939年爆發時，伊麗莎白正與一位朋友在地中海駕船旅遊。他們在義大利時因被懷疑是間諜而被捕，後來好不容易經由南斯拉夫與希臘抵達埃及。之後伊麗莎白在埃及的英國新聞部任職。即便戰爭導致物資缺乏，不論伊麗莎白走到哪裡，還是會發掘在地美食。

結果等她在1946年返回英格蘭，感到非常震驚。由於德軍艦隊刻意攻擊運輸食物到英國的船隻，所以英國自1940年1月起逐步實施配給制，幾乎擴及所有食品供應，到了她回國時也不例外。這些令她大為驚恐的配給品有乾燥蔬菜與蛋、只以胡椒與麵粉調味的湯品、以及她所謂「以某種慘勝心情」做出來的餐點，「其悽慘程度簡直達到憎恨人類與人性需求的地步」。

伊麗莎白開始為雜誌撰文，回憶她在戰時享用過的地中海美食。後來這些文章集結成她的第一本書，於1950年出版，書名是直白的《地中海風味料理》（*A Book of Mediterranean Food*），但也暗示著這本書不只是食譜。這本書是關於食物以及她對新鮮食材

和當季風味的熱愛。她下筆熱情洋溢，述及孕育出地中海豐富美食的景物與生活種種，簡直有如在寫詩一般。至於食譜的部分，伊麗莎白預期她的讀者應該都有一定烹飪能力，所以沒有依照比頓夫人發明的制式指導風格來寫，而是用一種熱切的會話風格來描述，認為讀者理當知道所需的烹調時間與食材分量。

這本書受到熱烈迴響，為英國老饕在黑暗中帶來一線光明，又讓他們為了前所未聞的菜餚欣喜不已 —— 西班牙冷湯（gazpacho）、西班牙海鮮燉飯（paella）、馬賽魚湯（bouillabaisse）、巴爾幹羊腸雜碎（kokoretsi）。知名廚師與作家珍・葛里森（Jane Grigson）後來提到：「在當時，『羅勒』聽來有如王老五大叔的名字，『櫛瓜』有如外來詞彙般印成斜體，少有人懂得怎麼吃義大利麵……」甚至在伊麗莎白鼓吹使用橄欖油烹飪以前，這種油最常被英國藥局以小瓶裝買進，做為清潔耳朵之用。

《地中海風味料理》相當鼓舞人心，不過食材在當時仍不易取得，所以書中的食譜未必實用。英國的食物配給制最後總算在1954年畫下句點，企鵝圖書則在1955年為本書推出平裝版。即便有些食材仍然稀缺，大家卻總算能親手試做地中海菜了。這本書迅速走紅，而伊麗莎白・伊麗莎白讓英國民眾認識到的不只有美食，還有出色的飲食文學。從茱莉亞・柴爾德（Julia Childs）到黛安娜・亨利（Diana Henry）的眾多食譜作家，都承認他們受到伊麗莎白的文字影響，不過沒有任何一人能夠超越這本書。

ABOVE AND LEFT ▲ ◀本書初版附有書衣（上圖）以及藝術家約翰‧閔頓（John Minton）的內頁插圖（左頁圖）。歷經二戰的拮据生活，伊麗莎白‧大衛對烹飪的觀點有如一股清流。如今眾人視為理所當然的食物——大蒜、橄欖油、帕瑪森乳酪，在《地中海風味料理》問世前，英國民眾不是沒聽說過，就是抱著猜疑心態。

ABOVE AND RIGHT ▲ ▶ 本書的初版以及由約翰・伍德考克（John Woodcock）設計的書衣（上圖）。赫胥黎（右頁圖）引用威廉・布萊克的詩集《天堂與地獄的婚禮》為這本書命名：「若感官之門獲潔淨，萬物均會在人眼前本然呈現，無窮無盡。只因人已自我封閉，直至所見全是透過他洞穴中的狹隙而來。」

眾妙之門
The Doors of Perception

阿道斯‧赫胥黎

● 西元1954年

《眾妙之門》描述了作者服食迷幻藥的一次經驗，並且影響了在1950與60年代興起的用藥文化。赫胥黎鄭重地記錄下個人首次服用麥司卡林後的經歷，文筆清晰細膩，對藥物的正反面效應均賦予哲思。

阿道斯‧赫胥黎（Aldous Huxley，1894-1963年）於1937年定居加州，當時的他已是寫出反烏托邦小說《美麗新世界》（*Brave New World*）的成功作家。他在離開家鄉英格蘭以前，已經表現出對迷幻藥與靈修的興趣。在《美麗新世界》裡，當局讓人民保持溫順的方式就是不斷供應一種叫做「索麻」的虛構藥物。在他於1936年出版的戰爭小說《加薩盲人》（*Eyeless in Gaza*）裡，主角轉向東方哲學以減輕自己對

世界感到幻滅的痛苦。赫胥黎自己也對社會在二十世紀的發展方向感到失望，而這一回，他決定求助於冥想。

1952年，英格蘭精神科醫師韓佛瑞‧奧斯蒙（Humphry Osmond）的研究引起赫胥黎的注意。奧斯蒙在他於加拿大沙士卡其灣省服務的精神病院，嘗試拿麥司卡林（mescaline，萃取自烏羽玉仙人掌的致幻成分）來治療思覺失調患者。赫胥黎與奧斯蒙聯絡，並且自願在奧斯蒙陪同下試用麥司卡林，希望能藉此移除靈性啟發的意識障礙。

赫胥黎想試用迷幻藥物，可能還別有動機。兒時的一場病讓他視力大減，他有時幾乎處於完全失明狀態。所以他是否希望借助藥物得到另一種不同的視力呢？

這次實驗在1953年5月3日進行，地點是赫胥黎位於西好萊塢的自宅。《眾妙之門》（*The Doors of Perception*，直譯為「感官之門」）就是那一天的紀錄，書名取自威廉‧布萊克在1793年出版的詩集《天堂與地獄的婚禮》（*The Marriage of Heaven and Hell*）的內容：「若感官之門獲潔淨，萬物均會在人眼前本然呈現，無窮

無盡。」赫胥黎服食迷幻藥後，產生了非常視覺化的反應。比方說，一瓶花成了「赤裸存在的奇蹟」，一本講述油畫名作的書則讓他看到了抽象的色彩與圖形，就連具象作品也化為抽象。在這次迷幻之旅將盡時，花園裡的椅子看起來如此逼真，簡直到了令他瘋狂的地步。

他總結道，想要增強知覺能力，不用麥司卡林或許也可以做到，不過這種藥物仍有助益，而且絕對比菸草和酒精更有效。他寫道，麥司卡林不會讓人變得狂暴，而是恰恰相反，因為各種體驗是如此鮮活又扣人心弦，人的行動反而遲鈍起來。他承認有些用藥者可能會有糟糕的體驗，而他也覺得在大約八小時以後，藥物作用時間之長就令人感到有些不愉快了。不過整體而言，這種迷幻藥還是讓知覺有機會改變一回，值得體驗。

赫胥黎在《美麗新世界》裡原本對迷幻藥採取批判觀點，這下改觀了。他在餘生的每一年都會服用麥司卡林好幾次，並且在《眾妙之門》出版的隔年首次吸食LSD（麥角二乙胺）。此外，據說他也曾推薦心理學家提摩西‧李瑞與作家艾倫‧金斯堡（Allen Ginsberg）試用致幻藥物。英文的「致幻」（psychedelic）一詞就是由赫胥黎與奧斯蒙共同發明的。要是沒有這次試驗，我們或許也就不會有垮掉的一代（Beat）的詩人，也不會有披頭四的《比伯軍曹》（*Sgt. Pepper*）專輯、門戶樂團（The Doors，樂團名稱就來自《眾妙之門》）、胡士托音樂節，以及1960年代延續至今的種種文化遺緒了。

蘿莉塔

Lolita

弗拉基米爾·納博科夫

● 西元1955年

《蘿莉塔》是一則關於悲劇、情慾與愛情的故事，對性的描寫既露骨又極富爭議。納博科夫引人議論的主題與寫法，踩上了色情與文學難以劃定的界線。

許多有聲望的美國出版社都拒絕了《蘿莉塔》（Lolita），因為他們害怕被控以妨害風化罪。最後這本書是在1955年由巴黎專營情色小說的奧林匹亞出版社（Olympia Press）推出首版。起初這本書沒沒無名，後來才有人大力推崇它的文學成就，例如英國小說家格雷安·葛林（Graham Greene）就是最早開始讚揚《蘿莉塔》的人之一。弗拉基米爾·納博科夫（Vladimir Nabokov，1899-1977年）成功地讓讀者既能同理書中的敘事主角韓伯特（Humbert），又不齒他的作為。因此納博科夫寫的不是色情故事，而是一則強而有力的悲劇愛情故事。他優美的文筆賦予《蘿莉塔》超越情色文學的深度，促使我們對那名可憐又可鄙的敘事主角做更全面的心靈探究。

《蘿莉塔》講述三十七歲的韓伯特對一名未成年少女朵拉芮絲·海斯（Dolores Haze，也就是蘿莉塔）的迷戀。蘿莉塔在書中從十二歲成長到十七歲。韓伯特是在牢房裡以回顧的方式說這個故事。他是一個自書罪行的性罪犯，而我們對他描述的事情經過只能半信半疑。關於事發經過，我們只有韓伯特可疑的觀點，無法得知蘿莉塔的說法，所以只能靠納博科夫與我們自己來判斷這兩名人物的行為與動機。

納博科夫一邊讓韓伯特用甜言蜜語和挑逗的遊戲來引誘少女蘿莉塔，一邊也用文字遊戲與隱晦的文學手法來引導讀者看見小說裡更深沉的真相。《蘿莉塔》滿是雙關語以及對其他作品的指涉，彷彿納博科夫也在挑逗讀者的心。

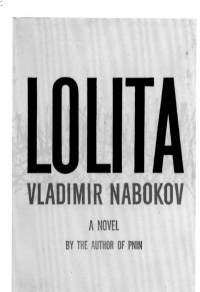

這本書不全然是關於性慾。納博科夫對於1950年代盛行的佛洛伊德心理學說做了嚴厲的批判。他假托一名虛構的精神科醫師為《蘿莉塔》寫序，在序中讚美這本書在精神醫學方面的洞見。然而納博科夫在小說中，藉由許多人物來嘲諷心理分析在著手複雜問題時有多麼無用，例如書中人物的情慾。

這本小說有多處在探討歐洲與美國因不同思維所產生的文化衝突。韓伯特是歐洲人，在美國各地旅居時常覺得格格不入，與他競爭蘿莉塔芳心的美國情敵奎迪（Quilty）就與他大相逕庭。納博科夫本身是俄國人，先在歐洲輾轉流亡才到美國東岸定居。《蘿莉塔》也細膩呈現出他移居的這個國家在1950年代的樣貌。

《蘿莉塔》所冒的風險在於，為了讓人對韓伯特產生同理，它得讓讀者在近距離看到這位性侵犯的真實面貌。不過最終讓蘿莉塔失去童貞、使她懷孕、想利用她拍色情片還有與她成家的人，都是書中其他的人物，而不是韓伯特。韓伯特最終只得到一段沒有結果的畸戀。

格雷安·葛林讓文學界注意到這部小說時，它得到的毀譽參半。曾有幾年時間，英格蘭與法國都將本書列為禁書，而在美國，出版社雖然害怕被告，《蘿莉塔》最終還是在1958年上市。如今這本小說獲推崇為文學經典，「蘿莉塔」一詞也成為英語的一部分，用來指稱性早熟的少女。

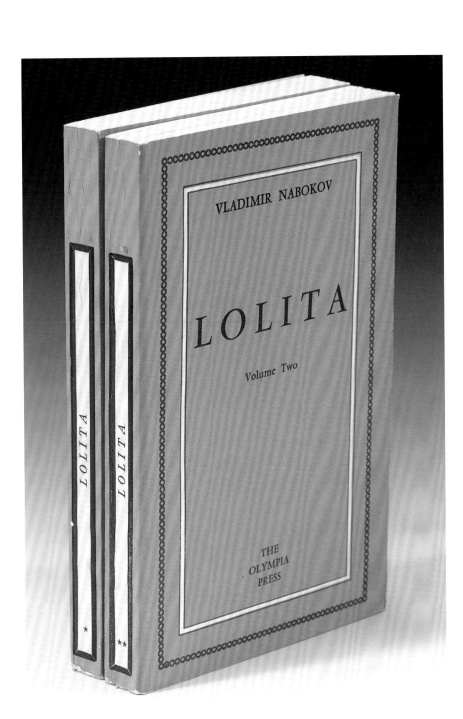

ABOVE ▲ 本書曾被維京、西蒙與舒斯特、新方向（New Directions）、法勒、史特勞斯和吉魯（Farrar, Straus）以及道布戴爾（Doubleday）等多家退稿，初版後來是由巴黎的奧林匹亞出版社分上下冊發行。

LEFT ◀ 美國初版是在1958年由普特南出版社發行，上市三週便銷售十萬本。

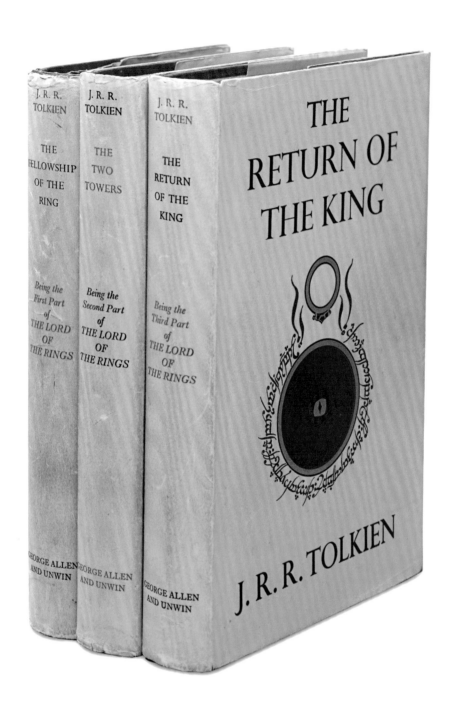

ABOVE AND RIGHT ▲ ▶ 《魔戒現身》的書名頁（右頁圖）以及《魔戒》三部曲全集（上圖），在1954年7月與1955年10月間由喬治‧艾倫與昂溫出版社發行。在1966年的一次訪談中，托爾金對於將魔戒三部曲拍成電影的想法感到不以為然：「你不能把文字敘述擠進一齣戲裡，還不如去拍《奧德賽》比較容易，那裡面發生的事少多了，就幾場暴風雨而已。」

魔戒

The Lord of the Rings

J・R・R・托爾金

● 西元1954-55年

一位牛津大學的語言文字學家曾經自人類史上傷亡最慘重的戰役之一倖存，後來他花了十二年時間，寫出一套分為三部曲的史詩奇幻小說，內容敘述在一個虛構的中世紀時空裡，各方敵軍在「中土世界」的惡戰。這部經典創作後來成為史上最暢銷的小說之一，對這類由作者憑空想像整個背景世界的書籍、電影與遊戲來說也是典範。

J・R・R・托爾金（J.R.R. Tolkien，1892-1973年）生於南非、在英格蘭長大，成年後在牛津大學講授語言文字學，並且利用閒暇時間撰寫奇幻小說。由於他早先出版過的奇幻小說《哈比人歷險記》（The Hobbit，1937年）相當暢銷，出版商央求他寫一部續集，於是托爾金就透過他稱為「神話創作」（mythopoeia）的過程，為他在前作中虛構的世界做更深入的鋪陳。

托爾金博學多聞，又有豐富的想像力，不論是北歐與日耳曼神話、凱爾特傳說、童話故事，以及來自許多文化的古老神話，都是他取之不盡的靈感寶庫。他對《貝武夫》（Beowulf）與其他中世紀文獻加以研究，再運用他的威爾斯語知識，為小說自創一套命名與用字模式。托爾金曾在一戰期間參加過索母河會戰與其他戰役，所以他在筆下也融入了個人回憶中戰鬥造成的慘烈情景，並且表現出他堅信的天主教世界觀。

托爾金為《魔戒》筆耕不輟超過十年，而根據他與喬治・艾倫與昂溫出版社（George Allen & Unwin）簽訂的合約，除非這本書打平收支、開始盈利，托爾金才會獲得高額分紅，在那之前他既沒有任何預付金，也不會有版稅。那家出版社起初以為托爾金這部「神作」根本賺不到錢。

這部小說的名字來自故事裡的反派主角魔王索倫（Dark Lord Sauron），他打

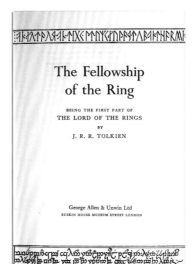

造出至尊魔戒以控制其他的統御魔戒，並且發起殘忍的戰事以征討並一統中土世界。故事裡有大批奇異的人物，而他們身陷善惡間的強烈掙扎：「這個世界確實充滿凶險，也有許多黑暗之處；然而，這世界仍有許多美好的地方，即便放眼望去，愛如今與傷痛交織，不過愛或許也因此更加茁壯。」

《魔戒》最終在1954年7月與1955年10月間分成三部曲出版，分別是《魔戒現身》（The Fellowship of the Ring）、《雙城奇謀》（The Two Towers）以及《王者再臨》（The Return of the King）。

雖然評論起初褒貶不一，《週日電訊報》（Sunday Telegraph）仍稱這部小說是「二十世紀最偉大的幻想小說之一」，詩人奧登（W.H. Auden）則對托爾金的「大師傑作」驚嘆不已，甚至拿《魔戒》與米爾頓的《失樂園》相提並論。

隨著時間過去，這部小說愈來愈受歡迎，後來又受到改編電影刺激買氣，成為史上最暢銷的小說之一，銷量超過一億五千萬本，也譯成了至少三十八種語言。托爾金的原始手稿共有9,250頁，現由美國密爾瓦基的馬凱特大學（Marquette University）收藏。

《魔戒》除了小說本身很成功，也促成了一個欣欣向榮的電玩領域，遊戲背景都是類似托爾金創造出來的虛構世界。

在路上

On the Road

傑克‧凱魯亞克

● 西元1957年

這是「垮掉的一代（Beat Generation）」最具代表性的小說。凱魯亞克這場近乎自傳的探索之旅，訴說了友誼的連結與極限，以及美國在戰後種種破碎的夢想與失敗的計畫。

歷經二戰的動亂後，美國進入一段人民渴盼的穩定期，在和平時代迅速發展的經濟也讓美國開始享受勝戰與戰時工業發展的利益。當時民眾最關心的是穩定的工作、發達的事業，以及美滿的家庭。

這種美國白人中產階級的傳統觀點不免也引發了反抗。諸如艾倫‧金斯堡（Allen Ginsberg）、威廉‧布洛斯（William S. Burroughs）與尼爾‧卡薩迪（Neal Cassady）等多位作家，都想追尋生命在物質成功之外更重要的意義。這些「垮掉的一代」（Beat Generation）的代言人物認為，人們順從戰後的消費主義，過著乏味的生活，讓心靈變得呆滯，直至崩壞——這就是「垮掉」的意義。

傑克‧凱魯亞克（Jack Kerouac，1922-69年）也是垮掉的一代其中一位作家，對他來說，心靈崩潰還有更深刻的意義，會讓人簡化到只剩核心，一種幾近幸福的狀態，而且從此以後人生就只會向上進步。垮掉的一代運動不只是某個世代對上一代無止盡的反叛，而是一趟心靈之旅。在1940年代，凱魯亞克與卡薩迪共同進行了一系列公路之旅，想要尋找另一種美國以及更有靈性的生活方式。他在1961年給一名學生的信裡寫道：「這說穿了就是兩個信天主教的哥兒們為了尋找上帝到處開晃。最後我們也找到祂了。」

1950年，凱魯亞克收到一封卡薩迪的信，內容冗長又支離破碎，結果啟發凱魯亞克發明一種他稱之為「自發書寫」（spontaneous prose）的創作手法。凱魯亞克已經在嘗試把他們的旅行寫成小說，不過現在他從頭開始，用一種有如爵士即興獨奏的筆法來講這個故事，使用一連串綿延不絕的意識流，既不分段，也不換頁。他把打字紙黏成三十幾公尺長的一大卷，就在上面打出第一份草稿。

《在路上》（On the Road）歷經多次改寫，例如將小說人物改冠以虛構名字，並且刪除一些露骨的性愛橋段，最後在1957年出版。凱魯亞克成了薩爾‧派瑞戴斯（Sal Paradise），艾倫‧金斯堡是卡羅‧馬克思（Carlo Marx），威廉‧布洛斯是布爾‧李（Bull Lee），尼爾‧卡薩迪則成為狄恩‧莫里亞提（Dean Moriarty）。

在書中，薩爾很欽佩狄恩狂野不羈的精神。他們在美國來回進行了四次旅行，遇見一連串人物，促使他們對階級、種族、順從和改變都產生疑問。然而因為酒精、藥物與性愛的作用，他們逍遙自在的程度隨著每趟旅程遞減。狄恩雖然是有趣的玩伴，卻不是可靠的朋友。最後他們分道揚鑣時，心中都有些遺憾，也有一種或許大家最終都必須長大的感想。

凱魯亞克這種有如印象派繪畫的創新文筆所得到的毀譽參半。有人盛讚這種寫法開創新局，也有人批評這種自我沉溺的風格沒有出路可言，整部小說基本上什麼事也沒發生。

《在路上》的風格創新，也是垮掉的一代最傑出的作品，為1960年代的種種激進運動打下基礎，並且啟發了包括巴布‧狄倫（Bob Dylan）、吉姆‧莫里森（Jim Morrison）、湯姆‧威茲（Tom Waits）、亨特‧湯普森（Hunter S. Thompson）在內的眾多創作人，以及《逍遙騎士》（Easy Rider）、《末路狂花》（Thelma and Louise）等電影作品。在今天這個高度專業化、過度管控、過度保護的世界裡，服從社會與事業發達再度成為人們因循的目標。《在路上》可能再次為我們帶來了啟發。

ABOVE ▲ 照片中是1951年4月時的凱魯亞克與他的小說手稿；他正把稿子打在三十幾公尺長的紙卷上。

RIGHT ▶ 維京出版社於1957年發行的初版精裝本。

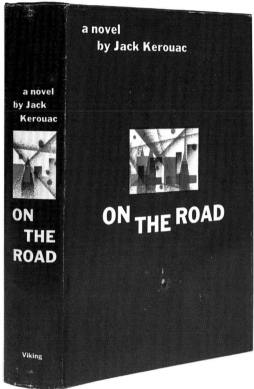

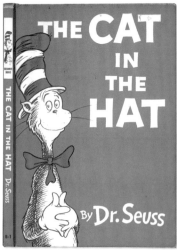

ABOVE AND LEFT ▲ ◀ 希奧多‧蓋索（蘇斯博士）與一本早期版的《戴帽子的貓》—「這是我最自豪的一本書，因為它對終結迪克與珍系列讀本不無功勞。」這本書歸在藍登書屋當時剛推出的初級讀本（Beginner's Books）系列裡出版，目標讀者是年齡介於三到九歲間的兒童。

戴帽子的貓

The Cat in the Hat

蘇斯博士

● 西元1957年

這本書打破了幼兒文學的固有模式。蘇斯博士立志寫出一本另類的作品，有別於「蒼白無力的讀本，裡面的兒童有禮貌得不正常，也乾淨得很做作」。結果他為我們創造出一個兒童眼中會看到的世界：樂趣無窮。

蘇斯博士（Dr. Seuss，1904-91年）本名希奧多·蘇斯·蓋索（Theodor Seuss Giesel），是生於德裔移民家族的美國人。他在筆名裡用上「博士」兩字是為了討父母歡心，因為他們希望他讀醫，不過他早年是擔任書籍、廣告與戰爭宣傳品的插畫家維生。他的第一本童書《我在桑樹街上看到的東西》（*And to Think That I Saw It on Mulberry Street*）在1937年出版前被二十家出版社拒絕過。

那本書的書名與內文已經有了他招牌的韻律與韻腳，這種風格後來又在《戴帽子的貓》（*The Cat in the Hat*）這本書裡有更多展現。蘇斯博士用的是抑抑揚格的四音步句——一個句子裡的字可以分成四組，每組裡有兩個非重音音節與一個重音音節。許多偉大的詩人都用過這種格律，例如拜倫（Byron）與布朗寧（Browning），以表達一種戲劇化又有躍動感的情緒。這種緊湊的節奏也帶來出一種喜感。

蘇斯博士會創作《戴帽子的貓》，是為了回應1950年代時，有評論認為當時的兒童初級讀本並不理想。例如「迪克與珍」（Dick and Jane）系列便是沿用自1930年代的產物，那種過分簡化的說教故事對孩子來說索然無味，拿來教閱讀的效果也很差。蘇斯後來宣稱，《戴帽子的貓》「是我最自豪的一本書，因為它對終結迪克與珍系列讀本不無功勞。」

編輯威廉·史鮑汀（William Spaulding）根據六到七歲兒童的程度列了一張有三百四十八個字彙的清單給蘇斯。蘇斯可以從中挑選兩百二十五字，寫成一本更好的初級讀本。蘇斯因為這些限制感到很喪氣，決定拿名單上頭兩個彼此押韻的字來寫一則故事。這兩個字自然就是「貓」（cat）跟「帽子」（hat）了。最後，他在這本書裡用了兩百三十六個不同的字彙。

最後呈現的是一個魅力無窮的故事，主角是一隻戴著紅白條紋帽的貓。某天下午，牠出現在一對因為雨天被關在屋內的兄妹家裡，以無法無天的行為替兩個孩子解悶。牠大鬧一番，把家裡搞得一團混亂卻又讓孩子笑個不停；牠拿耙子與金魚等家常物品來玩雜耍，又帶來「東西一」與「東西二」兩個跟班（代表兒童魯莽自我的化身），讓牠們在走廊上放風箏。然而等母親回家的時間近了，滿屋子混亂讓孩子們從嬉笑轉為焦慮，此時戴帽子的貓又讓一切恢復原狀，旋即離開。

多年來，這本書所受到的分析之徹底，已到了荒謬的地步。例如，有人說那隻表示反對的金魚代表美國文化裡毫無樂趣、清教徒式的性格，那隻戴紅色帽子的貓與兩個穿紅色連身衣的跟班則代表1950年代麥卡錫主義當道時，入侵美國的赤色共產無政府主義。今天我們可能會覺得那隻貓是一個不願循規蹈矩的龐克風格，這風格可是領先了牠的時代足足二十年。

蘇斯博士顯然很認同這隻貓——牠的長相與蘇斯不無相似之處，牠在打掃善後時苦著臉的模樣，似乎也表達出蘇斯的遺憾。這本書歷久不衰，簡潔的韻律與韻腳也證實很能鼓勵兒童自行閱讀。更重要的是，這本書證明蘇斯有能力透過兒童的眼睛看世界，而「迪克與珍」永遠無法像他一樣了解兒童的笑點。

分崩離析
Things Fall Apart

奇努瓦·阿契貝

● 西元1958年

在奈及利亞即將自大英帝國獨立之際，一位奈國作家寫出了個人代表作，後來成為世界文學的一座里程碑——這是第一本傑出的非洲小說，從一名非洲人的觀點來敘事，用的卻是殖民壓迫者的語言，故事主軸則是一個傳統社會如何歷經劇烈的文化改變。

奇努瓦·阿契貝（Chinua Achebe，1930-2013年）是個孤兒，由祖父撫養長大，而他成長的「伊博地」（Igboland）曾經在他出生前被英國殖民政府佔領大約四十五年。他在成長過程中接觸到了兩個世界——白人殖民者的基督教文化，以及自英國統治苟延殘喘下來的傳統伊博文化。阿契貝在伊巴丹（Ibadan）大學學院念英國文學時，應課程要求閱讀了以非洲為主題的作品，例如魯德亞德·吉卜林（Rudyard Kipling）、約瑟夫·康拉德（Joseph Conrad）與喬伊斯·凱瑞（Joyce Cary），結果阿契貝對這些作家描寫他同胞的方式深感震驚。後來他寫道：「我開始領悟到，即便小說無疑是虛構的，還是有對錯可言。這跟新聞報導的真假不同，而是小說的態度是否漠不關心、它的意圖為何，以及它是否正直真誠。」

因此，他開始埋頭創作一部以自己家鄉為主題的小說，從曾被殖民的非洲人觀點來陳述事實。他希望這部作品能幫助自己的國家恢復被殖民前的認同，並將故事背景設定在他父母出生以前，也就是伊博地剛開始被殖民的時期；傳統村落的生活就是在那段期間「分崩離析」。

這本書問世時，恰逢奈及利亞正式脫離英國殖民統治。西非的這塊地方數百年來都是奴隸貿易的目標，又歷經各種形式的英國管控與影響，這下總算要成為獨立的國家了。

因為阿契貝創作時沒有使用任何在地母語，而他解釋他之所以用英文寫小說，是在藉此反擊把這種語言「強灌進我們喉嚨」的文化。

《分崩離析》開篇的第一

句，就把讀者帶回書中人物發現自己歷經劇烈轉變之前的時期。「歐康闊（Okonkwo）的名氣之響亮，不只遍傳九個村莊而已，更遠的方都有人聽說過他。」

敘事者描述歐康闊在烏默非亞（Umuofia）村的生活，而當時基督教傳教士正要進駐那個村莊並加以統治。阿契貝把他的主角描寫成一個有許多優點的人：工作勤奮又有榮譽感，展現出力量與自尊。這與黑人在先前由白人寫的小說中呈現的刻板形象大不相同。

他也沒有把西方文化塑造成開明而世故的樣子，而是「傲慢又有種族優越感」，並且呈現殖民者如何一一摧毀當地制度，以消滅本土文化。

《分崩離析》廣獲世人推崇為第一本由非洲人撰寫的重要小說，被譯成五十種語言，銷售超過一千萬冊，也公認是二十世紀文學最出色的書籍之一。這本書為非洲作家另闢蹊徑。奈及利亞作家奇瑪曼達·恩格茲·阿迪契（Chimamanda Ngozi Adichie）就說她的小說受到阿契貝影響：「閱讀他的作品使我生出勇氣，讓我覺得我可以寫自己熟悉的事物。」

阿契貝陸續又出版了幾部作品，後來在1990年移居美國，在紐約州哈得遜河畔安嫩代爾（Annandale-on-Hudson）的巴德學院（Bard College）任教，直到2013年逝世為止。

ABOVE AND LEFT ▲ ◀ 海涅曼出版社在1958年推出的英國初版
（上圖）。隔年問世的美國初版（左頁圖）加了副標題「一名好
漢的故事」。

ABOVE ▲ 由李平寇特出版社發行的初版書衣，上面印了楚門‧卡波提的推薦
語：「出自世間罕有之人的傑出小説處女作」。

RIGHT ▶ 英國首版由圖書社（Book Society）發行，這是一個每月聚會的讀書
會，會將該社認為必定暢銷的書籍列為「精選」。

梅岡城故事
To Kill a Mockingbird

哈波・李

● 西元1960年

這本迷人的小說在推出後驚人地暢銷，內容是一個發生在1930年代阿拉巴馬州小鎮、關於種族與正義的故事。本書讓原本籍籍無名的作者成為國際名人，並且在美國促成了後續的民權運動與公設辯護人制度。

　　哈波・李（Haper Lee，1926-2016年）在阿拉巴馬州的門羅維（Monroeville）長大，有個兒時好友叫做楚門・珀森斯（Truman Persons），兩人都立志成為專職作家，而珀森斯就是後來的楚門・卡波提（Truman Capote，1924-84年）。卡波提曾前往堪薩斯州為寫作進行調查，李也陪他同行，一方面是為了幫忙掩飾卡波提身為高調男同志、特立獨行的形象。當時卡波提已是小有名氣的作家，也很懂得自我推銷，後來他利用此行所得的素材寫成《冷血》（In Cold Blood）一書。

　　《冷血》於1966年出版，大獲成功，也讓卡波提的名聲益發水漲船高。然而李比他更有成就——她贏得普立茲獎、書也賣得更好，而這讓卡波提心生嫉意，使得李更加不願公開露面，也對出版其他小說意興闌珊。後來李在一封信中向朋友透露：「我是他認識最久的朋友，不過我做了一件楚門無法原諒的事：寫了一本能賣的小說。」卡波提就這樣繼續忌妒了李二十年。

　　李為了她的第一本小說奮力寫了好幾年，靠朋友的接濟過活，交出一堆改了又改的稿子給她在李平寇特出版社（J.B. Lippincott）的編輯，然而這部作品成為暢銷書的前景並不樂觀。不過《梅岡城故事》推出後受到讀者空前的歡迎、成為學校的指定讀物，後來又改編成賣座電影，由巨星葛雷哥萊・畢克（Gregory Peck）主演。

　　李根據家鄉小鎮的人物與事件來創作這本書，

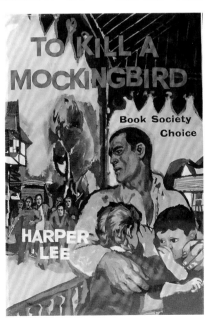

藉由一名早熟的六歲小女孩琴・露易絲・芬奇（Jean Louise Finch，也就是絲考特〔Scout〕）來敘事。絲考特與哥哥傑姆（Jem）和鰥居的父親阿提克斯・芬奇（Atticus）同住，父親在小鎮上當律師。這個背景設定在1933-1935年的故事，深入剖析了美國深南部（Deep South）的種族與司法議題，主軸是一椿阿提克斯被指定為嫌犯辯護的跨種族強暴案。

　　這本書問世時，美國剛進入當代的民權運動時代，嬰兒潮的年輕世代即將成年，李處理的又是一個棘手而重大的社會議題，時機可謂再好不過。《梅岡城故事》探討純真的核心主題引起了讀者與觀眾的共鳴。許多年輕人都受到這本書的啟發，決定向阿提克斯看齊、從事法律工作，或是想成為跟哈波・李一樣的作家。這本書銷售超過三千萬本，改編電影至今仍是經典。不過這本書也因為對種族與強暴議題的著墨，外加用了粗話，所以延續了《頑童歷險記》的傳統，成為最具爭議的書籍之一。

　　2015年，李在快要辭世前出版了第二本小說《守望者》（Go Set a Watchman）。不過她在這本書裡把經典人物阿提克斯描寫成一個心胸狹隘的人，讓這個想法開明的完美典範破滅，震驚了讀者。其實《守望者》才是李寫的第一部小說，只是沒有先於《梅岡城故事》出版；這本書被視為《梅岡城故事》的雛形，獲得的評價則是褒貶不一。

寂靜的春天
Silent Spring

瑞秋・卡森

● 西元1962年

一個意志堅決的海洋生物學者暨自然作家撰文講述殺蟲劑如何汙染環境，不只震驚了讀者，也引來化工界對她進行猛烈的人身攻擊。然而她可信的報導與挺身而出的典範，激起新一波環保運動以及大規模的改革。

瑞秋・卡森（Rachel Carson，1907-64年）是令人意想不到的美國英雄。她是家境普通的未婚女性，做過一連串的研究工作，也擔任過美國魚類及野生動物管理局（US Fish and Wildlife Service）的編輯。後來她以自由撰稿人的身分寫出了一些成績，讓她得以成為專職作家。

美國為因應兩次世界大戰、韓戰與軍備競賽，製造出許多軍備化工產品，而人造化學殺蟲劑就是這些物質的衍生發明與沿用。不過殺蟲劑不僅被濫用，泰半也未受管控，而卡森愈來愈關切這個問題。美國農業部（US Department of Agriculture）帶頭使用有毒物質來消滅害蟲，在公共與私人土地上大面積空灑。卡森在進行魚類與野生動物研究期間，變得特別關注某種化學殺蟲劑的效應，也就是滴滴涕（dichlorodiphenyltrichloroethane, DDT），一種無色無味、幾乎聞不出來的有機氯化合物，當時被廣泛用來滅蚊。

1958年1月，卡森讀到她的朋友歐嘉・歐文斯・哈金斯（Olga Owens Huckins）寫給一家波士頓報紙的讀者投書。哈金斯住家附近的自然保護區有大量鳥類、蜜蜂、蚱蜢與其他生物死亡；她公開譴責這種情形，並且認為元凶是近來的農藥空灑。卡森開始認真研究這個課題，從科學家與政府官員處收集了廣泛的證據，其中有些讓她追溯到一些醫學資料，顯示致癌化學物質會造成什麼樣的效應。卡森在這段期間也罹患了乳癌，接受了乳房切除手術與其他癌症療法，不過她仍繼續撰寫一本與環境污染有關的書。

《寂靜的春天》（Silent

Spring）首先於1962年6月16日在《紐約客》（The New Yorker）雜誌上開始連載，接著很快由霍頓・米夫林出版社（Houghton Mifflin）集結成書發行，受到科學家與環保人士的熱烈擁戴。只不過強勢的化工業遊說人士也發起猛烈攻擊，指控卡森是個三流科學家。曾任美國農業部長的艾茲拉・塔夫特・班森（Ezra Taft Benson）就說，因為卡森未婚，雖然她長得好看，仍然「有可能是個共產黨人」。

即便卡森為癌症所苦，還是出席了參議院的小組委員會，為管控有害物質法規的必要性作證，使得阿拉斯加州的參議員歐內斯特・格林寧（Ernest Gruening）評道：「人類歷史上，不時總會出現一本大為扭轉歷史進程的書。」卡森對全人類發出警訊：「我們草率又具毀滅性的行為介入了地球龐大的自然循環，遲早會讓我們自己身受其害。」

《寂靜的春天》銷售超過兩百萬本，公認是史上影響最深遠的科學書籍之一，卡森也獲得「自亨利・大衛・梭羅以來最有影響力的環境作家」的美譽。她的書衍生出一場革命，但仍無法平息爭議：工業大廠繼續詆毀這本書與她鼓吹的理念，宣稱化學物質在空氣、水與土壤中所造成的效應都被那些警告過分誇大了，還呼籲鬆綁環保法規與管控。

卡森於1964年逝世，享年五十七歲。

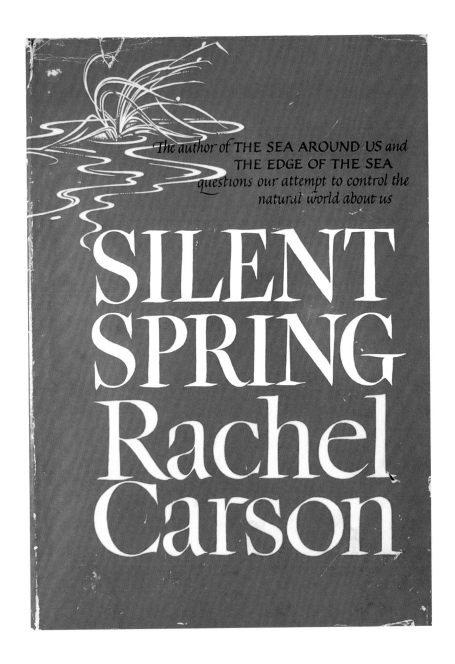

ABOVE ▲ 《寂靜的春天》首版。書名靈感來自約翰‧濟慈（John Keats）
的詩〈無情的美人〉（La Belle Dame sans Merci）；濟慈在詩中暗示出一個
荒蕪的未來。

LEFT ◄ 瑞秋‧卡森拿著一本《寂靜的春天》。自然史學家大衛‧艾登堡
爵士（Sir David Attenborough）將《寂靜的春天》評為繼達爾文的《物種
起源》後最重要的科學類書籍。

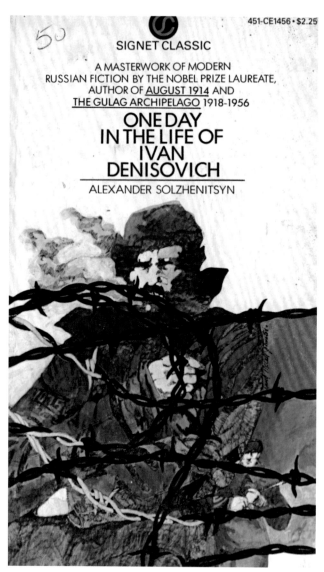

SIGNET CLASSIC

451-CE1456 • $2.25

A MASTERWORK OF MODERN
RUSSIAN FICTION BY THE NOBEL PRIZE LAUREATE,
AUTHOR OF AUGUST 1914 AND
THE GULAG ARCHIPELAGO 1918-1956

ONE DAY
IN THE LIFE OF
IVAN
DENISOVICH

ALEXANDER SOLZHENITSYN

a Penguin Book 3/-

One Day in the Life
of Ivan Denisovich

Alexander Solzhenitsyn

THE MASTERPIECE ON
LIFE IN A STALINIST LABOUR
CAMP WHICH SHOOK RUSSIA
AND SHOCKED THE WORLD

ABOVE ▲ 於1963年同年推出的美國版（左）與英國版（右上）。在艾基巴斯圖茲勞改營服刑的索忍尼辛（右下）；這段經歷帶給他《伊凡‧傑尼索維奇的一天》的創作靈感。烏克蘭作家維塔利‧柯羅帝區（Vitaly Korotich）如此強調這本小說的衝擊：「蘇聯是被資訊公開打垮的——而這波打擊始於索忍尼辛的『一天』。」索忍尼辛在1969年被逐出蘇維埃作家工會，並於隔年獲得諾貝爾文學獎。

伊凡·傑尼索維奇的一天

One Day in the Life of Ivan Denisovich

索忍尼辛

● 西元1962年

本書是一位諾貝爾獎得主對極權政府的控訴。索忍尼辛對於蘇維埃強制勞改營生活的描述，源於他的個人經驗。更重要的是，本書最終改變了它所描寫的那個世界。

亞歷山大·索忍尼辛（Alexsander Solzhenitsyn，1918-2008年）在二戰期間曾是蘇聯軍隊的軍官。他在1945年被捕，被判處在「古拉格」（gulag）服刑八年，也就是蘇聯的祕密勞改營。至於他的罪行，是在寫給友人的私人信件裡批評史達林與德國開戰的做法，所以當局依蘇維埃刑法第五十八條起訴他，在那個年代，任何行為舉止幾乎都能用這條法規扣上反動罪名。索忍尼辛出獄後又被流放到哈薩克，不過在史達林死後，赫魯雪夫在蘇聯執行去史達林化政策，於是索忍尼辛獲准在1956年返回莫斯科，並且在那裡開始撰寫《伊凡·傑尼索維奇的一天》（One Day in the Life of Ivan Denisovich）。

主角伊凡·傑尼索維奇因為觸犯刑法第五十八條，被判處到勞改營服役十年，罪名則是他讓自己被德軍俘虜監禁。書名裡的「一天」，就只是他在勞改營裡度過的三千六百五十三天之一。這部中篇小說將伊凡·傑尼索維奇清醒的時光分成二十四個部分來敘述，時而描寫那一天裡發生的事件，時而對蘇聯刑事系統之殘酷進行哲學思考。

勞改營裡的管理非常嚴峻而殘忍，對囚犯的身心都是懲罰。在伊凡·傑尼索維奇所屬的第一○四工作小隊裡，雖然獄友們會彼此合作，甚至也會有善意的舉動，不過在勞改營存活的準則仍是適者生存。伊凡·傑尼索維奇之所以熬得下去，都是因為拼命工作加上幫助其他獄友後獲得的一點回饋。他必須把配給食物剩餘的麵包塞進床墊裡藏好，還把一整塊餅乾送給一名獄友，而這就是他在那一天裡最仁慈的舉動了。

這本書用平緩又輕描淡寫的筆法，呈現出在無止境的不公刑罰之下，人類為保有人性尊嚴所做的奮鬥。殘酷是例行公事，第一○四小隊二十幾名成員的隱私與個人特質都被剝奪，其中大多數人都是因為那條籠統的刑法第五十八條獲罪。

索忍尼辛肯定無法想像，這本書有天可以在他由極權政府統治的祖國出版。然而在1962年，他還是把這篇小說投稿到莫斯科首屈一指的文學刊物《新世界》（俄文：Novy Mir；英文：New World）。更令人驚訝的是，該社編輯認為索忍尼辛寫得很好，向共產黨申請刊出。據說赫魯雪夫親自批准了這篇小說，因為他認為這是動搖史達林殘留勢力的機會。《伊凡·傑尼索維奇的一天》不但立即引發強烈衝擊，也為蘇聯人民帶來宣洩的出口。這是首次有人公開指認祕密勞改營的存在，蘇聯人民在此之前都不敢談論這件事，外界也不知道有這種機構。

索忍尼辛這本小說引發轟動，不過等到赫魯雪夫在1964年失勢，他的史達林派政敵發動政變，開始廢止赫魯雪夫推行的改革。有人開始詆毀索忍尼辛，還有人企圖毒害他，他後續的小說都只能在其他西方國家發表。1970年，索忍尼辛獲頒諾貝爾文學獎，而文學獎委員會在表揚他時特別點名《伊凡·傑尼索維奇的一天》這本書。

1974年，索忍尼辛遭到逮捕，並且被遣送到西德。最後他在美國定居，在蘇聯解體後才得以返回俄羅斯。蘇聯政治垮台的起因是戈巴契夫發動的經濟改革，而啟發這些改革的，就是《伊凡·傑尼索維奇的一天》。

女性迷思
The Feminine Mystique

貝蒂·傅瑞丹

● 西元1963年

《女性迷思》是第二波女性主義的基石，光是本書問世時所引發的強烈反應，就足證貝蒂·傅瑞丹正中問題核心。

西方世界興起的第一波女性主義是所謂的婦女參政運動時期，訴求目標是為女性爭取自主的財產權和投票權。第三波的解構女性主義始於1990年代，既認可女權運動至今所獲得的成功，也承認其失敗之處，主要強調女性在性別、種族、宗教與文化上的多元與個人特質。至於最關鍵的「第二波」女性主義關切的是女性在家庭和工作場合的權利，以及女性身體的自主權，而這一波運動的濫觴就是貝蒂·傅瑞丹（Betty Friedan，1921-2006年）在1963年出版的《女性迷思》（The Feminine Mystique）。

傅瑞丹曾經為了家庭放棄博士學位與新聞業的大好前途，她在懷了第二胎的時候遭到解雇。不過到了1950年代，她開始對自己的主婦生活感到不滿足。後來她在大學學院的同學會上調查女性校友的景況，發現有些人跟她一樣，依循社會主流價值過著完美又幸福的主婦生活，卻又隱約有些不快樂。

這次調查結果成為《女性迷思》的基礎。傅瑞丹聲稱，所謂「迷思」是媒體與廣告業營造出來的，將女性塑造成沒有工作又未受良好教育的妻子、母親與性感之身。女人完全被依照生理特徵來定位，男人卻能自由挑選想擔當的社會角色。

廣告形象鼓勵女性將持家視為一份工作，所需工具則由製造業者與廣告商提供。雜誌文章也會鼓吹這種印象，例如主張教育程度太高的女性會變得不夠有女人味，難以吸引男性。

反之，有吸引力的理想女性是身材苗條、頭腦簡單的金髮美女，且這理想典型又對黑人女性造成雙重歧視。

女性也因此較早結婚，也會生育更多小孩，以免成為剩女。然而她們在扮演這種角色時並不快樂。在《女性迷思》裡，傅瑞丹鼓勵女性走出家庭，在更寬廣的社群裡尋求幸福與自我實現。她特別強調更積極參與政治活動的重要性。「我們再也無法忽視女人內心的這種聲音：『我想要的不只是我的先生、孩子和家庭。』」

這本書一問世立刻造成強烈衝擊。美國在《女性迷思》出版後不到一年內就通過男女同工同酬法案，這本書也在十二個月內賣了超過一百萬本。緊接而來的是強烈反彈。這本書讓許多中產階級白人女性認識了女性主義，但也有人抱怨傅瑞丹忽視了社會的其他面向。樂於擔任家庭主婦的女人埋怨，說主婦對自己擁有的一切不滿足是很不公平的。男性也抨擊傅瑞丹的理論不僅是假科學，下筆也過於刻薄。

傅瑞丹在後續十年間直接參與創辦了美國國家婦女學會（National Organization for Women）、廢除墮胎禁制法協會（National Association for the Repeal of Abortion Laws）以及國家婦女參政小組（National Women's Political Caucus）——這三個機構至今仍在為女性服務。

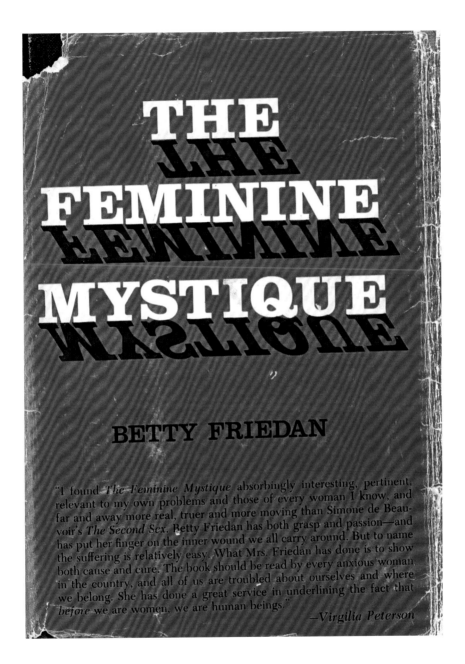

ABOVE AND LEFT ▲ ◀ 本書初版（上圖）與1963年6月登在《紐約時報》的一則本書第七版的廣告：
「傅瑞丹女士將一柄鋒利又冷靜的斧頭揮向娃娃屋——自從易卜生筆下的娜拉猛關上她那棟娃娃屋
（中文又譯為《玩偶之家》）的大門後，這個幻象仍然誘騙了太多傅瑞丹的女性同胞困居其中。」
（左頁圖）。

LEFT ◀1964年原版的紅色塑膠封面。上面壓印的紅星是常見的共產主義標誌，據說代表勞工的五根手指，或是五個社會群體（勞工、青年、農民、軍人、學者）。

毛主席語錄

Quotations from Chairman Mao Tse-tung

● 西元1964年

《毛主席語錄》在它最盛行的時期是全世界最廣獲翻印的書。毛澤東這本「小紅書」會擁有如此崇高的地位，幾乎是出於偶然，起因於全中國對毛主席人格的瘋狂崇拜。它在毛澤東死後也失去了魅力，但不論在東西方仍經常有人引用其中內容。

《毛主席語錄》就如同許多書籍，前身是報紙的專欄文章，最初是在1960年代刊載於《解放軍日報》，是用來激勵人民的「每日思想」。後來有兩百條「毛思想」被編纂成一本小手冊，在1964年元旦期間的一場會議裡發送給與會人士。經過一連串改編與增訂，最終的《毛語錄》版本收錄了四百二十七條的毛澤東（1893-1976年）言論。毛澤東是當時的中國共產黨黨主席，他在1949年宣告中華人民共和國成立，從此以後便成為領導中國的革命明燈。

這本語錄的主題始於「共產黨」（「我們應當相信群眾，我們應當相信黨」）、終於「學習」（「對自己，『學而不厭』，對他人，『誨人不倦』」），羅列其間的有「自力更生，艱苦奮鬥」、「批評和自我批評」與其他二十九大項。這本手冊的初衷是穩固解放軍軍心，因為毛澤東在1950年代發起促進工業化的大躍進，卻以失敗告終，而他在那段期間非常仰賴軍隊為他鎮壓異己。

1965年，毛澤東預計在隔年推行文化大革命，於是開始將《毛語錄》分發給軍隊以外的所有中國人民。這是一個雄心萬丈的計畫，因為當時中國有大約七億四千萬人口。中國的印刷工業為此運轉到了極限，經常面臨紙張與油墨缺貨的困境。後來這本書開始以「小紅書」之名為西方世界所知，因為《毛語錄》最常見的版本既小巧又帶有紅色塑膠封面，方便士兵收進口袋。

等到《毛語錄》在中國供應起來，起初只是人手一本，後來人民將它視為精神指引，最後則被迫讀得滾瓜爛熟。各條語錄被寫上布條、牆面與岩壁，不論是在日常對話或正式文件裡，一有機會都得引用幾句。這本書成為聖旨，紅衛兵一邊吟誦一邊把它高舉在空中，中國兒童則把它的內容抄錄在政治宣傳海報上。《毛語錄》被譯成將近四十種語言，而我們無從得知它的準確印量，估計從二十到六十億本都有可能，遠大於中國本身的人口。

做為該國唯一的政治真理來源，它的威力無遠弗屆。在激進的1960年代，《毛語錄》也獲得西方另類文化的擁戴。然而在毛澤東於1976年過世後，引用這本語錄的狂熱也消退了。

毛澤東使中國現代化的成績不可忽視，而他的「小紅書」如今竟然常在西方資本主義社會裡被商業勵志手冊引用，也實在諷刺。雖然中國的政治方針在幾十年間逐漸鬆綁，中國共產黨裡還是有很多毛澤東的信徒。2014年，為了慶祝《毛語錄》發行五十週年，還有一個新的增訂版問世。有些評論家認為，《毛語錄》有如氣象氣球，從政府對它的態度就知道他們是否有意重新加強對人民的管控。但或許，有鑑於中國經濟發展的欣欣向榮，毛澤東可以說是大功告成了。

LEFT ◀ 後來的版本印有如今已成為經典圖像的毛澤東肖像。

百年孤寂
One Hundred Years of Solitude

加布列‧賈西亞‧馬奎斯

● 西元1967年

這是一本魔幻寫實主義的傑作。馬奎斯虛構的南美小鎮歷史蘊含了關於發展與衰落的普世訊息。在馬奎斯的想像裡，時間亦快亦慢，既是線性前進，也循環不止。回憶與遺忘同樣沉重，無法從錯誤中學習的人注定要重蹈覆轍。

1960年代，拉丁美洲文學躍上世界舞台。拉美文學的特色是「魔幻寫實」（magic realism），也就是在自然寫實的背景時空裡，讓奇幻、魔術般的事件發生。這種文學形式完全體現了南美洲當時的景況：在現代工業的入侵與濃厚的原住民傳統間左右為難，神話故事成為一種另類的現實。

《百年孤寂》（*One Hundred Years of Solitude*）的背景設定在哥倫比亞的小鎮馬康多（Macondo），主角則是建立馬康多的邦迪亞（Buendia）家族的七個世代。邦迪亞家族自從建立馬康多後，品格與力量就逐代衰退，直至不成人形，馬康多也變得殘破不堪。時間循環一圈回到原點，馬康多最終不復存在，邦迪亞家族的人則退化到有如動物的狀態。

作者加布列‧賈西亞‧馬奎斯（Gabriel García Márquez，1927-2014年）在《百年孤寂》裡使用了魔幻寫實的手法，他稱之為「過度真實」，以戲弄讀者的感知。例如，他把書中人物的貧困處境描寫得很逼真，但是在那個汙穢的世界裡，真有可能生出一個長了豬尾巴的孩子嗎？神父真的會浮在空中嗎？馬奎斯也在時間上動了手腳。書裡的孩子長得很快，不過時間對成年人來說緩慢得令人痛苦，失眠傳染病和降雨則可能持續數年不休。

馬奎斯進一步挑戰我們對真實的感知，只給邦迪亞家族成員取了少數幾個名字，每一代都會重複出現同名之人。這擾亂了我們對時間流逝的感受，並且強調出小說的兩個中心主題。

首先，即便時間流逝，也未必代表世事會有進展，因為就連人物的名字都維持不變。其次，邦迪亞家族只為後代取跟自己一樣的名字，顯示出這個遺世獨立的家族永遠都只向內看，從不與更大的社群或外在世界打交道。小說的每一頁幾乎都會出現「孤寂」或「單獨」這些詞。

馬康多後來陷入獨裁統治。雖然《百年孤寂》來自南美洲，馬康多的道德與物質敗壞卻也反映出其他文明的衰落，尤其是古希臘文明，對我們所有人來說也是一種警告。缺乏道德倫理的現代稱不上是進步。

「馬康多」已經進入許多拉美國家的語言，用來代稱有特異事件發生的地方，或是略顯古怪的家鄉小鎮。1970年代，一群智利難民為了逃離皮諾切（Pinochet）的獨裁統治，選擇在奧地利的維也納落腳，而他們就把自己的難民營取名為馬康多。這群智利人的後代以及逃離其他政權統治的難民，至今仍住在那裡。

《百年孤寂》在1967年問世後，立即獲得繼《唐吉訶德》以來最傑出西班牙文小說的美譽。它的首個英譯本於1970年出版，從此成為世界文學的扛鼎之作，得過許多獎項，其中的最高榮譽是1982年的諾貝爾文學獎。這本書的影響力無遠弗屆。例如V‧S‧奈波爾（V.S. Naipaul）、童妮‧摩里森（Toni Morrison）和薩爾曼‧魯西迪等多位作家都說，馬奎斯讓他們體會到什麼叫過度真實——而我們也是。

RIGHT ▶ 本書首版（左上），於1967年由南美出版社（Editorial Sudamericana）在布宜諾斯艾利斯發行；本書第一個英譯本（右上）於1970年由哈珀與羅出版社（Harper & Row）在紐約發行；這是馬奎斯（下）在1975年拍的照片：他把另一個南美洲版本的《百年孤寂》頂在頭上。

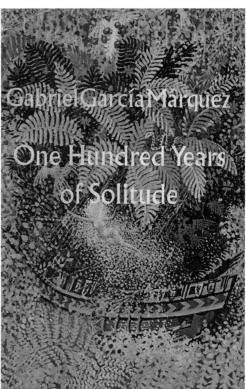

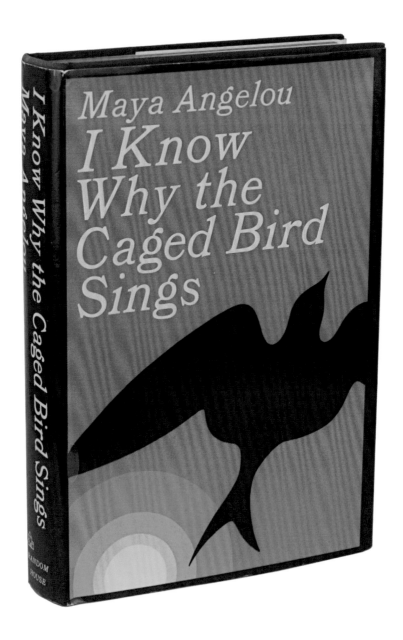

ABOVE AND RIGHT ▲ ▶ 藍登書屋推出的原版精裝本（上圖），
以及班騰出版社（Bantam）後來推出的平裝本（右頁圖），加了一
個副標題：「一位傑出黑人女性動人而美好的自傳」。

我知道籠中鳥為何歌唱

I Know Why the Caged Bird Sings

瑪雅・安吉羅

● 西元1969年

拒絕與決心，偏見與勝利。安吉羅寫了一套七集的自傳，其中的第一集敘述她如何從襁褓嬰兒成為年輕母親。本書直接了當地重現種族歧視與暴力事件，因此成為許多書單必列的選書，也成為另一些書單的禁書。

瑪雅・安吉羅（Maya Angelou，1928-2014年）在1960年代是成功的詩人與劇作家，也積極參與非裔美國人的民權運動。她曾經與麥爾坎・X（Malcolm X）還有馬丁路德・金恩等人合作，卻看著兩人雙雙被殺害——麥爾坎於1965年遇刺身亡，金恩更是在1968年4月4日、安吉羅四十歲生日當天被暗殺。兩次事件都讓她陷入憂鬱，而她的作家朋友詹姆斯・鮑德溫（James Baldwin）為了提振她的心情，便建議她寫一本文學性的自傳——不僅僅是依序敘事，而是以小說家的感性來發揮。

安吉羅的成果就是《我知道籠中鳥為何歌唱》（I Know Why the Caged Bird Sings），書名取自詩人保羅・勞倫斯・鄧巴（Paul Laurence Dunbar）的一節詩句，這首詩是在抒發鄧巴對文字力量的感受。的確，這本書的主題之一就是在瑪雅年輕時的生命裡，詩詞與戲劇救贖她的力量。她在美國南方一個實施種族隔離制的小鎮長大，並且在那裡發掘了莎士比亞的作品。有一次她在出庭時說謊，隨之而來的罪惡感讓她驚恐到失聲，而她就是靠大聲朗讀文學作品重新恢復了嗓音。

安吉羅並未依序講述人生大事，而是將各個事件安排在能發揮最強烈效應的段落。所以瑪雅將十歲時經歷的一次種族暴力事件，寫在她八歲時被母親男友性虐待與強暴的創傷之前。雖然安吉羅當初無力阻止這些事情發生，現在卻能藉由讓事件為她的創作意圖所用，重新取得控制。這本書的敘事推進代表了一種意志力，瑪雅也是因為這種意志力，最

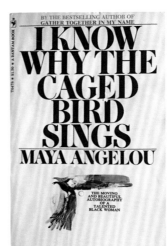

終確實拿回了人生的掌控權。某方面來說，這是一系列如何抵抗壓迫的人生課程，既是為女性而寫，也是為非裔美國人而寫。因此，這也是一本勝利之書。安吉羅在提及母親時說：「她深知生命是如何愛捉弄人，在奮鬥中會有喜悅。」

在鍥而不捨地叨擾一名有種族歧視心態的招聘人員之後，瑪雅成為舊金山第一個非裔電車查票員。在《籠中鳥》的結尾，她的獨生子出生了，這是她決定與同是青少年的一名同學發生關係的結果。即便這次性經驗既不特別愉悅，也不太刺激，與她之前的強暴經歷相較，仍是一次正向的選擇。瑪雅完全是靠她的骨氣克服了性與種族的虐待經驗。就如同她所寫的：「你可能會遭遇很多挫折，但絕不能被挫敗。」

在那個年代，婦女解放與黑人平權是激進思想運動的頭號目標，所以這部自傳立即成為暢銷書。它的成功肯定了女性與黑人的人生經驗——在此之前，這兩者都不獲重視。安吉羅對性經驗、性別與種族歧視的清晰描寫，使得某些圖書館與學校將本書列為禁書。但這本書也正因為這些描寫而經常被納入教學大綱，不論是因為這本書自身的傑出表現，或是為了伴隨其他著手類似課題的書籍。《我知道籠中鳥為何歌唱》訴說了非裔美國人在1930與1940年代遭受的不體面的待遇，因此對所有膚色的人來說，這都是切身相關的一本書。

觀看的方式

Ways of Seeing

約翰・伯格

● 西元1972年

《觀看的方式》對藝術批評與女性主義來說都是關鍵的著作。伯格將我們觀看藝術品的脈絡與藝術家的創作手法連結起來，改變了我們看畫的方式，尤其是那些描繪女性的畫作。

約翰・伯格（John Berger，1926-2017年）集多重角色於一身，既是藝術家、美術老師與藝術評論，也是小說家、劇作家、散文家與詩人。1972年1月，他為英國國家廣播公司（BBC）主持一個叫做《觀看的方式》（*Ways of Seeing*）的系列節目，頗獲好評。12月時，他的實驗性小說《G》獲得兩大文學獎。在那一年間，他寫了七篇文章來闡述一些他在BBC節目裡提過的想法，後來這些文章集結成與該節目同名的書出版。

伯格採取一種社會政治學的角度來欣賞藝術，改變了我們觀看的方式。《觀看的方式》與1960年代晚期和1970年代早期的激進左翼思想不謀而合。伯格自己是堅定的馬克思主義者：他早期出版過一本名叫《永不褪色的紅》（*Permanent Red*）的文集，而那本1972年得獎小說《G》的封面是大紅底色襯著白色字體。《G》得到布克獎（Booker Prize）以後，他把一半獎金捐給爭取有色人種權益的英國黑豹（British Black Panther）運動組織。

《觀看的方式》是一系列關於我們如何觀看藝術作品的哲學討論。伯格所謂的「觀看」指的既是藝術家處理題材的手法，也是觀眾衡量那些藝術品的方式。這本書的篇幅不長，參考了數種既存的理論與他自己的想法，並且在簡化過後以易懂的方式呈現。直至今日，這本書仍是研究藝術與社會學、政治學的學生必讀的經典。

伯格聲稱，一個藝術家感知的方式，是基於藝術家所處時代的信念與價值觀而來，例如：中世紀藝術家把地獄畫成一片火海，是因為地獄在當時民眾的心目中就是那個樣子。端視當代的文化價值觀為何，其他的場景也會被畫成特定的樣式。靜物畫的構圖不止跟那些物品有關，也是奢華生活、財富與所有權的盛大展示。說到底，肖像畫所呈現的樣貌通常就是為了討好委託藝術家的贊助人，而且也是為了彰顯所有權，不論擁有的是頭銜、地位或家庭。就算是充滿象徵意涵的聖經故事繪畫裡，人物雖然會被畫得很虔敬，但仍然是為了討好贊助人、彰顯所有權。

伯格也花了一些篇幅探討繪畫裡的裸體，尤其是女性裸體。他指出「赤裸」（naked）與「裸體」（nude）在語義上的差別：一個只是表示沒穿衣服，另一個則表示被人看見赤裸的模樣；一個僅僅表示沒有穿著打扮，但是在另一個字裡，不穿衣服卻成為一種穿著打扮。

大部分的古典畫家都把裸女的體型描繪得很理想化，而且這些女人通常不是看著畫中其他人物，而是畫外的觀眾——所謂觀眾，主要就是男性委託人、作品的擁有者。伯格認為，女性已經學會以畫作擁有者的眼光來看待自己，也就是從男人而非女人的觀點出發。他寫道：「男人觀賞女人。女人看著自己被觀賞。這不只決定了大多數的男女關係，也決定了女人與自己的關係。」

他總結道，現代的廣告也以相同方式運作，將男性的理想強加於女性與物品之上，而這主要和擁有權有關，與真實無關。如果說情人眼裡出西施，約翰・伯格鼓勵我們將眼光放得更遠，不止要看油畫本身，也要去了解對畫家、贊助人與現代觀眾來說，所謂的「美」是出自怎樣的社會文化脈絡。

RIGHT ▶ 《觀看的方式》源於約翰・伯格為BBC主持的同名電視系列節目。本書聲稱我們在觀看繪畫、攝影與各種平面藝術時，其實不只是觀看而已，也在解讀影像的語言。

a Pelican  Original

WAYS OF SEEING

Based on the BBC television series with

JOHN BERGER

Seeing comes before words. The child looks and recognizes before it can speak.

But there is also another sense in which seeing comes before words. It is seeing which establishes our place in the surrounding world; we explain that world with words, but words can never undo the fact that we are surrounded by it. The relation between what we see and what we know is never settled.

The Surrealist painter Magritte commented on this always-present gap between words and seeing in a painting called The Key of Dreams.

The way we see things is affected by what we

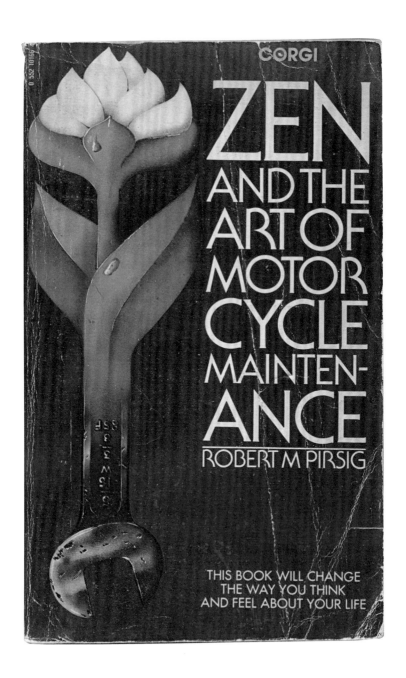

ABOVE ▲ 由莫洛（Morrow）出版社於1974年推出的原版精裝本，副標題是
「一次對價值觀的探問」。柯基出版社（Corgi）於1976年推出的平裝本，
副標題變得更直接有力：「這本書會改變你思考與感受人生的方式」。

禪與摩托車維修的藝術

Zen and the Art of Motorcycle Maintenance

羅勃・梅納德・波西格

● 西元1974年

這是為後嬉皮世代所寫的一本心理學普及著作。波西格這本半自傳式小說敘述了一段自明尼蘇達州到西海岸的公路之旅，主角一邊騎著本田超級雄鷹（Superhawk）重型機車，一邊思索著各種覺悟之道。本書的內容配合天時地利，成為劃時代經典。

凱魯亞克的《在路上》出版十七年後，羅勃・波西格（Robert Pirsig，1928–2017年）的《禪與摩托車維修的藝術》（*Zen and the Art of Motorcycle Maintenance*）讓另一位作家走上另一趟公路之旅，在一個已截然不同的美國尋找人生答案。凱魯亞克世代的公路之旅走向慵懶又迷幻的終點，不過美國的1960年代結束得相當慘烈：1969年的阿塔蒙賽車場免費音樂節（Altamont Speedway Free Festival）造成多人傷亡，震驚世人，而當時社會也在民權運動中動盪不安。

1960年代的「花之子」（flower child，嬉皮的別稱）突然得適應在1970年代嚴肅起來的世界，很多人在思想層面都茫然若失。嬉皮反對1970年代的工業化與軍國主義，但世界無視於他們的存在，繼續這麼運轉下去。他們聽著音樂，在權力歸花運動（flower power）與龐克搖滾間擺盪，隨後的第二波硬式搖滾、泡泡糖流行音樂（bubblegum pop）和沒靈魂的迪斯可又一舉把他們淹沒。他們「活在當下」的哲學似乎已不再適用。

羅勃・波西格在《禪與摩托車維修的藝術》裡探索的就是這種精神上的格格不入之感。這本書虛構了一次發生在1968年的旅行，歷時十七天，主角是波西格和他的兒子克里斯多夫（Christopher），同行的還有蘇德蘭（Sutherland）夫婦。蘇德蘭夫妻倆對人生與摩托車維修都抱著一種浪漫的態度。他們活在當下，接受人生的一切際遇；機車拋錨也沒關係，打電話叫黑手來修就是了。波西格則不同，他總是不斷修修補補，以確保機車跑得順暢，以免一上路就拋錨。

這本書將雙方兩相對比：蘇德蘭夫婦不倚靠理性，被動地等待超然的覺醒出現；波西格是哲學講師，他致力了解心智運作的方式，就像他學習摩托車維修之道一樣。波西格想在這兩派想法間取得平衡，也就是1960年代與1970年代的被動與主動、先天直覺與後天學習。他把這種狀況譬喻為南北戰爭：「兩個世界既疏離又滿懷恨意地迎向彼此，人人都納悶情況是否將永遠如此，有如在同一屋簷下分裂成敵對雙方的一家人。」波西格想做的事，簡直就是將東西方哲學融會貫通。「這實在太艱鉅了，」他坦承，「這也是為何我有時似乎在茫然遊蕩。」

波西格自己的狀況也反映出這種思想分歧。他在寫這本書的幾年前被診斷出思覺失調症，接受過多次電痙攣療法，導致他的記憶力受到影響，也切斷了他與早先自我的連結。波西格在書中描述了這種療法，而這趟旅程也是為了重新融合他的兩半自我——在《禪與摩托車維修的藝術》裡化身為無名敘事人和名叫「斐卓斯」（Phaedrus）的幽靈。

這本書在哲學沉思中穿插鋪陳較直接的遊記，描述一行人在路上經歷的美國風情。波西格宣稱《禪與摩托車維修的藝術》被一百二十一家出版社拒絕過，最後總算有人在出版社內部會議上推薦：「這本書好得令人難以置信，簡直是天才之作，我也敢打賭這本書會成為經典。」結果它在問世第一年內就賣出一百萬本。數十年來，文化轉向和隨之而來的心靈混亂已屢見不鮮（大約每十年就會發生）。有鑑於此，波西格的《禪與摩托車維修的藝術》似乎必然會繼續行駛下去，無需太多修修補補。

時間簡史

A Brief History of Time

史蒂芬・霍金

● 西元1988年

《時間簡史》闡述了重大的科學理論，卻沒有用到複雜的方程式。這本書的副標題是「從大爆炸到黑洞」，而霍金為非科學界人士解釋宇宙及一切相關原理的嘗試大獲成功，至今已售出約兩千萬本。霍金罕病纏身，不過他有幸活過的時間超乎旁人預期，更顯出這本書成就非凡。

史蒂芬・霍金（Stephen Hawking，1942-2018年）在二十一歲時被診斷出患有運動神經元疾病。這種病會逐漸使身體癱瘓，而他當初只預期能再活兩年。然而霍金活到七十六歲才過世，生前仍不斷寫作與公開演說，也經常在通俗電視劇客串演出，例如《宅男行不行》（The Big Bang Theory）、《銀河飛龍》（Star Trek: The Next Generation）與《飛出個未來》（Futurama）。霍金透過電子儀器生成的「嗓音」很快就為人所知，而他是透過抬動臉上的一束肌肉來控制那台機器。

《時間簡史》是霍金的第一本書，而他為自己設定了一項艱鉅挑戰，要透過這本書向普羅大眾解釋宇宙論，包含宇宙是如何生成、如何運轉，可能又將如何終結。首先，他自歷史角度回顧了人類自現身宇宙短短幾千年來，對宇宙的感知有怎樣的改變。太空的歷史就是大爆炸（Big Bang）以來的時間史。在不斷膨脹的宇宙裡，有三種不同的時間，霍金對它們各自的本質加以解釋，如果加入「想像時間」（imaginary time）的話就有四種。本書在後續的新版本裡還探討了時間旅行的可能性。

帶領我們穿梭無限廣大的宇宙還無法滿足霍金，他也向我們介紹太空裡最微小的那些粒子，組成物質的基本單位夸克和反夸克的顏色與味[1]。最後，說到解釋宇宙的兩派科學理論——量子力學與廣義相對論，他認為可能會出現一個結合兩者的大理論，對一切提出解釋。

霍金探問：「上帝在創造宇宙之前，在做什麼呢？」基督教神學家聖奧古斯丁（St. Augustine）也想過這個問題，而他的答案是宇宙「之前」並不存在，因為上帝是在創造宇宙時，才創造了時間這個宇宙的屬性。霍金覺得這說法有點避重就輕。彷彿這些科學難題還不

夠一樣，霍金也提出許多哲學大哉問，不過他也毫無隱藏地自認是無神論者。他寫道，科學家太忙著為一切找解釋，沒空問「為什麼」，而哲學家又太忙著問為什麼，沒空跟上科學進展。所以就某方面來說，霍金也在尋找一個能統一哲學與科學的理論。

霍金的編輯退回了霍金的第一份草稿。因為那份稿子寫得非常專業，而正如同編輯指出的，霍金在書中每列出一條方程式，讀者就會減少一半（而他列了很多條）。沒人會想研讀數學。結果《時間簡史》最終問世的版本充滿簡單易懂的說明圖表，而且霍金刪除了全部的方程式，只留下愛因斯坦那條有名的$E=mc^2$。

2005年，霍金與科普作家雷納・曼羅迪諾（Leonard Mlodinow）合作，將這本名著改寫成較為簡短的《新時間簡史》。1988年的完整版在上市後盤踞暢銷書榜長達五年時間。霍金自1970年代起就公認是優秀的科學家，如今更獲推崇為傑出的科學大使。他不只把最宏大的一門科學介紹給學界外的數百萬民眾，也引導他們思考了一些哲學問題。

---

1. 味（flavor）是基本粒子的一種量子數。為分類夸克的單位。

RIGHT ▶ 《時間簡史》的初版，上市後在倫敦《星期天日報》（Sunday Times）的暢銷榜停留了五年之久。霍金以簡練、生動又清楚的文字向讀者介紹何謂蟲洞、螺旋星系與超弦理論。

A BRIEF
HISTORY OF
TIME
FROM
THE BIG
BANG TO
BLACK
HOLES
STEPHEN
W. HAWKING
INTRODUCTION BY CARL SAGAN

魔鬼詩篇

The Satanic Verses

薩爾曼‧魯西迪

● 西元1988年

這是當代最具爭議的小說。書中魔幻寫實的文學成就雖然傑出，仍有伊斯蘭教徒認為它為冒犯了真主，從而導致生命威脅與傷亡。作者至今仍是懸賞刺殺的目標。

薩爾曼‧魯西迪（1947年-）從他的第二部小說《午夜之子》（Midnight's Children）開始獲得認可：這本書在1981年獲得布克獎與詹姆斯‧泰特‧布萊克紀念獎（James Tait Black Memorial Prize）。他的第四部小說《魔鬼詩篇》（The Satanic Verses）出版時，眾人都引頸期盼。

這本書在1988年2月於英國上市時是一部重量級作品，為一本長達五百五十頁、極為傑出的魔幻寫實之作。故事始於兩名印度演員自一場空難中存活，結果一人變成天使，另一人變成魔鬼。魯西迪利用兩人抵達英國時的不同遭遇來探索移民、種族歧視與印度人的身分認同等等主題。

這兩人與多名其他角色都經歷了變形或轉世，有時真的成為另一人，有時只是進入他人的心靈。作者也暗示，對人類經驗來說，幻覺、妄想與夢境都跟現實一樣重要。對何謂真實的懷疑讓我們開始發問，也因此成長。缺乏懷疑或是過度毫無疑義地信仰，都會導致無知，並且敗壞個人信念。這是魯西迪這篇魔幻寫實小說的核心主題。

另一條貫穿《魔鬼詩篇》的副線是一種叫做「服從教」（Submission）的宗教，兩名主角都是信徒。小說平行敘述了服從教創立的過程，以及兩名主角在世俗化的英格蘭所遭遇的現代信仰危機。我們不難看出服從教就是在暗指伊斯蘭教。這本書的書名與書中某個段落，都在指涉伊斯蘭教創始人穆罕默德（在本書化

名馬杭德〔Mahound〕）人生中一段有爭議的時期。據說這位先知曾被魔鬼愚弄，將鼓吹崇拜三名女神的經文寫入《古蘭經》裡。穆罕默德後來發現自己犯了錯，刪去這些經文。因為伊斯蘭教只崇拜一位真神，基本教義派的穆斯林認為那些經文一定是不信神的人在作亂。對他們來說，魯西迪這個書名在暗示《古蘭經》是一本邪惡的書。

這本書的部分內容也能詮釋成是在褻瀆真神，於是很快就有人高喊這是異端之作了。印度在1988年10月將《魔鬼詩篇》列為禁書，同年12月，在英格蘭蘭開郡的博爾頓市（Bolton）出現了第一起有計畫的焚書行動。1989年2月，巴基斯坦首都伊斯蘭馬巴德舉行了一場針對魯西迪的大規模抗議，伊朗的信仰領袖阿亞圖拉何梅尼（Ayatollah Khomeini）隨後發出教令（fatwa），呼召全球穆斯林追殺《魔鬼詩篇》的作者與所有出版相關人士。

作家與各宗教信仰領袖就言論自由與限制進行激辯，在此同時，貨真價實的暴力行動也銜教令之名展開。書店被投炸彈，出版社受到威脅與攻擊。1991年，《魔鬼詩篇》日文版譯者五十嵐一被人持刀刺死。而魯西迪自己隱居起來，受到英國政府保全人員的全天候保護。

雖然多次有人想緩解情勢，目前這條教令依然有效，因為只有發布教令的人能廢止教令，而何梅尼已經在1989年6月過世。至今仍有人懸賞兩百八十萬美元取魯西迪的性命，而魯西迪凡有消息上新聞，就有人再度呼籲刺殺他。《魔鬼詩篇》的銷售到了1988年年終原本已經趨緩，不過在刺殺教令發布後，這本書的銷量又一飛衝天，如今是維京企鵝圖書集團空前的暢銷書。

LEFT ◀ 《魔鬼詩篇》在1988年出版後獲得好評，曾進入布克獎決選，並且贏得懷博德獎（Whitbread Award，柯斯塔圖書獎〔Costa Book Awards〕前身）。1989年，《魔鬼詩篇》爭議正盛時，或說是「魯西迪事件」發生時，伊朗的宗教領袖阿亞圖拉何梅尼發布教令，呼召全球穆斯林追殺魯西迪。

鼠族

Maus

亞特・史匹格曼

● 西元1991年

史匹格曼以訪問父親為起點，發掘了一種書寫納粹大屠殺的新形式，圖像小說也因為這部作品而蛻變成熟。這本書開創了一種新的書籍類型，如今已是當代經典。

「圖像小說」（graphic novel）是1964年發明的詞，不過早在十九世紀初期，卡通與漫畫已經是一種書籍形式。到了二十世紀，多虧有史丹・李（Stan Lee）這類作家，超級英雄與奇幻故事為這個類型開闢了新方向。1970年代開始，雷蒙・布力格（Raymond Briggs）以他筆下人物平凡的生活為主題，創作出一些較具哲學意涵的圖像小說。

然而，《鼠族》把圖像小說提升到了全新的境界。它的形式、內容與風格都引發嚴肅的學術辯論。這本書記錄了真實又駭人的歷史事件，主要聚焦在一個男人痛苦的個人回憶，對親密關係之艱難與大規模不人道事件所做的描繪，都同樣強而有力。至於本書最重要的主題則是罪惡感。

《鼠族》敘述了一名波蘭猶太人經歷的納粹大屠殺，且為真實故事。這個自奧許維茲集中營存活下來的男人是作者亞特・史匹格曼（Art Spiegelman，1948年-）的父親弗拉克（Vladek），而他的回憶是在現代場景中以劇中劇的方式呈現。亞特與父親進行訪談，以記錄父親的戰時回憶，做為創作《鼠族》的素材。在這些訪談場景之外還有一層後設敘事的場景，描寫史匹格曼為了如何使用這些訪談材料掙扎不已。

史匹格曼用了許多手法來探索「罪惡感」這個主題。例如：管理集中營的納粹顯然應該要有罪惡感，但他們渾然不覺。亞特與父親處得不算好，而亞特既因為沒能當一個好兒子而內疚，也因為無法替父親的經歷伸張正義而有罪惡感。弗拉克自己也有罪惡感，因為他在亞特的母親於1968年自

殺身亡後燒掉了她寶貴的戰時日記。關於這件事，亞特覺得他也有責任。

亞特與弗拉克都有倖存者罪惡感（survivor guilt），弗拉克是因為許多猶太同胞死了他卻活著，亞特則是因為他有個哥哥在戰爭期間死亡，而當時亞特還沒出生。與父母相較，亞特的人生實在平順，雖然大屠殺發生時他根本還沒來到人間，但他認為自己還是該有些感覺才對。這一切都讓他感到更多的歉疚。

在《鼠族》裡，史匹格曼把猶太人畫成老鼠（原書名「Maus」就是德語「老鼠」的意思）、把德國人畫成貓，與納粹意圖根除害蟲般殺光猶太人形成對照。對納粹德國的階級與種族隔離制度來說，不同的物種是強而有力的譬喻。在書中一個現代場景裡，就能看到揮之不去的種族歧視：納粹種族歧視的受害者弗拉克，某天發現亞特讓一個黑人搭便車，竟然因此大發脾氣。

史匹格曼最初是在雜誌上發表《鼠族》，於1980到1991年間連載，集結成書後則分成兩集在1987年與1991年出版。《鼠族》兼具傳統小說的文學深度與大師級的平面圖像技巧，至於該如何歸類這本書、書店又該把它擺在哪裡，就令人困惑不已了。因為它集藝術創作、傳記、自傳、歷史、回憶錄與漫畫於一身。美國圖書業直到2001年才開始採用「圖像小說」這個類別，所以《鼠族》在1991年獲得的普立茲獎是一個「特別獎」，以避開分類問題。如今這本獨特的書已經譯成超過三十種語言，繼續感動與挑戰世人。

ABOVE AND LEFT▲ ◀這本書分成兩集於1987年和1991年出版，
並且成為第一部獲得普立茲獎的圖像小説。

哈利波特：神秘的魔法石

Harry Potter and the Philosopher's Stone

J・K・羅琳

● 西元1997年

因為這本書，兒童重拾閱讀習慣。作者喬安・羅琳當初更名為J・K・羅琳，是因為她的編輯認為男孩子比較喜歡男性作家。如今大約有四億名男孩與女孩、男人與女人，都買過這本書以及它的六本續集。

這世界上還可能有人沒讀過這本書，或沒看過它的改編電影嗎？無處不受歡迎的《哈利波特：神秘的魔法石》（*Harry Potter and the Philosopher's Stone*）創造出一個全球產業，舉凡電影、書籍與周邊產品，價值估計達一百五十億美元，也讓作者J・K・羅琳（1965年-）的身價達到十億美元。《神秘的魔法石》美國版更名為「Harry Potter and the Sorcerer's Stone」，且占據了1998年《紐約時報》小說排行榜榜首將近一年。它後來之所以會讓出榜首位置，是因為《紐約時報》將小說榜拆分為成人版與兒童版，以因應成人虛構類書籍出版社的要求，他們希望自己的書也有機會站上第一名。

哈利波特是個孤兒，在十一歲那年獲准進入霍格華茲魔法學校就讀時，才發現自己生來是個巫師。《哈利波特：神秘的魔法石》描述的就是在魔法學校的第一年裡，哈利所遭遇的一連串精彩事件。故事重心是哈利必須阻止邪惡的佛地魔——這個魔王殺害了他的父母，還想偷走能帶來永生與無盡財富的神奇魔法石。

表面上看來，這本書只是節奏緊湊的驚悚小說，主旨是如何預防一樁犯罪。然而這本書之所以會獲得驚人的成功，是因為它潛在的主題是如此豐富，而且都是孩子普遍會關切的課題，對有些成年人來說也是。朋友與家人的重要性貫穿了哈利波特全套七集，而且從故事剛開始的對比就看得出來：哈利的養父母處處為難他，他的親生母親卻出於母愛為他而死，以保全他的性命。霍格華茲裡的許多老師也代表了重要的父親形象。哈利在學校裡結交的死黨，尤其是妙麗與榮恩，在他的冒險裡帶給他力量與支持。

哈利在學校享受到成功與受歡迎的滋味，這是每個孩子都想要的，不過他總是對自己的成就保持謙虛。他遵守嚴格但合理的校規，除非是出於強烈又無私的理由才會犯規。謙遜與服從權威通常是好事，不過每個人也都應該盡力而為，並且為自己思考怎樣才是正確的行動。如果是出於無私，以咒語或藥水形式發揮的能力通常對人很有助益，但如果是被佛地魔拿來滿足自己貪婪的心，就會變得非常凶險。

這本小說確實也有黑暗的一面，也就是死亡。羅琳筆下的角色花了很多時間爭論死亡的哲學意義，說明它是生命循環的一部分。霍格華茲的校長鄧不利多教授在本書快結束時說：「死亡不過是另一場偉大的冒險。」母愛讓哈利免於一死，而驅動佛地魔的就是打敗死亡的慾望——他的名字正是「逃過死劫」（或「死亡之旅」）的意思。然而，佛地魔想在沒有愛的情況下獲得永生，也讓他承受重大的個人損失。

《哈利波特：神秘的魔法石》在世界各地激起保守宗教人士的抗議，因為他們擔心這本書在鼓吹黑魔法。不過這本書想表達的意思其實很清楚：兒童同時擁有好與壞的特質。不論是善惡間的爭戰、或是哈利波特與佛地魔的爭戰，在書中都有犀利的描寫。在這所有巫術的背後，《哈利波特：神秘的魔法石》其實是一則老派且極具道德意味的故事。

LEFT ◄ 1997年由英國布魯姆斯伯里出版社（Bloomsbury）推出的首版，只印了五百本，不過本書至今的銷售量估計大約是1.07億本。

二十一世紀資本論

Capital in the Twenty-First Century

托瑪‧皮凱提

● 西元2013年

托瑪‧皮凱提的《二十一世紀資本論》以一種激進的方式著手貧富不均的問題，讓人不禁拿它來與馬克思的《資本論》相較。皮凱提這本書彷彿一枚經濟學炸彈，而它所獲得的成功，從市面上評論它的書籍數量，以及自由主義右派人士的盛怒反應可見一斑。

托瑪‧皮凱提（Thomas Piketty，1971年-）是法國經濟學家，著作包括《美國左派萬歲！》（*Long Live the American Left!*）、《邁向稅制革命之路》（*Towards a Tax Revolution*）、《二十世紀法國的高所得：不平等與重分配》（*High Income in Twentieth-Century France: Inequality and Redistribution*），都只在法國出版。他在2013年推出《二十一世紀資本論》（*Le Capital au XXIe siècle*），而這本書在2014年問世的英譯本引起全球關注他的理論。財富、收入和貧富不均（不論恆常於否），究竟該如何定義？這本書激起了這個世界亟需的辯論。《二十一世紀資本論》在美國橫掃非虛構類書籍榜冠軍，也是哈佛大學出版社（Harvard University Press）有史以來最暢銷的書。

皮凱提的中心論點是，當資本報酬率超過經濟成長時，繼承所得的財富將必然比勞動所得的財富成長更快。其結果就是日漸加大的貧富差距，如同西方資本主義經濟體顯現的情形——財富益發集中在少數菁英手中。

《二十一世紀資本論》的說服力主要來自史實。皮凱提就像其他的理論家，提出了令人信服的資料，不過他所仰仗的不只有數學模型而已。為了佐證自己的想法，他做了更宏觀的檢視，回顧超過兩百年的經濟活動，所得到的趨勢就是日漸擴大的貧富差距。這種趨勢曾在二十世紀中期被短暫打斷過，原因是戰爭、經濟蕭條與經濟衰退使得菁英階層的財富大幅流失，除此之外，更強大的勞工力量與維持福利社會所需的較高稅負也有關係。不過自1970年代開始，貧富差距加大的趨勢再度恢復。

皮凱提總結道，強勁的經濟成長會促進整體更公平的財富分配，並且降低社會對財富的注意力。反之，緩慢的經濟成長使得整體社會變窮，將財富集中到菁英手中，造成社會與經濟隔閡。權力都集中在沒有動機改變體系的資本家手裡，所以得靠政府出面干預才能恢復分配平衡。皮凱提呼籲徵收一種全球性的稅目，不只是依所得課稅，還要依財富本身來課稅。

皮凱題清晰有力地論證了他的立場，同時引來讚譽與怒火。他的反對者不只駁斥他的論點，也對他的基本前提以及他對財富、收入與資本的概念表示質疑。他們舉比爾‧蓋茲（Bill Gates）與馬克‧祖克柏（Mark Zuckerberg）為例：這些人的財富顯然都是賺來的，而不是繼承來的。此外，他們也懷疑過去的歷史是否能證明未來趨勢。

皮凱提的想法被拿來與寫過同名著作的馬克思相較。馬克斯在《資本論》裡也對繼承來的財富提出批判，不過比起分配問題，他更關心生產問題。馬克思關心的是勞工與老闆、農奴與地主之間的社會關係，但皮凱提沒有論及階級分野，只討論收入與財富上的差異。

《二十一世紀資本論》震撼了經濟理論界。因為這本書，各派學說重新畫下戰線。一方面，自由主義派認為貧富不均是資本主義會有的正常結果，只要在富者愈富的同時，貧者不會更貧就好。另一方面，平等主義派則認為資本主義的本質就是不公，財富平等確實很重要。

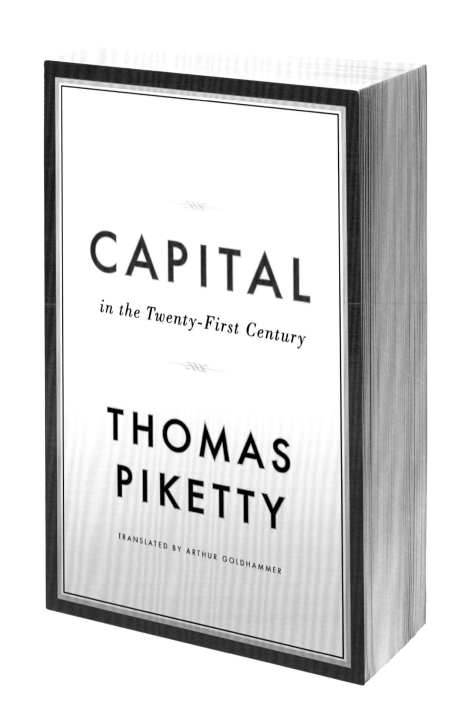

ABOVE ▲ 《二十一世紀資本論》的美國版曾獲
《紐約時報》非虛構類書籍精裝本排行榜冠軍，
並且成為哈佛大學出版社有史以來最暢銷的書。

ABOVE ▲ 《紐約時報》形容《天翻地覆》是「自《寂靜的春天》以來最重要也最有話題性的環保類書籍」。

天翻地覆：
資本主義 vs. 氣候危機

This Changes Everything: Capitalism vs. the Climate

娜歐蜜・克萊恩

● 西元2014年

在一個經濟模型立基於無限消耗有限資源的世界裡，克萊恩宣稱，我們已經將利潤置於生存之前。《天翻地覆》發出迫切的呼召，要世人為環保集體行動，並且重新衡量我們的抱負。

加拿大作家 娜歐蜜・克萊恩（Naomi Klein，1970年–）以拿大咖開刀聞名。她在1999年藉《No Logo》一戰成名，毫不留情地抨擊跨國企業。在《震撼主義》（The Shock Doctrine，2007年）裡，她批評新自由主義者趁國家與國際遭逢危機時提出充滿爭議的政策來牟利，在此同時，人民卻因為過於困擾與煩亂而無法與之抗衡。《天翻地覆》（This Changes Everything）與這兩本書形成非正式的三部曲，都是採中間偏左的立場。

有鑑於資本主義市場不僅猖獗又益發不受管控，克萊恩再度將苗頭對準由此衍生的全球性損害，不過這次她關切的不是社會問題，而是環境問題。全球暖化的科學證據之多已毫無疑義，不過我們不能仰仗大企業為保護地球採取負責任的行動。因為這些公司本身的存續有賴於無限制的消費主義、要求獲利不斷成長的股東，以及對製造產品所需的有限自然資源持續地開採。

政府將權力讓渡給大企業，因為在絕大多數的西方經濟體裡，想成功必須永遠維持現狀，而結果就是有害的企業壟斷與見利忘義的貿易協定。正如同克萊恩所寫的：「我們的經濟體系與行星體系正陷入苦戰。想對付氣候危機，我們需要一個截然不同的經濟系統。」

這件事人人有責。身為消費者，我們一定要學著減少購物，而且不能光憑個人物品的數量與嶄新程度來定義自己。從單車交通網絡到可再生能源，政府必須致力打造環保的系統。企業一定要重新定義何謂成功、將環保與社會目標納入考量，而不是無法永續的無止盡成長。有鑑於我們無法仰賴政府與大公司領銜採取行動，我們一定要靠自己。

克萊恩提出充滿魄力與熱情的理由，遊說市井小民放下自我為地球行動，一起為未來做出犧牲。

在克萊恩的反全球化三部曲裡，《天翻地覆》是最樂觀的一本。2014年，聯合國在紐約舉行氣候高峰會，這本書就在會前一週問世。書中呼籲採取的某些集體行動就在峰會期間展開。在紐約與世界各地，有超過五十萬人響應了人民氣候大遊行（People's Climate March）。

那場峰會的後續影響之一，是隔年聯合國又在巴黎舉辦一場會議，並且在會中發布巴黎協議（Paris Agreement）。簽署該協議的國家均同意採取行動遏止全球暖化。雖然各國沒有訂出明確目標，我們也無法強制任何一國實踐承諾，但這至少是各國政府令人振奮的一個開始。

然而，向來不受拘束的資本主義怎會不戰而降？2017年6月，美國總統唐納・川普（Donald Trump）宣布美國退出巴黎協議。對此感到失望的不只有歐洲各國，也包含許多美國州分，其中某些州組成美國氣候聯盟（United States Climate Alliance），繼續追求巴黎協議的目標。克萊恩繼《天翻地覆》之後的《不能光說No：如何力抗災難資本主義，贏取我們想要的世界》（No Is Not Enough: Resisting Trump's Shock Politics and Winning the World We Need），就在美國退出巴黎協議的同月出版。

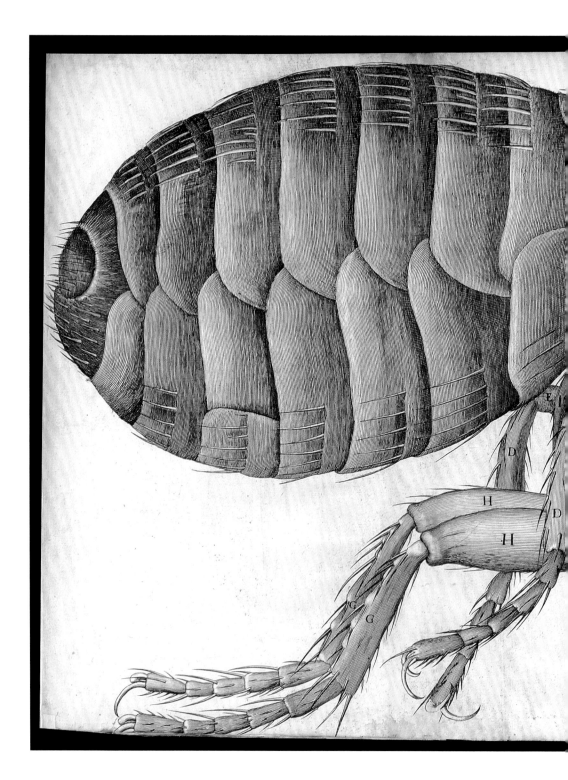

Schem XXXIV

LEFT ◀跳蚤的蝕刻版畫，出自虎克於1665年出版的《微物圖誌》（見64頁）。

致謝

感謝以下個人與單位慷慨提供本書所需圖片：

阿拉米影像社（Alamy）：129, 130, 142, 148, 199, 203, 206, 207頁。安妮・法蘭克中心（Anne Frank Zentrum）：162頁。亞斯特—杭那出版社（Astor-Honor Inc.）：182頁。班騰出版社：197頁。藍登書屋初級讀本系列：181頁。聖馬可國家圖書館（Biblioteca Nazionale Marciana）：20頁。巴布・舒茲（Bob Schutz）／美聯社（AP）：186頁。布里奇曼影像（Bridgeman Images）：28, 41, 46, 102頁。柯基出版社：200頁。C・W・巴頓（C.W. Barton）／海涅曼出版社：183頁。德頓圖書（Dutton Books）：14, 29頁。南美出版社：195頁左上圖。布拉塞—法國國立博物館聯合基金會（Estate Brassaï-RMN）：168頁。華蓋創意（Getty Images）：8, 23, 31, 76, 180, 204, 208頁。喬治・艾倫與昂溫出版有限公司：176, 177頁。哈珀與羅出版社：195頁。哈佛大學出版社：211頁。海涅曼出版社：185頁。哈德與史陶頓出版社（Hodder & Stoughton）：40頁。霍頓・米夫林出版社／洛伊絲與路易斯・達林夫婦（Lois and Louis Darling）／山繆・H・布萊安特（Samuel H. Bryant）：187頁。伊莎貝・史黛娃・赫南德茲（柯麗塔）（Isabel Steva i　Hernández/Colita）：195頁下圖。約翰・閔頓／約翰・勒曼出版有限公司（John Minton/John Lehmann Limited）：171頁。約翰・伍德考克／沙托與溫德斯出版社（John Woodcock/Chatto & Windus）：172頁。美國國會圖書館（Library of Congress）：10, 43, 107頁右圖。大都會藝術博物館（Metropolitan Museum of Art）：45頁。現代圖書館出版社：163頁。國立故宮博物院：27頁。橘郡地方歷史中心（Orange County Regional History Center）：179頁。企鵝圖書：13, 153, 188頁右上圖。柏金斯啟明學校（Perkins School for the Blind）：94頁。彼德・鮑柏出版社（Peter Pauper Press）：221頁。摩根圖書館（Pierpont Morgan Library）：92頁。普特南出版社：174頁。藍登書屋：196頁。英國皇家學會：215頁。雪麗・史密斯（Shirley Smith）／李平寇特出版公司：184頁。西格涅特出版社（Signet）：188頁。西蒙與舒斯特出版社：212頁。蘇富比拍賣行（Sotheby's）：39, 69, 147, 156, 167, 175, 192頁。蘇萊曼尼亞博物館：16頁。伯明罕大學：38頁。維京出版社：179頁右圖。W・A・德威金斯／藍登書屋：136頁。瓦勒比圖書（Wallaby Books）：160頁。瓦諾克圖書館出版社（Warnock Library）：53頁下圖。桑德斯出版社（W.B. Saunders）：164頁上圖。維康圖書館（Wellcome Library）：34, 64頁下圖, 114, 117, 118, 119頁。W・W・諾頓出版公司（W.W. Norton & Company）：191頁。銀雀山漢墓竹簡博物館：25頁。

作者介紹

史考特・克里斯汀生 Scott Christianson

美國作家、歷史學家、新聞工作者及人權活動人士。著作主題包括鑑識、犯罪、監獄和死刑，以及美國歷史、政治等等，其作品更曾獲多個獎項肯定。他的前作有《改變世界的100張草圖》（*100 Diagrams that Changed the World*）、《改變世界的100份文件》（*100 Documents that Changed the World*）等等。

科林・薩爾特爾 Colin Salter

歷史與科學作家，著有《改變世界大事記》（*Events that Changed the World*）、《科學之美》（*Science is Beautiful*），以及一系列透過顯微鏡探索生命的書籍。

索引 Index

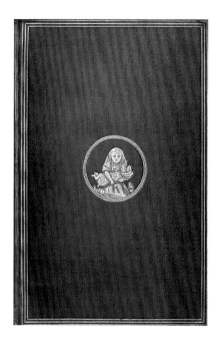

ABOVE ▲ 路易斯・卡洛爾的《愛麗絲夢遊仙境》初版，於1865年問世（見124頁）。

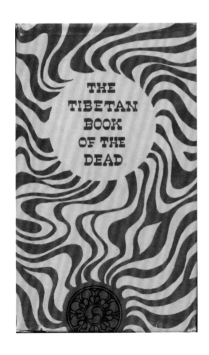

ABOVE ▲ 彼德・鮑柏出版社於1972年出版的精裝本《西藏度亡經》（見150頁）。

改變世界的100本書：

這些書，徹底翻轉了歷史的方向，就此形塑我們的未來

100 Books that changed the world

作　　　者：史考特‧克里斯汀生（Scott Christianson）、科林‧薩爾特爾（Colin Salter）
譯　　　者：林凱雄
責 任 編 輯：李彥柔
封 面 設 計：任宥騰
內 頁 設 計：家思編輯排版工作室
行 銷 企 畫：辛政遠、楊惠潔
總 編 輯：姚蜀芸
副 社 長：黃錫鉉
總 經 理：吳濱伶
發 行 人：何飛鵬
出　　　版：創意市集
發　　　行：英屬蓋曼群島商家庭傳媒股份有限公司城邦分公司
香港發行所：城邦（香港）出版集團有限公司
　　　　　　香港灣仔駱克道 193 號東超商業中心 1 樓
　　　　　　電話：(852) 25086231
　　　　　　傳真：(852) 25789337
　　　　　　E-mail：hkcite@biznetvigator.com
馬新發行所：城邦（馬新）出版集團
　　　　　　Cite (M) Sdn Bhd
　　　　　　41, Jalan Radin Anum, Bandar Baru Sri Petaling,
　　　　　　57000 Kuala Lumpur, Malaysia.
　　　　　　電話：(603) 90578822
　　　　　　傳真：(603) 90576622
　　　　　　E-mail：cite@cite.com.my
展 售 門 市：台北市民生東路二段 141 號 7 樓
製 版 印 刷：凱林彩印股份有限公司
初 版 一 刷：2020 年 1 月
I S B N：978-957-9199-78-0
定　　　價：620元

若書籍外觀有破損、缺頁、裝訂錯誤等不完整現象，想要換書、退書，或您有大量購書的需求服務，都請與客服中心聯繫。

客戶服務中心
地　　　址：10483 台北市中山區民生東路二段 141 號 2F
服 務 電 話：（02）2500-7718、（02）2500-7719
服 務 時 間：週一至週五 9：30～18：00
24 小時傳真專線：（02）2500-1990～3
E-mail：service@readingclub.com.tw

版權聲明
本著作未經公司同意，不得以任何方式重製、轉載、散佈、變更全部或部份內容。

商標聲明
本書中所提及國內外公司之產品、商標名稱、網站畫面與圖片，其權力屬各該公司或作者所有，本書僅作介紹教學之用，絕無侵權意圖，特此聲明。

Copyright©2018 Pavilion Books.
First published in Great Britain in 2018 by Salamander Books.
An imprint of Pavilion Books Company Limited, 43 Great Ormond Street, London WC1N 3HZ
Complex Chinese rights arranged through The PaiSha Agency.

改變世界的100本書：這些書，徹底翻轉了歷史的方向，就此形塑我們的未來 / 史考特‧克里斯汀生（Scott Christianson）、科林‧薩爾特爾（Colin Salter）作；林凱雄譯. -- 初版. -- 臺北市：創意市集出版；家庭傳媒城邦分公司發行, 2020.1
　　面；　公分
譯自：100 Books that changed the world
ISBN 978-957-9199-78-0（精裝）
1. 推薦書目
012.4　　　　　　　　　　　　　　　108019877